MEDJUGORJE
Endgültige Ernte

WAYNE WEIBLE

MEDJUGORJE
Endgültige Ernte

CIP-Titelaufnahme der Deutschen Bibliothek

Wayne Weible
MEDJUGORJE – Endgültige Ernte

Herausgeber: Gebetsaktion Medjugorje, Wien

Übersetzung aus dem Amerikanischen
von Wolfgang Trautmann

1. Auflage 2002

Bestelladresse: Gebetsaktion Medjugorje
Postfach 18, A-1153 Wien

Druck: Hermagoras, A-9073 Viktring

ISBN 3-901228-43-8

Ein Wort des Übersetzers

Es war mir schon lange ein Anliegen, die wunderbaren Bücher von Wayne Weible auch dem deutschsprachigen Leser zur Verfügung zu stellen. Als meine Frau Beate mir das erste Buch, „Medjugorje – The Message", 1992 zu Weihnachten schenkte, konnte ich es nicht weglegen, bis ich es zweimal gelesen hatte. Zwar hatte ich schon vorher über Medjugorje gehört, aber die wahre Bedeutung ist mir erst durch dieses Buch klar geworden.

Da die deutsche Übersetzung des Buches „Medjugorje – Die Botschaft", die seit Juni 2001 bei der „Gebetsaktion – Maria Königin des Friedens – Medjugorje" in Wien erhältlich ist, sehr guten Anklang gefunden hat, habe ich mich entschlossen, auch das neueste Buch von Wayne Weible, „Endgültige Ernte – Die Erfüllung der Erscheinungen in Medjugorje", das die Ereignisse in Medjugorje auf den letzten Stand bis Anfang 2002 bringt, zu übersetzen.

Dieses Buch ist nicht nur eine geschichtliche Abhandlung der dortigen Geschehnisse mit besonderer Hervorhebung der Botschaften der Muttergottes, sondern es bietet auch einen Einblick in die Zusammenhänge der Medjugorjeerscheinungen mit anderen bedeutenden Marienerscheinungen in der Welt; ganz besonders beleuchtet es den Zusammenhang mit den berühmten Erscheinungen in Fatima. Ferner gibt es einen Einblick in den prophetischen Charakter der Medjugorjeerscheinungen im Zusammenhang mit den inneren Eingebungen des italienischen Priesters Don Stefano Gobbi, der die weltweite marianische Priesterbewegung in die Wege geleitet hat.

Ich bin zwar in Deutschland geboren und zur Schule gegangen, doch lebe ich seit 1966 in Kanada. Obwohl ich auf der englischsprachigen McMaster Universität in Hamilton in Ontario Elektrotechnik studiert und seit 1970 für eine kanadische Computerfirma in Toronto, Ontario gearbeitet habe, blieb mir die deutsche Sprache doch noch soweit erhalten, dass ich es wagen konnte, dieses Buch zu übersetzen. Unter der besonderen Führung des Heiligen Geistes fiel es mir nicht allzu schwer, dieses Werk im Dienste unserer lieben Mutter Maria zur Vollendung zu führen.

Seit meiner frühen Jugend habe ich schon immer die Führung unserer lieben Mutter verspürt. Auch war der damalige Pfarrer der St. Georgskirche in Hockenheim ein großer Marienverehrer, der mich schon früh unter den Schutz der Muttergottes gestellt hatte. Er ließ auch unter der Pfarrkirche eine Fatimakapelle einrichten, wo die Marienverehrung zur Blüte kam. Dieser Einfluss sollte für mein ganzes Leben von Bedeutung bleiben.

Wenn ich manchmal gar nicht mehr weiter weiß, dann ist unsere liebe Mutter Maria stets da, um mich an ihre Hand zu nehmen und mir einen neuen Weg zu zeigen.

Zu Beginn meines Lebens in Kanada zog sie mich auch gleich wieder an ihr mütterliches Herz, indem sie mich durch die Kolpingsfamilie in Hamilton, Ontario, zu jährlichen Exerzitien im Augustinerkloster zu Mary Lake bei King City, Ontario einlud. Dort brachte sie mich ihrem Sohn Jesus durch die starke Führung der Augustinerpatres nahe, die die Exerzitien im Sinne der Botschaften von Medjugorje, lange bevor die Erscheinungen dort begannen, führten. Wir wurden durch unsere Exerzitienmeister stets zur Anbetung Jesu im allerheiligsten Sakrament des Altares, zur Feier des heiligen Messopfers, sowie zum Sakrament der Buße hingeführt. Das Beten des Rosenkranzes und der Kreuzwegstationen war die Norm bei diesen Exerzitien.

Es war auch dort im Frühjahr 1982 gewesen, als ich zum ersten Mal von Medjugorje hörte. Ein Exerzitienteilnehmer aus Hamilton, Ontario, hatte ein Tonband mitgebracht, das von den Erlebnissen des kanadischen Pfarrers Bedard in Medjugorje ganz zu Beginn der Erscheinungen handelte. Ich verteilte damals bereits mehrere Kopien dieses Bandes und war generell an dem Phänomen Medjugorje interessiert, doch die wahre Bedeutung der Botschaften war mir erst zu Weihnachten 1992, also über zehn Jahre später, durch das erste Buch von Wayne Weible bewusst geworden.

Da damals gerade der Krieg in Bosnien-Herzegowina tobte, war es mir zu dieser Zeit nicht möglich nach Medjugorje zu reisen. Im April 1994, als der Krieg am Ausklingen war, nahm ich an meiner ersten Pilgerreise mit einer kleinen kanadischen Gruppe aus Ontario und Quebec teil. Obwohl die Anreise über 26 Stunden in Anspruch nahm, waren wir doch alle hellauf begeistert, als wir den Berg Križevac und die Türme der St. Jakobskirche in Medjugorje zum ersten Mal sahen. Wir hatten genau die gleichen Gefühle der Freude, die Wayne Weible in seinem Buch so wunderbar beschreibt.

Da der Krieg immer noch an einigen Stellen aufflammte, waren zu dieser Zeit nur sehr wenig Pilger in Medjugorje. Auch sah das kleine Dorf aus, als wäre es stark vom Krieg mitgenommen worden, obwohl nicht eine einzige Bombe dort explodiert war. Man sah viele halbfertige Häuser, die vor dem Krieg angefangen worden waren, um der großen Anzahl der Pilger Unterkunft zu bieten. Während des Krieges waren dann alle Männer zum Kriegsdienst eingezogen worden, und die Frauen flohen zum großen Teil mit ihren Kindern aus dieser gefährdeten Gegend. Somit war alle Bautätigkeit zu einem plötzlichen Stillstand gekommen, und das prägte das Bild von Medjugorje im Frühjahr 1994. Die geistliche Atmosphäre hätte jedoch nicht besser sein können, denn die Muttergottes war nicht geflohen, sondern sie war dem Auftrag ihres Sohnes treu geblieben und erschien weiterhin täglich den vier Sehern: Vicka, Marija, Ivan und Jakov. Ivanka und Mirjana hatten zu dieser Zeit bereits ihre zehn Geheimnisse erhalten und hatten nur noch einmal im Jahr eine Erscheinung.

Nach dieser ersten Pilgerreise im April 1994 rief mich die Muttergottes noch sieben Mal nach Medjugorje: Zweimal durfte ich mit deutschsprachigen Gruppen von Wien mit dem Bus dorthin fahren; vier Reisen machte ich von Deutschland aus, wo ich geschäftlich zu tun hatte, und meine letzte Pilgerreise in diese Oase des Friedens machte ich wieder mit einer kleinen kanadischen Gruppe aus Ontario im Oktober 2001.

Ich danke unserer lieben Mutter Maria für all ihre Liebe und Fürsorge für mich und alle ihre Kinder und möchte mit dem Heiligen Vater sprechen: „Totus Tuus, Maria!"

Wolfgang Trautmann

Feststellung

Die Botschaften, die durch die Erscheinungen der Muttergottes in Medjugorje gegeben wurden, sind von mehreren qualifizierten Stellen erhalten und bestätigt worden; die wichtigsten Quellen dieser Botschaften sind aber meine persönlichen Kontakte und Interviews mit den Sehern, Priestern, sowie anderen Leuten, die eng damit verbunden sind. Alle Botschaften werden von den Priestern der St. Jakobs Kirchengemeinde einer strengen theologischen Prüfung unterworfen, um sicher zu stellen, dass sie in vollem Einklang mit der Heiligen Schrift und der Lehre der katholischen Kirche sind. Sobald eine Botschaft, ein Ereignis oder eine Handlung, die mit den Erscheinungen zusammenhängt, nicht mit dieser bewährten Formel im Einklang wäre, würde die Kirche dieses Phänomen sofort verurteilen. Nach über 20 Jahren täglicher Erscheinungen hat eine solche Verurteilung bisher noch nicht stattgefunden.

Die Wortstellung und Grammatik der einzelnen Botschaften sind den Schwankungen der Übersetzungen in die verschiedenen Sprachen aus dem Kroatischen unterworfen. In diesem Buch wird kein Versuch unternommen, die Übersetzung der Botschaften grammatikalisch zu verbessern oder irgendwelche Teile davon abzuändern. Der Originalcharakter soll somit erhalten bleiben. Beinahe alle Botschaften werden voll wiedergegeben, wie sie von der Muttergottes gegeben wurden.

Ich bestätige hiermit, dass die endgültige Entscheidung über die Echtheit der Erscheinungen in Medjugorje allein durch die Untersuchungen der katholischen Kirche erstellt wird, und ich unterwerfe mich ganz diesem Urteil. Basiert auf eingehenden Untersuchungen theologischer, wissenschaftlicher und medizinischer Experten, sowie auf die beständigen guten Früchte, nehme ich persönlich die Erscheinungen als echt an, bis ein endgültiges Urteil gefällt ist.

Diese Untersuchungen werden in diesem Buch eingehend behandelt.

Dieses Buch ist Menschen aller Glaubensrichtungen gewidmet, die die Botschaften Gottes hören und versuchen, sie auch zu leben.

Wayne Weible
Wolfgang Trautmann

Einleitung

Am 26. Juni 2000 wies Papst Paul II den Vatikan an, den Rest des Geheimnisses, das die Muttergottes der Seherin Luzia 1917 in Fatima gegeben hatte, zu veröffentlichen. Die Anhänger von Fatima hatten für Jahrzehnte darum gekämpft, dieses Geheimnis, das bisher als das Dritte Geheimnis von Fatima bekannt war, zu veröffentlichen. Die Veröffentlichung des Restes des Geheimnisses – eigentlich die ganze Fatimabotschaft – ist meiner Meinung nach eng mit den Ereignissen von Medjugorje verbunden. Dieses Buch versucht, die Zusammenhänge näher zu beleuchten und eingehende Kommentare darüber zu machen. Auch enthält dieses Buch die letzten Ereignisse und die aktuellsten Botschaften der Erscheinungen in Medjugorje bis Anfang 2002.

Diejenigen, die zum ersten Mal von den Erscheinungen der heiligen Jungfrau Maria in Medjugorje lesen, finden hier das aktuellste Buch über das, was ich als das wichtigste Ereignis unserer Zeit betrachte.

Wayne Weible

Vorwort

Das wichtigste Ereignis unserer Zeit

Ein erkennbares übernatürliches religiöses Phänomen ist mittlerweile zur Wirklichkeit von Millionen Menschen geworden. Für diejenigen von uns, die an dieses Phänomen glauben, ist es zum wichtigsten Ereignis unserer Zeit geworden.

Die Muttergottes, so wird berichtet, erscheint jetzt schon seit über 20 Jahren sechs Jugendlichen täglich in dem abgelegenen Dorf Medjugorje in Bosnien-Herzegowina. Diese noch nie da gewesene Anzahl von Erscheinungen begann im Juni 1981. Und sie finden weiterhin täglich statt. Der angebliche Grund ist, die Menschen der ganzen Welt zu Gott zurückzuführen. Die Muttergottes hat zu Beginn enthüllt, dass dies ihre letzten Erscheinungen auf der Erde sind, was die Wichtigkeit und Dringlichkeit dieser Erscheinungen nur noch mehr steigert. Sie fügte auch hinzu: „Es wird dann nicht mehr notwendig sein..."

In der Geschichte der römisch-katholischen Kirche ist die Muttergottes viele Male erschienen. Die bekanntesten Erscheinungsorte sind Guadelupe in Mexiko (1531), LaSalette (1846) und Lourdes (1858) in Frankreich und Fatima in Portugal (1917). Aber noch nie ist sie für so lange so vielen auserwählten Sehern erschienen; und noch nie hatten die Erscheinungen eine solch umwälzende globale Auswirkung gehabt wie gerade hier in Medjugorje. Der Grund dafür kommt durch die Botschaften der Muttergottes klar zum Ausdruck. Sie ruft dringendst dazu auf, dass die Welt zu Gott zurückkehren müsse, um wahren Frieden und echtes Glück zu erlangen.

Diese besondere marianische Periode begann mit einer einzelnen Erscheinung in LaSalette, wurde dann in Fatima dramatisch gesteigert und wird nun mit erhöhter Dringlichkeit und verlängerter

Zeitspanne in Medjugorje fortgesetzt. Es ist die Beständigkeit dieses Aufrufes über eine so lange Zeit, die in einem den Glauben erweckt, dass es sich hier wirklich um einen wichtigen Teil der himmlischen Seelenernte handelt. Es ist meine persönliche Überzeugung, dass es sich hier um den Abschluss der marianischen Erscheinungen handelt.

In Medjugorje warnt die Muttergottes vor den Konsequenzen der ständig anwachsenden Gottlosigkeit in der ganzen Welt. Und doch tut sie das mit einer großen mütterlichen Liebe und stellte sich in ihren ersten Erscheinungen als Königin des Friedens vor. Sie bittet um Versöhnung aller Menschen aus allen Gesellschaftsschichten, Nationen und Religionen. Dies könne aber nur durch Glauben, Gebet und Fasten erreicht werden. Sie hebt immer wieder hervor, dass sie nur eine von Gott gesandte Botschafterin sei, und dass es die Entscheidung eines jeden Einzelnen sei, das Angebot, bei der Ernte der Seelen dabei zu sein, anzunehmen oder abzulehnen.

Im Sommer 1981 stellte das Dorf Medjugorje sowie der ganze jugoslawische Bundesstaat ganz klar einen Mikrokosmos der Welt dar, die entweder bereits in Krieg verwickelt oder aber nahe daran war, einen Krieg anzufangen. Der Grund dafür war, wie es sooft der Fall bei heutigen Kriegen ist, eine ethnische und religiöse Verfolgung. Seit Jahrhunderten hatten die drei ethnischen Gruppen - Kroaten, Serben und Moslems - dieses slawischen osteuropäischen Staates ihren gegenseitigen Hass zum Ausdruck gebracht. Die Geschichte dieser Gegend ist schon seit sehr langer Zeit durch Friedlosigkeit gekennzeichnet. Alle Generationen litten unter einem scheinbar endlosen Zyklus von Invasionen, Widerständen und Befreiungsversuchen. Zwischen Eroberungen durch die Außenwelt, bekriegten sie sich immer wieder untereinander. Hasserfüllte Gräueltaten wurden nach dem Zweiten Weltkrieg noch dadurch geschürt, dass ihnen eine jugoslawische Föderation aufgezwungen worden war, die sich als eine atheistische, marxistische Diktatur festgesetzt hatte.

Trotz der Wunder der Muttergotteserscheinungen folgte die Bevölkerung zunächst nicht dem Aufruf zur Versöhnung. Kroaten und Serben wollten nicht miteinander leben, und keine der beiden Volksgruppen konnte die islamischen Slawen ausstehen, die sich durch vierhundert Jahre türkischer Herrschaft herausgebildet hatten. Und trotzdem erschien die Muttergottes weiterhin den sechs Jugendlichen, obwohl dort 1991 ein dreijähriger blutiger Krieg ausbrach, der sehr viel zerstörte.

Es ist unglaublich, aber die Pilger kamen selbst während der schlimmsten Kämpfe dieses Krieges. Sie kamen nicht nur aus religiösen Gründen, sondern auch, um dringendst notwendige Hilfsmittel für die unglücklichen Kriegsopfer zu bringen. Es waren Menschen, die früher schon als Pilger nach Medjugorje gekommen waren, und die jetzt, ohne Rücksicht auf ihre eigene Sicherheit, wiederkamen. Diese Folgeleistungen auf die Botschaften von Medjugorje von ganz einfachen Menschen dient starker Beweisgrund dafür, dass der gute Samen der geistlichen Bekehrung auf fruchtbaren Boden gefallen war und jetzt hundertfältige Früchte brachte.

Die Muttergottes erscheint katholischen Jugendlichen in Medjugorje, und ihre Botschaften fordern oft zum Empfang der Sakrament der katholischen Kirche auf. Sie hob jedoch von allem Anfang an hervor, dass ihre Botschaften für Menschen aller Glaubensrichtungen seien. Dies wird durch die große Anzahl Andersgläubiger bestätigt, die durch die Botschaften der Erscheinungen geistliche Bekehrung gefunden haben; und das gilt auch für den Autor dieses Buches.

Dieses Buch will nicht nur die Geschichte der Erscheinungen erzählen, oder einen Beweis für die übernatürliche Natur dieser Erscheinungen erbringen, sondern es will auch anhand der unglaublichen Botschaften, die den Sehern gegeben werden, die geistliche Geschichte und die Auswirkungen dieses Ereignisses darstellen. Eingestreut in diese Botschaften sind tatsächliche Begebenheiten, Geschichten und persönliche Kommentare, die sich durch meine 15-jährigen Nachforschungen herausgebildet haben. Ich hoffe, dadurch ein besseres Zeugnis für dieses Phänomen zu geben, als man es durch viele Tatsachenberichte und theologische und wissenschaftliche Debatten erzielen könnte.

Ohne dass das Buch beängstigend oder apokalyptisch wirken soll, weist es doch auf die direkten Einwirkungen dieser Erscheinungen in der Welt hin. Es versucht auch, den Zusammenhang mit den Erscheinungen der Muttergottes in LaSalette und Fatima, sowie mit den inneren Eingebungen Don Gobbis, der die marianische Priesterbewegung in die Wege geleitet hat, zu beleuchten. Ich bin fest davon überzeugt, dass die Muttergottes gerade zu diesem Zeitpunkt in der Geschichte, wie noch nie zuvor, auf die Welt gesandt wird, weil sie das fortsetzen soll, was sie in LaSalette begonnen, in Fatima verstärkt und durch die marianische Priesterbewegung bekräftigt hat. Der Zusammenhang dieser Ereignisse verleiht der Tatsache große Glaubwürdigkeit, dass die endgültige Ernte der Seelen eine Ernte der Liebe und Barmherzigkeit Gottes und nicht der Verdammnis und Verzweiflung ist. Die Muttergottes teilt uns mit, dass am Ende der Erscheinungen von Medjugorje die Welt einer geistlichen Reinigung unterzogen werden wird, die den Anfang einer noch nie da gewesenen Friedensepoche durch eine vollkommene Rückkehr zu Gott in die Wege leiten wird. Das soll jedoch nicht bedeuten, dass es sich hierbei um das Ende der irdischen Welt handelt.

Dieses Buch will die guten Früchte, die die Erscheinungen von Medjugorje in Menschen aller Glaubensrichtungen, aber auch in Menschen ohne Glauben, hervorrufen, dem Leser näher bringen. Das geschieht in der Hoffnung, dass diejenigen, die über die Muttergotteserscheinungen von Medjugorje zum ersten Mal lesen, sowie diejenigen, denen diese schon bekannt sind, geistig erneuert und gestärkt werden.

Es ist mein Wunsch, dass dieses Buch in allen Lesern den Wunsch erweckt, zu den Seelen der endgültigen Ernte zu gehören.

Wayne Weible

Erster Teil – Vorbereitung

Ihr sollt wissen, Brüder, dass ich mir schon oft vorgenommen habe, zu euch zu kommen, aber bis heute daran gehindert wurde; denn wie bei den anderen Heiden soll meine Arbeit auch bei euch Frucht bringen.

Griechen und Nichtgriechen, Gebildeten und Ungebildeten bin ich verpflichtet;

(Römer 1, 13-14)

Den Weg vorbereiten

Der junge franziskanische Priester aus Bosnien-Herzegowina schaute mit starrem Blick aus dem Fenster, als das Flugzeug zur Landung ansetzte. Es war in der ersten Maiwoche im Jahr 1981, und man konnte das italienische Wetter beinahe ideal nennen. Normalerweise hätte es für ihn eine freudige Vorbereitung auf eine wichtige Konferenz internationaler Leiter der katholischen charismatischen Erneuerungsbewegung in Rom sein sollen. Doch er hoffte nur, dass diese Konferenz die Flamme des Heiligen Geistes in ihm neu entzünden würde, die ihn zu Beginn seines kurzen Priestertums so stark erfüllt hatte.

Die Gleichgültigkeit der Menschen in seiner Gemeinde sowie der Nachbargemeinden hatte Pater Tomislav Vlašić ganz entmutigt. Er hatte sein Amt in der katholischen St.-Franziskus-von-Assisi-Pfarre in Capljina mit großer Begeisterung angetreten, was er durch seine Begabung zum Predigen und seine anziehende Persönlichkeit zum Ausdruck brachte. Dadurch war der junge Priester oft in Nachbardörfer zum Predigen eingeladen worden. Aber anstatt Bekehrungen zu bewirken, fand er nur Gleichgültigkeit vor. Viele junge Leute kamen nicht mehr zur Messe; und Sonntagsarbeit war die Norm. Familiengebete gehörten der Vergangenheit an.

Pater Tomislav kam zu der Konferenz mit dem einen Gedanken: Er wollte bei zwei wohlbekannten Mitgliedern der charismatischen Bewegung, Schwester Briege McKenna und Pfarrer Emiliano Tardiff, die beide als Sprecher bei der Konferenz angesagt waren, Hilfe suchen. Er hoffte, dass sie für ihn beten würden, um dadurch seine geistliche Spannkraft wiederzufinden. Auch hoffte er, dadurch den Widerstand seiner Pfarrmitglieder zu überwinden.

Pater Tomislavs Gebete wurde erhört – auf eine Weise, die seine kühnsten Erwartungen weit übertraf. Schwester Briege McKenna, eine irische Nonne, die in den USA lebte, unterhielt einen mächtigen Heilungsdienst; aber sie besaß auch eine starke Gabe der Prophezeiung. Als sie über Pater Tomislav betete, beschrieb sie eine lebhafte prophetische Vision. Sie sagte, sie sehe „ihn in einer Kirche mit Doppeltürmen auf einem Stuhl sitzen, umgeben von einer großen Menschenmenge". Unter seinem Stuhl flössen Wasserströme auf die Menschen hervor; dann fügte sie hinzu „Ströme mächtig heilenden Wassers..."

Pater Tomislav war von dieser Vision äußerst beeindruckt, aber auch etwas verwirrt. Die einzige Kirche mit Doppeltürmen, die er kannte, war etwa 18 km entfernt in der Gemeinde von Medjugorje. Aber er gab sich zufrieden, da er wesentlich mehr von seinem Zusammentreffen mit Schwester Briege erhalten hatte, als er sich erhofft hatte. Es war gewiss ein Zeichen dafür, dass die Leute endlich positiv auf seine Seelsorge reagieren würden. Was dann aber geschah, machte ihn überglücklich, obwohl sich dieser junge Priester nicht ganz im Klaren darüber war, was es eigentlich bedeuten sollte.

Pfarrer Emiliano Tardiff, ein französisch-kanadischer Priester, der in Kolumbien in Südamerika stationiert war, und der auch mit dem Charisma des Heilens begnadet war, kam am nächsten Tag zu Pater Tomislav. Er betete auch über ihn. Dann umarmte er den Pater und sagte: „Mein lieber junger Freund, ich habe eine wunderbare Botschaft von Jesus bekommen. Er sagt: „Habe keine Angst, ich sende dir meine Mutter!"

Die alte Frau stöhnte, als sie sich nach langem Bücken beim Säubern der jungen Tabakpflanzen aufrichtete. Sie wischte sich über die Stirn und schaute die lange Reihe der Tabakstauden entlang, wo noch eine andere Frau in ähnlichem Alter die gleiche Arbeit verrichtete. Dann fing sie an, in Richtung auf diese andere Frau zuzuarbeiten. Es war am Vormittag anfangs Mai 1981; wieder ein Tag schwerer Arbeit in einem der Tabakfelder, die um das Dorf Medjugorje lagen. Ihre verwitterten Gesichter zeugten von jahrelanger schwerer Feldarbeit.

Die Monotonie ihrer schweren Arbeit wurde durch ihr ständiges Rosenkranzgebet, das sie leise vor sich her murmelten, etwas erleichtert. Diese Kombination schwerer Arbeit und innigen Gebetes war für die älteren Frauen dieses Dorfes schon seit Generationen zur Tradition geworden.

Plötzlich hielt die Frau inne und starrte auf etwas über sich. Sie schüttelte den Kopf, rieb sich die Augen und schaute erneut hin. Da, in einer deutlichen Vision, sah sie, wie aus einem hellen Licht, das mysteriös über den Tabakpflanzen auf sie zugeschwebt kam, etwas hervorkam, das einem von zwei Pferden gezogenen, altertümlichen Streitwagen glich. Es bewegte sich ständig aber ohne Geräusch und schwebte über ihr vorüber. Dabei sah sie, dass in dem Streitwagen ein sehr alter Mann mit langem weißen Haar und Bart saß. Dann verschwand die Vision langsam, als die Frau, die etwas Übernatürliches in diesem mysteriösen Phänomen vermutete, andächtig das Kreuzzeichen machte. Sie ging dann wie im Traum wieder ihrer Arbeit nach.

Als sie die andere Frau in der Mitte der Tabakreihe traf, hielten beide inne und schauten einander an. Zögernd deutete die Frau in die Richtung, in der sich die Vision aufgelöst hatte und fragte: „Hast du gesehen…?" „Ja!", flüsterte ihre Bekannte, „Ja, ich habe es gesehen!"

Nach längerem Schweigen machten beide wiederum das Kreuzzeichen und arbeiteten weiter.

Es vergingen mehrere Wochen, als in der Pfarrgemeinde von Medjugorje mit ihrer doppeltürmigen St. Jakobskirche zum ersten Mal eine wunderschöne junge Frau sechs kroatischen Jugendlichen erschien. Sie gab sich als „Gospa"[1] zu erkennen. Es war dies die erste übernatürliche Erscheinung, die sich von diesem Zeitpunkt an täglich wiederholen sollte, und die dieses Dorf, die ganze Umgebung, und schließlich die ganze Welt zu noch nie da gewesenen geistlichen Höhen führen sollte. Das übertraf Pater Tomislavs wildeste Träume.

Es war kein Zufall, dass diese eindrucksvollsten und mächtigsten aller Erscheinungen der Muttergottes in der Geschichte der Menschheit am 24. Juni begannen, der von der katholischen Kirche als das Fest des heiligen Johannes des Täufers gefeiert wird.

Da fragten ihn die Jünger: „Warum sagen denn die Schriftgelehrten, zuerst müsse Elija kommen?"
Er gab zur Antwort:
„Ja, Elija kommt und er wird alles wiederherstellen. Ich sage euch aber: Elija ist schon gekommen, doch sie haben ihn nicht erkannt, sondern mit ihm gemacht, was sie wollten. Ebenso wird auch der Menschensohn durch sie leiden müssen."
Da verstanden die Jünger, dass er von Johannes dem Täufer sprach.

(Matthäus 17, 10-13)

2
Das Wunder

Am 25. Juni 1981 lächelte die Gestalt einer jungen Frau, die von einem wunderbar glänzendes Licht umgeben war, den sechs Jugendlichen zu, die vor ihr auf dem Berg Podbrdo, der auf das Dorf Medjugorje hinunterschaute, knieten. Sie hob langsam ihre Hände und sagte mit weicher Stimme: „Gelobt sei Jesus!"

Zwanzig Jahre später erscheint diese junge Frau, die sich zu Beginn als die Gospa zu erkennen gegeben hatte, immer noch täglich in Medjugorje – geradeso, wie an diesem ersten Tag. Am 25. Juni 2001 kamen über 100.000 Pilger aus aller Welt in Medjugorje zusammen, um dieses Ereignisses zu gedenken. Alle täglichen Begegnungen, genauso wie die erste, fangen jeweils mit dem gleichen Gruß an. Dieser Gruß selbst dient als Beweis dafür, dass es sich hier um ein Geschenk des Himmels handelt, einer Gnade, die sich unaufhaltsam in der ganzen Welt verbreitet.

Es ist nicht überraschend, dass die Botschaft, die sie Millionen ihrer Anhänger an diesem 20. Jahrestag der Erscheinungen gab, im Grunde genommen eine Zusammenfassung aller Botschaften, die sie über die 20 Jahre ihrer Erscheinungen in Medjugorje gegeben hatte, ist: „Liebe Kinder! Ich bin mit euch und ich segne euch alle mit meinem mütterlichen Segen. Besonders heute, da Gott euch Gnaden in Fülle gibt, betet und sucht Gott durch mich. Gott gibt euch große Gnaden, deshalb, meine lieben Kinder, nützt diese gnadenvolle Zeit und nähert euch meinem Herzen, damit ich euch zu meinem Sohn Jesus führen kann. Danke, dass ihr meinem Ruf gefolgt seid."

Die Erscheinungen hatten eigentlich am 24. Juni 1981 angefangen, als ein überraschter Teenager, die 15-jährige Ivanka Ivanković, die Erste war, die eine Vision der Muttergottes gesehen hatte.

Diesem jungen Mädchen gesellten sich schon bald andere Jugendliche bei. Die junge Frau, die von einem überirdischen Licht überflutet war, schwebte etwa 50 Meter von den Jugendlichen entfernt auf der Seite des Berges, die dem Dorf zugewandt war. Sie lächelte und hielt ein kleines Kind in ihren Armen. Sie winkte ihnen, zu ihr zu kommen. Da die Kinder katholisch erzogen waren, erkannten sie in ihr die Heilige Jungfrau Maria.

Aber sie waren zu erschrocken, um darauf zu reagieren. Sie waren vor Angst ganz starr; einige beteten, andere weinten, und der sechzehnjährige Ivan Dragičević, schaute nur kurz hin und rannte dann schnell weg. Als ein leichter Nieselregen anfing, verließen die anderen auch langsam diesen Begegnungsort. Als sie dann aber etwas weiter entfernt waren, rannten sie schleunigst nach Hause, wo sie ihren Freunden ganz aufgeregt von dieser Begebenheit erzählten. Die Nachricht verbreitete sich in Windeseile in dem kleinen Dorf: Die Gospa sei in ihrem Dorf erschienen!

Am folgenden Abend, dem 25. Juni, verspürten die Jugendlichen, die die Vision am vorherigen Tag gesehen hatten, einen unwiderstehlichen Drang, zu diesem Ort zurückzukehren. Auch diesmal erschien die junge Frau wieder, jedoch ohne das Kind im Arm, das sie später als das Jesuskind kennen lernen sollten. Als sie die Kinder wieder zu sich heraufwinkte, sausten diese den steilen, mit Dornen bewachsenen und mit Steinen übersäten Berg hinauf; sie entwickelten dabei eine Geschwindigkeit, die unter normalen Umständen ihre körperlichen Fähigkeiten weit überschritten hätte. Es war ein Anstieg, der sonst 12 bis 15 Minuten dauert, aber sie schafften ihn in nur zwei Minuten. Zu Ivanka und Ivan, die nur knapp zwei Meter vor der Erscheinung knieten, gesellten sich schon bald Mirjana Dragičević, 15, Marija Pavlović, 16, Vicka Ivanković, 17, und Jakov Čolo, der erst zehn Jahre alt war, hinzu.

Schon nach wenigen Minuten machte die anfängliche Angst ihrer Neugierde Platz, und Fragen strömten nur so aus ihnen heraus: „Wer bist du? Warum bist du gekommen? Was willst du?" Die mit Licht überflutete Frau, die sich als die Gospa zu erkennen gab, antwortete ihnen: „Ich bin gekommen, um euch zu sagen, dass Gott wirklich existiert, und dass Er euch liebt. Ich bin gekommen, weil es hier viele Gutgläubige gibt. Ich möchte bei euch sein, um die ganze Welt mit Gott zu versöhnen."

Die Kinder konnten nur ehrfürchtig hinschauen. Mirjana, die mit Ivanka die Muttergottes am Vortag zuerst gesehen hatte, fragte: „Warum erscheinst du gerade uns? Wir sind ja nicht besser als andere." Die Jungfrau lächelte nur und sagte: „Ich suche mir nicht immer die besten aus."

Es war eine aufschlussreiche Antwort, denn nachdem Ivanka und Mirjana am vorherigen Abend ihre Arbeiten erledigt hatten, waren sie zu einem verborgenen Ort gegangen, um Rockmusik anzuhören und Zigaretten zu rauchen, die sie von ihren Vätern gestohlen hatten. Diese lässliche Tat des jugendlichen Leichtsinns sollte später Millionen Pilgern, die nach Medjugorje kamen, als Beispiel dafür dienen, dass Gott oft ganz gewöhnliche Menschen für Seine außergewöhnlichen Taten aussucht. Diejenigen, denen die Gnaden geschenkt werden, himmlische Besucher erkennen zu können, werden nicht unbedingt deshalb auserwählt, weil sie gut sind, sondern vielmehr, weil sie Gutes tun können.

Die erste Erscheinung der Muttergottes, in der sie mit den Kindern sprach, schien für diese von langer Dauer zu sein; und obwohl

sie nicht wollten, dass die Erscheinung jemals zu Ende gehen würde, waren sie doch zu scheu, um noch weitere Fragen zu stellen. Schließlich fragte einer von ihnen: „Wirst Du wiederkommen?" "Ja," antwortete sie, „an die gleiche Stelle wie heute."

Dieses Ereignis wurde von einigen Dorfbewohnern mitverfolgt. Sie waren hierher gekommen, da sich die Nachricht schnell verbreitet hatte, dass die Kinder die Gospa auf dem Berg Podbrdo gesehen hätten. Nur wenige glaubten ihnen; und auch ihre Familienmitglieder glaubten ihnen nicht. Vickas Schwester fragte sie im Scherz, ob sie eine fliegende Untertasse gesehen hätten. Auch Marija lachte zunächst, als sich ein Onkel über ihre Schwester Milka, die am ersten Tag die Madonna nur ganz kurz zusammen mit Ivanka und Mirjana gesehen hatte, lustig machte. An diesem zweiten Tag war Marija anstelle ihrer Schwester gekommnen, da diese zu ihrem Leidwesen die Schafe der Familie hüten musste. Marija hatte den kleinen Jakov mitgebracht, der gerade bei ihr war, als Ivanka vorbeikam, um Milka abzuholen. Ivanka hatte ihnen ganz aufgeregt gesagt, dass die Gospa wieder erscheinen würde.

Am dritten Tag, dem 26. Juni, einem Freitag, waren Leute aus der ganzen Gegend wegen des Gerüchtes der Erscheinungen ganz aufgeregt hierher gekommen. Als die sechs Jugendlichen wieder in Ekstase niederknieten, war eine Menge von ungefähr dreitausend Menschen dabei. Vickas Großmutter hatte ihr vorher gesagt, sie solle Weihwasser mitnehmen und auf die Vision sprengen, wenn diese wieder erscheinen sollte. Es sollte eine Prüfung sein, ob das Erscheinungswunder auch wirklich von Gott sei. Dies war ein traditioneller Glaubenstest der Dorfbewohner. Vicka goss buchstäblich den ganzen Inhalt der Flasche auf die Erscheinung, indem sie sagte: „Wenn du nicht von Gott bist, dann verschwinde!" Zufrieden mit dieser Prüfung, zeigte die Muttergottes ihr strahlendstes Lächeln.

Was dann geschah, sollte den Hauptgrund dafür erklären, warum die Gospa gerade in diesem Dorf erscheint. Als die Erscheinung zu Ende war, wurden die Seher durch das Gedränge der vielen Menschen von einander getrennt. Die Leute rissen sie geradezu an sich, um Einzelheiten über die Begegnung zu erfahren.

Marija ging dann später allein den Pfad vom Podbrdo hinunter. Plötzlich verspürte sie ein seltsames Ziehen, das sie auf eine Seite des Pfades zog, wo ihr die Gospa auf einmal wieder erschien. Das strahlende Glück der schönen jungen Frau in dem übernatürlichen Licht war jetzt einem traurigen Gebaren gewichen. Sie stand vor dem Bild eines leeren regenbogenfarbenen Kreuzes, und während Tränen über ihre Wangen herunterliefen, rief sie flehentlich: „Frieden, Frieden, Frieden! Versöhnt euch! Nur Frieden! Schließt Frieden mit Gott und untereinander. Dafür ist es notwendig zu glauben, zu beten, zu fasten und zur Beichte zu gehen."

Es war eine leidenschaftliche Mahnung, die sich während der nächsten Tage, Monate und Jahre noch mehrmals wiederholen sollte. Diese zweite Botschaft des Tages war eine gezielte Warnung für die ganze Welt, ganz besonders aber für die drei Volksgruppen Jugoslawiens. Die Muttergottes war nach Medjugorje mit der Bestätigung gekommen, dass Gott existiert, aber sie brachte auch eine Botschaft des Friedens und der Liebe. Diese Bestätigung und Botschaft sollte in ihrer Jahrestagsbotschaft am 25. Juni 2001 bekräftigt werden.

Dann erschien ein großes Zeichen am Himmel: Eine Frau, mit der Sonne bekleidet; der Mond war unter·ihren Füßen und ein Kranz von zwölf Sternen auf ihrem Haupt.

(Offenbarung 12,1)

3
Die Ernte beginnt

Als die Erscheinungen anfingen, war die Welt von nationalistischem Gift erfüllt. Selbst die kleinsten ethnischen Volksgruppen
kämpften, angefeuert durch Nationalstolz. verbissen um ihre Unabhängigkeit. Heute ist es auch nicht anders, vielleicht noch
schlimmer. Historisch gesehen war das Ergebnis dieses Giftes jeweils das Blutvergießen von Unschuldigen, während die Starken,
angespornt von Macht- und Selbstsucht, um Kontrolle kämpften.
Das also waren die Voraussetzungen für dieses unglaubliche Wunder, das die Ernte der Seelen für Gott einleiten sollte.

Als die Muttergottes am ersten Abend auf dem Erscheinungsberg
mit dem Jesuskind im Arme erschien, war es, als ob sie die Geburt
des Gottessohnes in dem Dorf, das Bethlehem sehr ähnelte, erneuern wollte. Sie hob in ihren ersten Botschaften hervor, dass sie gekommen sei, den einzig wahren Frieden für die Welt, besonders
aber für die Menschen dieser Gegend, zu suchen. Aber trotz der un-
ermesslichen Bedeutung dieses Wunders nahmen die Menschen
der drei ethnischen Volksgruppen, einschließlich der Kirchenführer, keine Notiz von ihrem Mahnruf, sich gegenseitig auszusöhnen.
Die Lockungen für sofortiges Ansehen und Machtausübung waren
stärker als die trübe Aussicht auf bleibenden Frieden. Zehn Jahre
später war das Ergebnis, den Aufruf der Gospa für Aussöhnung ig-
noriert zu haben, deutlich erkennbar. Es tobte ein furchtbarer
Krieg, der die ehemaligen jugoslawischen Republiken zwar von den
Fesseln des Kommunismus befreite, sie aber in Trümmern zurück-
ließ. Dies sollte wiederum eine der zahlreichen Ablehnungen der
Welt sein, durch die himmlische Gnade einen wahren Frieden herbeizuführen.

Jetzt aber erzeugten die Erscheinungen der Muttergottes eine Atmosphäre der Buße, Bekehrung und unbegrenzten Hoffnung. Sowohl die Seher, als auch die Kirchenführer waren überrascht, dass die Erscheinungen täglich mit neuen, überraschenden Botschaften fortgesetzt wurden. Und die Menge aus der Umgebung ständig wuchs.

Dann kam eine unglaubliche Offenbarung. Die Mutter der Seherin Ivanka war gerade einen Monat, bevor die Erscheinungen begannen, gestorben. Sie war ins Krankenhaus in die naheliegenden Stadt Mostar gebracht worden, aber niemand hatte ihren Tod erwartet. Nach ihrem Tod wurde Ivanka einsam und deprimiert. Und jetzt konnte dieses junge Mädchen auf dem Berg, von dem man ihr Haus überblicken konnte, die schöne Frau, die angab aus dem Himmel zu kommen, sehen und mit ihr zu sprechen. Ihre Frage war unvermeidlich: „Liebe Frau, wo ist meine Mutter?"

Die Antwort der Muttergottes erfüllte das junge Mädchen mit unbeschreiblicher Freude. „Deine Mutter ist bei uns im Himmel!"

Es war eine erstaunliche Nachricht, die sich schnell im Dorf und den umliegenden Gemeinden verbreitete. Die Leute fragten sich, warum gerade diese Frau gleich in den Himmel aufgenommen worden war, obwohl sie nichts Besonderes in ihrem Leben vollbracht hatte. Sie war eine gute Mutter und Ehefrau und hatte ihren Glauben täglich durch Gebete und häufige Messbesuche gelebt; auch hatte sie den Willen Gottes in ihrem Leben akzeptiert und die damit verbundenen Pflichten erfüllt. Die Muttergottes hat dies dann im Laufe der Zeit in ihren Botschaften als die Haupterfordernis für die Heiligkeit hervorgehoben.

Die lokale Kirchenbehörde nahm sich jetzt, zwar noch zögernd, dieser Sache an. Die ursprüngliche Reaktion auf die Behauptungen der Kinder, die Madonna zu sehen, war zunächst totale Ablehnung; es wurde sogar vorgeschlagen, die bösen Geister aus den Kindern auszutreiben. Die vorsichtigen und auch skeptischen Franziskaner beschworen die Seher, ein Zeichen von der Gospa zu verlangen, um dadurch beweisen zu können, dass die Erscheinungen auch wirklich von Gott seien. Ihre Antwort war ruhig und direkt: „Selig sind jene, die nicht sehen und doch glauben!"

Viele Priester blieben skeptisch. Die jungen Seher wurden von den Franziskanern in langen Sitzungen hart vernommen. Aber schlimmer noch waren die Verhöre der kommunistischen Behörden. Beschuldigungen wurden erhoben, dass die Kinder Drogen nähmen, dass sie geistig gestört seien, oder dass sie einfach lögen. Andere schlugen vor, dass es ein Streich gewesen sei, der zu weit gegangen war, oder dass die Franziskaner selbst diesen Schabernack angestiftet hätten. Aber durch all diese Beschuldigungen wichen die sechs Jugendlichen niemals von ihren Behauptungen ab: Sie haben die Gospa gesehen und sehen sie noch allabendlich, wiederholten sie in den Verhören der verschiedenen Behörden. Nicht einmal Drohungen gegen sie selbst und ihre Familien vermochten sie von ihren Aussagen abzubringen.

Innerhalb der nächsten Wochen kamen dann schon Tausende aus der Umgebung in dieses Dorf zu den täglichen Erscheinungen. Es entwickelte sich auch schon bald eine Routine: Nach einigen Gebeten, die von den Sehern angefangen wurden, erschien ihnen die Muttergottes nach dem dreimaligen Aufblitzen eines strahlenden Lichtes, das manchmal auch von einigen Anwesenden wahrgenommen werden konnte. Die Kinder fielen dann wie synchronisiert gemeinsam auf die Knie, indem sie ihre Gebete mit jeweils genau dem gleichen Wort, manchmal sogar mit der selben Silbe, beendeten. Alle schienen, unabhängig von einander, eine Unterhaltung mit der Muttergottes zu führen; man konnte sehen, wie sie ihre Lippen bewegten, aber keiner der Anwesenden konnte ihre Worte hören.

Die Erscheinungen, die allabendlich zur gleichen Zeit stattfanden, dauerten unterschiedlich von ein paar Minuten bis zu einer ganzen Stunde. Es hing davon ab, wie viele Wünsche der Gospa während der Erscheinung vorgetragen wurden, oder welche Lehren diese geben wollte. Danach beschrieben dann die Seher, was sie erlebt hatten und auch, wie die Gospa aussah.

Sie sähen sie dreidimensional, geradeso, wie wir einander sehen, erklärten sie. Sie beschrieben ihr Aussehen als typisch kroatisch[2], etwa 19 bis 21 Jahre alt, ungefähr 1,65 m groß, schlank und unbeschreiblich schön – weit schöner als irgendeine Statue oder ein

Bild, das sie von ihr gesehen hätten. Sie hätte blaue Augen, eine helle elfenbeinfarbene Gesichtsfarbe. Eine schwarze Haarlocke sei auf der linken Seite ihres Gesichtes unter einem langen weißen Schleier, der bis hinunter auf eine kleine weiße Wolke reiche, die ihre Füße bedecke, sichtbar. Die Wolke, so erklärten die Seher, nähme an Größe zu, je länger die Erscheinung dauerte. Ihr Kleid sei lang, ohne Borte und leuchtend silbergrau. Dann fügten sie noch hinzu, dass sie eine Krone von zwölf Sternen trage, die ihr Haupt umkreisten[3].

Der Berg Podbrdo war jetzt täglich von Menschen überlaufen. Verwandte brachten ihre Kranken und Behinderten und baten die Seher, die Muttergottes um ihre Heilung zu bitten. So baten auch die Eltern eines behinderten Kindes die Seher, für ihr Kind zu bitten. Ihr kleiner Sohn konnte weder hören noch sprechen und konnte nur hinkend laufen. Als die Bitte der Muttergottes vorgetragen wurde, antwortete sie, nachdem sie lange auf den kleinen Jungen und seine Familie geschaut hatte: „Sie mögen fest an seine Heilung glauben. Geht im Frieden Gottes!"

Die Eltern waren von der Antwort etwas enttäuscht. Sie hatten eine sofortige Heilung für ihren Sohn erwartet. Die Gospa hatte ihnen aber nur gesagt, sie sollten beten, glauben und vertrauen. Sie gehorchten aber dennoch.

Später am Abend kehrten sie auf dem Nachhauseweg noch in einem Gasthaus ein. Plötzlich nahm der Junge eine Tasse, schlug damit auf den Tisch und sagte: „Mutti, ich möchte Milch haben." In schon kurzer Zeit konnte er hören, sprechen und mit anderen Kindern ganz normal herumrennen.

Als sich die Nachricht von dieser Heilung verbreitete, kamen Bitten um Heilungen von allen Seiten. Eines Tages reagiert die Muttergottes in typisch menschlicher Weise, als sie lächelnd ihre Hände hob, zum Himmel aufblickte und ausrief: „O Herr, hilf uns allen!"

Im Juli wurde den Jugendlichen als Antwort auf ihre wiederholten Fragen, wie sie als Seher weiterexistieren könnten, das Haupt Jesu in einer Vision gezeigt, in der sie ganz klar Seine braunen Augen, Seinen Bart und Sein langes Haar sehen konnten. Die Mut-

tergottes sagte auch, dass ihnen die Vision gezeigt worden sei, um sie auf die Leiden und Verfolgungen, die sie als Seher zu erdulden hätten, vorzubereiten. Dann fügte sie noch hinzu: „Meine Engel, ich sende euch meinen Sohn Jesus, der auch für Seinen Glauben gequält wurde, und der dennoch alles auf Sich nahm. Auch ihr, meine Engel, werdet vieles erdulden müssen."

Sie ersuchte sie, zu beten und fest daran zu glauben, dass sie dieses anfängliche Schikanieren und den Argwohn überleben würden. „Wie sollen wir denn beten?", fragten sie. „Betet weiterhin das Vaterunser, das „Gegrüßet seist du Maria" und das „Ehre sei dem Vater" (in dieser Reihenfolge), aber fügt noch das Glaubensbekenntnis hinzu. Geht im Frieden Gottes, meine Engel!" Somit schlug sie das traditionelle Gebet ihrer Mütter und Großmütter vor. Später sagte sie dann auch noch, man solle den Rosenkranz täglich beten. Aber nicht nur Katholiken, sondern alle Menschen, sollten den Rosenkranz beten. Das Gebet, und ganz besonders der Rosenkranz, wurde über die Jahre zum Hauptthema ihrer Botschaften.

Es wurde schon bald klar, dass sich das Leben aller, die damit zu tun hatten, grundsätzlich ändern würde. Und das war nur der Anfang der Seelenernte.

Und Er sprach lange zu ihnen in Form von Gleichnissen. Er sagte: „Ein Sämann ging aufs Feld, um zu säen. Als er säte, fiel ein Teil der Körner auf den Weg und die Vögel kamen und fraßen sie. Ein anderer Teil fiel auf felsigen Boden, wo es nur wenig Erde gab, und ging sofort auf, weil das Erdreich nicht tief war; als aber die Sonne hochstieg, wurde die Saat versengt und verdorrte, weil sie keine Wurzeln hatte. Wieder ein anderer Teil fiel in die Dornen und die Dornen wuchsen und erstickten die Saat. Ein anderer Teil schließlich fiel auf guten Boden und brachte Frucht, teils hundertfach, teils sechzigfach, teils dreißigfach. Wer Ohren hat, der höre!"

(Matthäus 13, 3-9)

4

Gute Erde

Es bestand die Möglichkeit, dass Medjugorje eines Tages die gute Erde für geistliche Erneuerung werden könnte. Trotz jahrhundertelangen Kämpfen, hingen die Einwohner zäh an ihrem katholischen Glauben. 1933 errichteten sie als sichtbares Zeichen ihres Glaubens ein 12 Meter hohes Betonkreuz auf dem Gipfel des Berges, der ihr Tal überschattete. Sie wollten dadurch der 1900 Jahre seit dem Kreuzestode Christi gedenken. Sie taten dies jedoch auch teilweise aus Aberglauben, um ihre Ernten, die für sie lebensnotwendig waren, vor Unwettern zu bewahren.

Nachdem die Erscheinungen jetzt aber täglich stattfanden, wurde die Frage laut: „Ist das Kreuz ein Teil des himmlischen Planes, die Menschen der ganzen Welt durch die Erscheinungen zu Gott zurückzubringen?" „ Oder war dieses Zeichen wegen des Glaubens der Menschen für die Seelenernte auserwählt worden?" Der gläubige Mensch kann beide Fragen mit „ja" beantworten.

Für den Skeptiker gab es jedoch noch andere Fragen, wie z.B.: „Warum sollte der Himmel gerade einen solch unwahrscheinlichen Ort auswählen, um unglaubliche, übernatürliche Botschaften der Welt zu offenbaren?" Oder auch: „Warum wurde eine solch ungeheure Verantwortung in die Hände einfacher Bauernkinder gelegt?" Hier wiederum ist die Antwort für den Gläubigen eindeutig.

Medjugorje ist ein kleines Dorf, das sich nicht im Geringsten von den vielen anderen kleinen Dörfern, die durch die Bergregion verstreut liegen, unterscheidet, außer vielleicht durch das Kreuz, das vom Berg auf ihr Tal hinunterschaut. Der 15 Tonnen schwere, 12 Meter hohe Betonmonolith spiegelt genau den Charakter und den Glauben der Dorfbewohner wieder. Es besteht auch eine Legende, dass ein Splitter des wahren Kreuzes in seinem Fundament eingebettet sei. Jahre rauen Wetters haben es gealtert, verfärbt und haben Betonbrocken von den Kanten ausgebrochen. Aber seine Schönheit und seine Wirkung gehen wesentlich tiefer als seine äußerliche Erscheinung. Das Gleiche kann man auch über das Dorf und seine Bewohner sagen.

Der Großteil der westlichen Herzegowina ist arm und unterentwickelt. Die Erde ist hart und steinig; doch wenn sie einmal urbar gemacht ist, ist sie ausgezeichnet zum Bepflanzen. Aber erst nach unendlich schwerer körperlicher Arbeit kann man sie in fruchtbare Erde verwandeln, die dann gutes Erdreich für Tabakpflanzen und ausgezeichnete Obst- und Südfrüchtebäume ergibt; auch Weintrauben gedeihen sehr gut, woraus hochwertige Weine gemacht werden. Jahrelange schwere Feldarbeit hat die Lebensweise der Einwohner gestählt, was sie ermöglicht, in allem selbständig zu sein.

Für die Menschen, die im Juni 1981 in Medjugorje leben, war eine solche Zähigkeit erforderlich. Sie war aber auch die Wurzel ihres starken katholischen Glaubens. Unter der von Serben beherrschten marxistischen Regierung war die Ausübung der Religion nur widerwillig toleriert. Der Atheismus wurde offiziell in den Schulen gelehrt, und die Kinder aus religiösen Familien wurden verspottet. Nur diejenigen, die der kommunistischen Partei angehörten, bekamen Arbeitsstellen im öffentlichen Dienst. Daher waren die Gläubigen, außer auf ein paar schlecht bezahlte Handlangerarbeiten, nur auf ihr Land und etwas Tierzucht angewiesen.

Die jungen Seher waren repräsentativ für den Rest der Dorfbewohner. Ihr tägliches Leben war angefüllt mit Feld- und Schularbeiten. Sie waren weder besonders fromm noch besonders schlecht. Sie waren, wie Mirjana später selbst sagte, „weder gut noch schlecht, gerade wie alle anderen auch". Dann fügte sie noch hinzu: „Als die Erscheinungen begannen, sagte meine Großmutter: „Warum sollte die Madonna gerade solchen wie euch erscheinen, wo ihr euch doch mit Jungens herumtreibt?" Ich sagte ihr, dass sie schon wisse, wie wir sind, und dass wir ihr nichts vortäuschen könnten."

Obwohl sie auf eine Art gewöhnliche Dorfkinder waren, unterschieden sich die Kinder, die als Seher auserwählt waren, doch erheblich von einander in Bezug auf Temperament und Persönlichkeit. Vor den Erscheinungen waren nur drei von ihnen gute Freunde. Vicka, Ivanka und Mirjana waren unzertrennliche Freundinnen, und obwohl sie die anderen kannten, hatten sie nichts mit ihnen gemeinsam, außer vielleicht die Schule, und dass sie Nachbarn waren. Als sie als Seher ausgewählt wurden, waren sie zunächst verwirrt und verängstigt. Durch die anfänglichen schweren Verfolgungen und den daraus entstehenden Stress entstand ein innerliches Ringen unter ihnen, wer von ihnen sie anführen sollte. Mirjana und Vicka hoben sich schon bald als Führerinnen hervor. Während der nächsten paar Tage jedoch, unter der Führung der Muttergottes, entwickelten sie untereinander eine enge Verbundenheit, in der jeder Einzelne eine ganz bestimmte Rolle einnahm.

Mirjana war eigentlich eine Außenseiterin, weil sie, obwohl in Medjugorje geboren, jetzt in Sarajewo wohnte und dort zur Schule ging. Sie verbrachte nur ihre Sommerferien bei ihren Großeltern in Medjugorje. Sie war ein typischer Teenager, intelligent und künstlerisch veranlagt, und hatte ihren Kopf voll mit weltlichen Dingen. Mirjana gab selbst zu, dass sie von religiösen Dingen nicht viel hielt, und dass sie nur aus Gewohnheit, nicht aber aus Überzeugung, zum Gottesdienst ging. Persönliches Gebet kam bei ihr selten vor. Sie hoffte, eine Karriere in der Agronomie zu machen, nachdem sie ihr Universitätsstudium in Sarajewo abgeschlossen hatte.

Gut aussehend, blond und weltgewandt wurde Mirjana schon bald zur Führerin und Sprecherin der Seher. Manchmal schien es, als ob sie etwas zu weit ginge, indem sie ihre eigenen Auslegungen zu den Botschaften der Muttergottes hinzufügte. Sie war auch das Hauptziel für die meisten Anschuldigungen. Da sie aus der Großstadt kam, kamen Gerüchte auf, dass sie Drogen ins Dorf mitgebracht und die anderen Jugendlichen dazu verführt hätte; dadurch hätten sie dann Halluzinationen bekommen, die sie die mysteriöse Gestalt im Licht hätten sehen lassen. Diese Gerüchte wurden jedoch bereits in den nächsten Tagen durch die Übereinstimmung der Berichte aller Seher über die Visionen beseitigt.

Mirjanas beste Freundin Ivanka war die Erste, die die Heilige Jungfrau gesehen hatte und war überrascht, zu den Sehern gezählt zu werden. Auch sie war typisch in ihrem Teenagerbenehmen. Sie war ein äußerst attraktives, dunkelhaariges Mädchen, das sich ihres Lebensweges bewusst war. Sie wollte so schnell wie möglich heiraten und im Dorf eine Familie gründen – genauso wie es Mädchen ihrer Art seit Jahrhunderten gemacht hatten.

Ivanka hatte jedoch gerade ihre Mutter verloren und war in tiefer Trauer und Depression als die Erscheinungen begannen. Natürlich vermuteten die Skeptiker, dass sie, da sie die Erste war, die die Muttergottes gesehen hatte, aus Verzweiflung den Verlust ihrer eigenen Mutter durch diese ersetzen wollte. Diese Theorie wäre vielleicht glaubwürdig gewesen, wenn die Erscheinungen nur wenige Tage gedauert hätten, aber als Wochen vergingen, und sich nichts änderte, verlor sie ihre Glaubwürdigkeit. Ivankas Trauer wurde schon bald durch ihre große Verantwortung und die andauernden Anfeindungen ersetzt. Ihre einzige Freude waren jetzt die täglichen Erscheinungen der Muttergottes. Diese gaben ihr genug Kraft, um ihr über alles hinwegzuhelfen.

Marija, ruhig und gutmütig, übernahm die Rolle ihrer 13-jährigen Schwester Milka, die am ersten Tag mit den anderen zusammen die Vision gesehen hatte. Als Ivanka, Mirjana und Ivan am Tag nach der ersten Erscheinung zu Milkas Haus kamen und behaupteten, dass die Erscheinung wieder stattfinden würde, war Milka auf einem entfernten Feld, wohin sie von ihrer Mutter geschickt worden war, da diese ihrer Tochter nicht geglaubt hatte, die Muttergottes gesehen zu haben. Anstatt Milka trafen sie Marija und den kleinen Jakov an. Diese begleiteten die anderen dann anstelle von Milka auf den Berg. Somit war die Gruppe derer, die fortan die täglichen Erscheinungen haben sollten, vollständig.

Nachdem Marija die Erscheinung jetzt auch gesehen hatte, war ihre Mutter davon überzeugt, dass Milka am ersten Tage wirklich die Madonna gesehen hatte, genauso wie sie es erzählt hatte. Marija bestand darauf, dass ihre Schwester sie am nächsten Tag begleiten sollte. Milka ging also mit, konnte aber leider die Vision nicht mehr sehen.

Marija hatte die Begabung, alle, mit denen sie zusammenkam, behaglich und freudig zu stimmen. Sie war unvoreingenommen und bescheiden und wollte Friseurin werden; aber schon nach den ersten Wochen der Erscheinungen sagte sie, sie wolle in ein Kloster gehen. Sie erzählte auch, dass Gott für sie vor den Erscheinungen weit entfernt gewesen wäre; aber jetzt wolle sie den Rest ihres Lebens nur Ihm dienen.

Stets freudig gestimmt, weltgewandt und mit einem immerwährenden strahlenden Lächeln wurde Vicka sozusagen zur Botschafterin der Gospa. Schon vor jenem ereignisreichen Tag, an dem die Muttergottes zum ersten Mal erschien, war Vickas Familie durch ihren festen Glauben bekannt. Ein Priester erzählte einmal auf seine lustige Art, dass alle Nachbarn allabendlich Vickas Familie hören konnten, wie sie laut ihre Gebete verrichteten. Ein anderer Priester, der Vicka den Katechismus gelehrt hatte, erklärte, dass diese unfähig sei zu lügen.

Dieses lebendige junge Mädchen schien keine Angst vor Höhergestellten zu besitzen. Sie beantwortete Priestern und Pilgern in gleicher Weise selbst die alltäglichsten Fragen bezüglich der Erscheinungen. Als ein Priester sie einmal, nachdem sie seine Frage nach einer bestimmten Botschaft beantwortet hatte, fragte: „Bist du auch sicher?", lachte sie nur und sagte: „Selbstverständlich bin ich sicher! Ich war ja dabei!" Ein anderes Mal, als die Behörden die Kinder aufs Polizeirevier zum Verhör mitgenommen hatten, drohte ein Polizist Vicka, indem er ihr seine Pistole an die Schläfe hielt, um sie einzuschüchtern. Gereizt sagte sie nach einem kurzen Lachen: „Warum willst du eine Kugel an mich verschwenden, wo es doch um die Wirtschaft des Landes so schlecht steht?"

Ivan war gerade das Gegenteil von Vicka. Scheu, ernst und in sich gekehrt, schien er sich bei Pilgern und Presse äußerst unwohl zu fühlen. Er konnte sich an seiner sogenannten Berühmtheit als Seher nicht erfreuen. Aber er hatte große Ehrfurcht dafür, dass die Jungfrau gerade ihn auserwählt hatte. Er erzählte später, dass er, als er die Muttergottes zum ersten Mal am Berge gesehen hatte, aus Furcht weggerannt sei, weil er Gott noch nie in seinem Leben akzeptiert hatte. Er lief dann sofort auf sein Zimmer, verschloss die

Tür und fing an zu beten. Seine Mutter war verblüfft; und wie sie später erzählte, hatte sie ihrem Sohn erst so richtig Glauben geschenkt, als sie beim Waschen seiner Hose einen Rosenkranz in seiner Tasche gefunden hatte.

Zwei Monate später trat Ivan in ein Priesterseminar ein, mit der Absicht Priester zu werden. Dieser Versuch scheiterte jedoch aus akademischen und persönlichen Gründen. Aber dieses Begehren und seine Anstrengungen deuteten darauf hin, wie tiefgehend er geistlich durch die Erkenntnis, dass die Madonna ihm und den anderen Sehern täglich erschien, ergriffen worden war.

Die Frage, die viele Dorfbewohner bewegte, war, was eigentlich der zehnjährige Jakov unter den Sehern zu suchen hätte? Als begabter, spitzbübischer Dickkopf war er wie andere Jungen seines Alters; aber irgendwie passte er nicht in ein solches Wunder. Seine Interessen waren weit von Gebet und Kirchenbesuch entfernt. Er war mehr an Sport, besonders an Fußball, interessiert. Selbst nachdem er zu den Sehern gehörte, konnte er sich nicht verkneifen, die Muttergottes eines Tages zu fragen, ihm das Spielergebnis einer bevorstehenden Fußballmeisterschaft vorauszusagen. Die Gospa lächelte nur.

Jakovs Vater war selten daheim in ihrer kleinen Hütte; er arbeitete meistens als Gastarbeiter in Österreich und überließ die Erziehung ihres einzigen Sohnes seiner Frau. Daher verbrachte der kleine Junge die meiste Zeit mit Spielen, um dem schweren täglichen Leben zu entfliehen. Aber nachdem die Erscheinungen zu einem Teil seines normalen Tagesablaufs geworden waren, besuchte er täglich die Abendmesse. Er sprach nur ehrfürchtig von der Heiligen Jungfrau; ihre täglichen Erscheinungen wurden für ihn der wichtigste Teil seines Tages; und wenn er von Priestern und der Presse interviewt wurde, dann sprach er jeweils mit Ernst und großer Höflichkeit.

Das sind also die jungen Menschen, die so plötzlich als Seher eines übernatürlichen religiösen Phänomens, das sie selbst und ihr ganzes Dorf für immer umgewandelt hatte, Berühmtheit erlangt haben. Diese Umwandlung war geistlicher Art, aber die Art der einzelnen Seher, sowie die des Dorfes sollte sich nicht ändern; Medjugorje war zu einem neuen, heiligen Ort geworden.

Als die Muttergottes weiterhin erschien, entwickelten sich die Seher nicht nur als Verkünder ihrer Botschaften, sondern auch als ihre Beispiele. Jeder von ihnen spielte eine ganz bestimmte Rolle, während die Hauptverantwortung in den ersten Monaten auf Mirjana, Vicka und Marija fiel.

Mirjana schien ein besseres Verständnis für den Zustand der Kirche bekommen zu haben. Ihre gute Freundin Vicka wurde zur Hauptmystikerin, in deren Verantwortungsbereich es fiel, das Schicksal der Welt, das durch die Botschaften erhellt wurde, aufzudecken. Marija war dazu ausersehen worden, Priestern und Pilgern besondere Botschaften zu übermitteln. Später sollte sie auch diejenige sein, die Botschaften von der Gottesmutter zunächst für ihr Dorf und dann für die ganze Welt erhielt. Jedem von ihnen war auch die Verantwortung gegeben, für ein besonderes Anliegen zu beten: Mirjana betete für Ungläubige, Vicka und Jakov für die Kranken und Behinderten, Marija für die Seelen im Fegfeuer, Ivan für die Jugend und Ivanka für Familien.

Somit wurde Medjugorje, dieses bescheidene Dorf, dieses Dorf der kleinen Dinge und unveränderlicher Traditionen, durch die Erscheinungen zu einem neuen Bethlehem. Sechs junge Leute, gewöhnlich im wahrsten Sinne des Wortes, wurden zu Verkündern himmlischer Botschaften, die die ganze Welt angehen. Es scheint so unwahrscheinlich, und doch ist die zugrunde liegende Methode zeitlos: Gott wählt die Armut, das Schlichte und das Gewöhnliche, um Sich selbst zu offenbaren.

Die Antwort auf die Frage, warum gerade dieser Ort und diese Kinder, ist also klar; und die Früchte der Erneuerung sind mannigfaltig. Die Menschen begannen sich zu ändern, als sich ein tiefer geistlicher Friede über das Dorf ausbreitete.

Ungläubige aber kann keine Erklärung befriedigen.

In jener Zeit sprach Jesus: „Ich preise dich, Vater, Herr des Himmels und der Erde, weil Du all das den Weisen und Klugen verborgen, den Unmündigen aber offenbart hast."

(Matthäus 11, 25)

5
Wurzeln fassen

Die Erscheinungen dauerten zur großen Freude der Seher und des ganzen Dorfes weiterhin an. Da sie vorher nichts von Erscheinungen gewusst hatten, wurde den Sehern jetzt von Lourdes erzählt, wo die Muttergottes insgesamt 18 mal erschienen war. Deshalb nahm man an, dass sie in Medjugorje vielleicht auch so oft erscheinen würde. Als der 18. Tag der Erscheinungen gekommen war, fragten sie die Gospa, wie lange sie noch erscheinen würde. Sie lächelte nur und sagte: „Langweile ich euch schon?" Später sagte sie, als ihr die gleiche Frage wieder gestellt wurde: „So lange, wie ihr wollt, meine Engel!"

Sollte es möglich sein, dass sie wirklich weiterhin jeden Tag kommen würde? Diese Nachricht verbreitete sich schnell in der ganzen Umgebung, und schon bald kamen noch wesentlich mehr Pilger nach Medjugorje. Diese Menschenmengen überlasteten die Aufnahmefähigkeit des Dorfes und dezimierten seine Vorräte; auch der Rhythmus des täglichen Lebens der Einwohner wurde unterbrochen; die Straßen waren verstopft, und es bildeten sich vorher unbekannte Staus. Die Franziskaner der Gemeinde wussten nicht mehr, was sie mit den vielen Menschen, die hierherkamen, um geistliche Führung und Antworten auf ihre Fragen bezüglich der Erscheinungen zu suchen, machen sollten.

Wegen der ständig anschwellenden Menschenmengen fürchteten die kommunistischen Behörden, dass es zu einen Aufstand kommen könnte. Sie schikanierten die Seher weiterhin gnadenlos und drohten ihnen und ihren Familien. Oft kamen sie ohne Warnung und nahmen die Kinder zu stundenlangem Verhör in das Polizeirevier nach Čitluk mit. Man drohte Familienmitgliedern, dass sie ihre Arbeitsstellen verlieren und eingesperrt würden, wenn sie diesen Unfug nicht unterbinden würden. Pilger, die hierher kamen, wurden oft angehalten, durchsucht und stundenlang festgehalten.

Die schwersten Drohungen aber wurden gegen den Franziskanerpater Jozo Zovko, den Pfarrer der St. Jakobskirche, ausgesprochen, der zu dieser Zeit schon ein starker Verteidiger und geistlicher Leiter der Kinder war. Auch der Diözesanbischof Pavao Žanić erhielt Drohungen von Regierungsbeamten. Beide wurden aufgefordert, die täglichen Ansammlungen sofort zu unterbinden, ansonsten kämen sie ins Gefängnis.

Zu Beginn der Erscheinungen unterwarf Pater Jozo, der damals erst seit sechs Monaten Pfarrer in Medjugorje war, die jungen Seher schweren Verhören. Er konnte nicht verstehen, warum, wenn diese Visionen wirklich von Gott waren, die Leute nicht zur Kirche sondern auf den Erscheinungsberg gingen. Mehrere Wochen, nachdem die Erscheinungen angefangen hatten, gingen die Leute immer noch allabendlich zum Erscheinungsberg. Eines Abends saß er tief ins Gebet versunken allein in der Kirche und bat Gott, Er möge ihm ein Zeichen schicken, wenn dies wirklich von Ihm käme. Plötzlich vernahm er ganz klar eine männliche Stimme, die sagte: „Gehe zuerst hinaus und beschütze die Kinder!"

Überrascht schaute sich Pater Jozo in der Kirche um. Da wurde die Botschaft wiederholt. Auf einmal hörte er, wie jemand ganz heftig an die Tür klopfte, und als er öffnete, kamen die Seher hereingestürzt und baten ihn, er möge sie vor der Polizei beschützen, die sie verfolgte. Der Pfarrer eilte mit ihnen ins Pfarrhaus, wo er sie in einem kleinen Raum versteckte. Dann ging er zum Eingang und war fest entschlossen, sie vor der Polizei in Schutz zu nehmen. Schon nach ein paar Minuten kam die Polizei angerannt und fragte Pater Jozo streng, ob er die Kinder gesehen hätte. Er bejahte ihre Frage; sie aber hörten nicht auf seine Antwort, sondern rannten ganz unerklärlich in die entgegengesetzte Richtung fort.

Pater Jozo kehrte mit den Kinder in die Kirche zurück. Kurz darauf erschien die Muttergottes, und der Priester, der bis jetzt so stark gezweifelt hatte, konnte sie plötzlich auch zusammen mit den Kindern sehen.

Von diesem Augenblick an wurde Pater Jozo der stärkster Befürworter und Verteidiger der Erscheinungen, was ihn schon bald ins Gefängnis bringen sollte. Im Oktober machten die Behörden ihre Warnungen wahr. Kurz nachdem er die Erscheinung der Muttergottes miterlebt hatte, hielt Pater Jozo eine feurige Predigt in der Kirche. Daraufhin wurde er gefangen genommen und der Anstiftung zum Aufruhr angeklagt. Die Behörden betrachteten diese Predigt als einen direkten Angriff gegen den Marxismus und ihre Regierung. Dies war für sie der erwünschte Vorwand, den Priester einsperren zu können, um so die Erscheinungen zu ersticken.

Bischof Žanić änderte, nachdem er vier Monate lang von den Behörden eingeschüchtert worden war, grundlegend seine Einstellung den Erscheinungen gegenüber. Seine ursprüngliche übereifrige Unterstützung verwandelte sich plötzlich in starken Widerstand. Zu Beginn zeigte er ein solches Interesse an den Erscheinungen, dass er die Gemeinde fünfmal besuchte, um mit den Sehern und Priestern zu sprechen. In einer Predigt im Juli 1981 erklärte der Bischof: „Sechs einfache Kinder, wie diese hier, hätten in einer halben Stunde alles ausgeplaudert, wenn sie von jemandem manipuliert würden. Ich versichere euch, dass keiner der Priester so etwas getan hat. ... Ich bin vollständig davon überzeugt, dass die Kinder nicht lügen."

Was war geschehen, das den Bischof dazu veranlasst hatte, seine Meinung so grundlegend zu ändern? Leider wurde diese Meinungsänderung durch einen ganz belanglosen Streit zwischen den Franziskanern und den Weltpriestern[4], der künstlich aufgebauscht wurde, hervorgerufen. Da der Bischof kein Franziskaner war, stellte er sich auf die Seite der Weltpriester. Die Franziskaner hatten den Menschen dieser Gemeinde seit Jahrhunderten selbst in Zeiten von Kriegen und Invasionen gedient und waren so beliebt, dass sie von den Gläubigen liebevoll „Onkel" genannt wurden.

Im September 1980, also etwa ein Jahr bevor die Erscheinungen begannen, fing der Bischof von Mostar an, die Pfarrgemeinden seiner Diözese immer mehr von den Franziskanern auf die Weltpriester zu übertragen. Die Franziskaner sowie die Pfarrgemeinden waren darüber sehr empört. Es waren die Pfarrgemeinden, die darauf bestanden, dass die Franziskaner weiterhin in ihren Pfarreien dienten, was diese auch taten.

Als Bischof Žanić davon erfuhr, übte er Vergeltung, indem er ein Verfahren gegen zwei der beliebtesten Franziskaner einleitete, um sie aus dem Orden und dem Priesterstand auszuschließen. Dies sollten den anderen Franziskanern nur als Warnung dienen, führte aber zu einem „heiligen Krieg" zwischen den beiden Parteien. Die Situation hätte innerhalb der Diözese im Stillen gelöst werden sollen; aber durch das hitzige Temperament der Bevölkerung dieser Gegend wurde daraus ein öffentlicher Konflikt, der inoffiziell der „herzegowinische Fall" genannt wurde.

Was die Situation noch verschärfte, war, dass ein Franziskaner den Sehern auftrug, den Fall der Muttergottes vorzutragen, um ihre Meinung darüber zu erfahren.

Überraschenderweise soll diese darauf eingegangen sein. Sie soll gesagt haben, dass der Bischof „irregeführt und falsch informiert" sei, und dass er den Ausschluss der zwei Franziskaner „sich noch einmal überdenken solle". Das war zuviel für Bischof Žanić. Als er die Botschaft, die ihm persönlich von Vicka in leidenschaftlichem Ton vorgetragen wurde, hörte, soll er ausgerufen haben: „Die Heilige Muttergottes würde nie auf diese Art mit einem Bischof sprechen!"

Von diesem Zeitpunkt an wurde Bischof Žanić ein starker Gegner der Erscheinungen.

Die Franziskaner jedoch erzählten, dass sich der Bischof sowieso von den Erscheinungen habe distanzieren wollen, da auch er befürchtete, von den kommunistischen Behörden ins Gefängnis geworfen zu werden. Somit habe dieser Zwischenfall ihm eine gute Entschuldigung gegeben.

Dieser unglückliche Zwischenfall mit dem Bischof war nervenaufreibend, zumal er mit der Verurteilung Pater Jozos zu drei Jahren Gefängnis zusammenfiel. Pater Jozo verbrachte insgesamt 18 Monate bei Schwerstarbeit im Gefängnis. Die Gospa flehte jetzt die Menschen durch die Seher an, endlich anzufangen, ihren Aufruf zum Gebet, Fasten, zur Buße und regelmäßigen Beichte zu leben. Wenn der Plan des Himmels durch die Erscheinungen zum Erfolg führen solle, so gäbe es keinen anderen Weg, als dass die Kirche sich fest daran beteiligen müsse.

Es war ironisch, aber die Dinge sollten sich schon bald durch den Befehl der Behörden, die Zusammenkünfte vom Erscheinungsberg wegzuverlegen, normalisieren. Es durften keine „Demonstrationen", also Erscheinungen, mehr im Freien stattfinden, da diese immer noch als der Anfang eines Volksaufstandes betrachtet wurden. Wenn die jungen Leute und die Dorfbewohner darauf bestünden, sich weiterhin zu treffen, so müsse dies in der Kirche geschehen. Dadurch fanden die Erscheinungen schon bald in einer kleinen Kapelle auf der rechten Seite des Hauptaltares der St Jakobskirche statt. Große Menschenmengen füllten jetzt die Kirche und den Kirchplatz. Es wurde auch schon bald ein regelmäßiges Programm eingeführt, das die Grundlage für die Bekehrung von Millionen von Menschen in der ganzen Welt werden sollte. Ohne dass die Behörden es geahnt hatten, hatten ihre Schikanen genau das erreicht, was die Muttergottes für die Gemeinde erwünscht hatte!

Wie von Schwester Briege McKenna vorausgesagt worden war, als sie in Rom bei der charismatischen Konferenz über Pater Tomislav gebetet hatte, flossen jetzt „Ströme geistlichen Wassers" großzügig aus Medjugorje hervor. Pater Tomislav hatte die Stelle des gefangenen Pater Jozos als Pfarrer von Medjugorje übernommen, und die Menschen füllten jetzt die Kirche und den Kirchenplatz zum Bersten an. Der Rosenkranz wurde allabendlich als Vorbereitung für die Erscheinung der Gospa gebetet, und nach der Erscheinung wurde dann das Gebet fortgesetzt; darauf folgte eine heilige Messe, und im Anschluss daran beteten die Gläubigen noch den Glorreichen Rosenkranz, bevor sie das Abendprogramm mit den Gebeten, die von der Muttergottes zu Beginn verlangt worden waren, beschlossen.

Obwohl nur wenige Menschen aus der Umgebung die Botschaften beachteten, änderten sich die Dorfbewohner doch grundlegend. Sie nahmen jetzt regelmäßig an den abendlichen Gottesdiensten teil; und nur noch wenige arbeiteten abends oder sonntags. Es gab auch gewaltige Änderungen in ihrem Verhalten zueinander, als sich der berüchtigte Familienzwist, der ein Kennzeichen der Menschen dieser Gegend war, langsam legte.

Diese wichtigen Änderungen hatten zwar bereits in den ersten Wochen der Erscheinungen begonnen, aber Pater Jozo wusste auch, dass ohne die Annahme der Botschaften in Gedanken, Worten und Taten, der Zweck dieser übernatürlichen Gnade umsonst sein würde. Er hob immer wieder hervor, dass die Einwohner von Medjugorje und Umgebung zu Vorbildern für die Menschen werden müssten, die später aus aller Welt hierher kommen würden.

Kurz nach seiner Bekehrung vom Skeptiker zum Gläubigen berief Pater Jozo eine Versammlung in der Kirche ein. Die Anwesenden waren äußerst überrascht, als er ihnen von seiner eigenen Erfahrung, die Gospa gesehen zu haben, erzählte. Dann sagte er, dass sie zu Vorbildern für andere werden müssten und beschloss seine Ansprache, indem er verlangte, dass niemand die Kirche verlassen dürfe, bevor sie sich nicht gegenseitig ausgesöhnt hätten. Er verschränkte seine Arme und wartete.

Es entstand ein unbehagliches Hin- und Herrutschen und ein verlegenes Murmeln. Endlich stand ein stämmiger Mann auf, ganz nervös und rot im Gesicht, und ging hinüber zu einem anderen Mann, mit dem er jahrelang im Streit gelegen hatte und hielt ihm seine Hand entgegen. Der andere Mann stand auch auf, aber anstatt seine Hand zu nehmen, umarmte er ihn, was eine Seltenheit besonders unter kroatischen Männern ist, die durch tägliche schwere Arbeit und Unterdrückung verhärtet sind. Innerhalb der nächsten paar Sekunden entstand in der Kirche ein chaotischer Zustand, als alle Leute sich gegenseitig ihre Vergebung bezeugten und somit den Prozess der Bekehrung in Medjugorje einleiteten.

Die neue Welle der Bekehrungen wuchs ständig an. Bei jeder Erscheinung wurden neue Fragen gestellt, die die Muttergottes auch immer beantwortete. Die Menschen erwarteten jetzt schon mit Spannung jede neue Botschaft. Es wurde schon bald offensichtlich, dass die Antworten und Botschaften nichts anderes waren, als eine Bestätigung dessen, was schon in der Bibel steht. Der Mittelpunkt war jeweils Gott.

Fragen zu Problemen des täglichen Leben standen im Vordergrund, wie z.B. die einer Frau, die ihren Mann verlassen wollte, weil er sie grausam behandelte. Die Muttergottes gab zur Antwort: „Möge sie nahe bei ihm bleiben und ihre Leiden annehmen. Auch Jesus hat gelitten." Diese Antwort war erschreckend für einer Welt, die blindlings Ehescheidungen - die letztendliche Zerstörung - der Familie als Norm angenommen hatte.

Aber es gab immer noch Neugierige. Leute wollten Auskunft über alltägliche Nichtigkeiten erhalten. Gab es Fliegende Untertassen? Wird es einen Dritten Weltkrieg geben? Nach einer Erscheinung, in der solche Fragen gestellt wurden, sagte die Muttergottes: „Stellt keine so unwichtigen Fragen, die nur aus der Neugierde heraus kommen. Das Wichtigste, meine Engel, ist, zu beten!"

Es gab auch viele Fragen bezüglich der verschiedenen Religionen: Warum gibt es so viele verschiedene Religionen? Sind alle Religionen gleich? Für eine Gegend, in der sich die Menschen verschiedener Religionen hassten, waren die Antworten überraschend direkt und tiefgehend: „Die Menschen aller Glaubensrichtungen sind gleich vor Gott. ... Gott regiert souverän über alle Religionen, genauso wie ein Herrscher über sein Reich herrscht. ... In der Welt sind nicht alle Religionen gleich, weil nicht alle Menschen die Gebote Gottes erfüllen. Sie widersetzen sich ihnen und verachten sie."

Sofort wurden diese Antworten von den Skeptikern als auch den Führern der verschiedenen Religionen angegriffen und als Beweis gegen die Erscheinungen gebraucht. Die Antworten sagten aus, so wurde von ihnen behauptet, dass alle Religionen gleich seien. Die Seher wollten diese Missverständnisse so bald wie möglich berichtigten, indem sie sie der Muttergottes unterbreiteten. Sie sagte darauf, dass „alle Menschen aller Glaubensrichtungen vor Gott gleich seien", was ein großer Unterschied zu der Anschulding ist, dass alle Religionen gleich seien. Sie sagte auch, wie könne man die Botschaften leben, wenn man nicht alle Menschen, ganz gleich welcher Glaubensrichtung, respektiere?

Die Gegner fuhren jedoch in ihren Argumenten fort: Sagt sie dann, dass alle Kirchen gleich seien und von Gott akzeptiert würden? Ihre Antwort: „In manchen ist die Kraft des Gebetes stärker als in anderen. Das hängt viel von den Priestern ab, wie sie andere zum Gebet anleiten. Es hängt aber auch davon ab, wie viel Macht sie haben."

Nach vielem Drängen von Priestern und Theologen fragten die Seher die Gospa auch, ob sie die Mutter Gottes sei, und ob sie vor oder nach ihrem Tod in den Himmel aufgenommen worden sei? Und wieder gab sie eine äußerst direkte Antwort: „Ich bin die Mutter Gottes und die Königin des Friedens. Ich wurde vor meinem Tod in den Himmel aufgenommen." Und zu einem anderen heiklen Punkt, ob es noch andere Vermittler, außer Jesus, zwischen Gott und Menschen gebe, sagte sie: „Es gibt nur einen Vermittler zwischen Gott und den Menschen, und der ist Jesus Christus."

Es war eine unglaublich anstrengende Zeit für die Seher, ihre Familien, die Dorfbewohner, sowie die kirchlichen Behörden. So viele Informationen! Kann das wirklich alles vom Himmel kommen? Selbst nach allem, was geschehen war, glaubten viele Priester nicht daran. Die serbisch-kontrollierten Behörden dagegen waren immer noch davon überzeugt, dass es sich hier einfach um die Verschwörung zu einem kroatischen Aufstand gegen die Regierung handle.

Für alle Beteiligten waren dies die besten, aber auch die schlechtesten Zeiten.

Danach aber wird es geschehen, dass ich meinen Geist ausgieße über alles Fleisch. Eure Söhne und Töchter werden Propheten sein, eure Alten werden Träume haben, und eure jungen Männer haben Visionen. Auch über Knechte und Mägde werde ich meinen Geist ausgießen in jenen Tagen. Ich werde wunderbare Zeichen wirken am Himmel und auf der Erde: Blut und Feuer und Rauchsäulen.

(Joel 3, 1-3)

6
Frühes Wachstum

Als ob ihre täglichen Erscheinungen und die tiefgründigen Lehren ihrer Botschaften noch nicht genug gewesen wären, gab die Muttergottes auch andere übernatürliche Zeichen in und um Medjugorje. Viele Dorfbewohner und Pilger haben sie gesehen. Die kleinen „Geschenke" würden dazu gegeben, „um den Glauben der Menschen neu zu erwecken", sagte die Gospa.

Eines der frühesten dieser Zeichen betraf die Seher am ersten Tag, an dem die Muttergottes mit ihnen sprach. Als sie an diesem Tag erschien, rannten die Kinder mit einer Geschwindigkeit, die jegliche körperliche Fähigkeit weit übertraf, zu ihr auf den Berg hinauf. Obwohl Vicka barfuss war, machten ihr die spitzen Steine, die den Weg bildeten, nichts aus. Der junge Jakov kniete während der Erscheinung auf einem Dornbusch, und die anderen waren sicher, dass er sich furchtbar verletzt haben müsse; er aber war unversehrt geblieben.

Viele Dorfbewohner, und später auch Pilger aus anderen Gegenden, sahen manchmal drei kurze Lichtblitze, die jeweils das Erscheinen der Jungfrau anzeigten. Am dritten Tag der Erscheinungen erfüllten diese Lichtblitze nicht nur den Ort, wo sie erschien, sondern auch das ganze Dorf und die ganz Umgebung. Sie wurden von Tausenden gesehen.

Ein anderes erstaunliches Zeichen, das dieses übernatürliche Licht betraf, ereignete sich am siebten Tag der Erscheinungen. Die kommunistischen Behörden entwickelten einen Plan, die Seher zur Zeit der täglichen Erscheinung vom Erscheinungsberg entfernt zu halten. Zwei Sozialarbeiterinnen aus Čitluk wurden von den Behörden zu den Sehern geschickt, um sie zu einer Autofahrt in die nähere Umgebung einzuladen. Da die Seher die beiden kannten, fuhren sie gern mit.

Als sich die Zeit der abendlichen Erscheinung näherte, merkten die Seher, was hier gespielt wurde. Sie wurden erregt und drohten, aus dem fahrenden Auto zu springen. Das beunruhigte die Sozialarbeiterinnen, sodass sie das Auto anhielten. Zusammen mit den Sehern sahen sie, wie das Licht die ganze Seite des Erscheinungsberges erleuchtete. Es bewegte sich plötzlich auf die Seher zu und blieb über ihnen stehen, als diese sich in Ekstase niederknieten und am Straßenrand ihre tägliche Begegnung mit der Muttergottes hatten.

Es gab aber auch noch andere wunderbare Lichtzeichen. Zwanzig Tage nachdem die Erscheinungen angefangen hatten, sahen Tausende ein erstaunliches Licht am Himmel. In scharfer Wolkenformation erschien das kroatische Wort „MIR", was „Frieden" bedeutet, und schwebte für lange Zeit über dem riesigen Betonkreuz am Berg Križevac. Dieses und andere Zeichen konnten bei dem wuchtigen Kreuz, das das Tal überblickte, wahrgenommen werden. Die Muttergottes soll den Sehern gesagt haben, dass sie jeden Morgen am Fuße dieses Kreuzes zu ihrem Sohn beten würde. Es wurde des Öfteren beobachtet, wie dieses Kreuz für eine gewisse Zeit komplett aus der Sicht verschwand, um dann wieder erkenntlich zu sein. Es wurde auch beobachtet, wie es sich um die eigenen Achse drehte, nachdem es wieder sichtbar wurde.[5]

Man konnte auch des Öfteren das größte und am meisten beobachtete Zeichen in Medjugorje sehen, nämlich das „Sonnenwunder". Es ereignete sich zum ersten Mal während der letzten Erscheinung der Muttergottes in Fatima in Portugal am 13. Oktober 1917. An jenem Tag waren über 70.000 Menschen Zeugen dieses Ereignisses. Viele von ihnen erzählten später, dass die Sonne plötzlich anfing, sich zu drehen, wobei sie alle möglichen Regenbogenfarben um sich sprühte. Dann fing sie an, zu tanzen und sich auf die in Panik geratene Menge hinabzustürzen. Später erschienen verschiedene religiöse Bilder um die Sonne herum. Es war ein solch atemberaubendes und unglaubliches Schauspiel, dass die meisten der Augenzeugen glaubten, das Ende der Welt sei gekommen.

Hier waren plötzlich an diesem großen Himmelskörper die Naturgesetze aufgehoben worden. So etwas war doch unmöglich! Gläubige und Ungläubige konnten keine Erklärung dafür finden. Für „die Frau, mit der Sonne umkleidet" (Offenbarung 12,1) aber war es ein passendes Zeichen, um der Menschheit zu beweisen, dass Gott in der Tat direkt durch ihre übernatürlichen Erscheinungen zu ihnen spricht.

Das gleiche Phänomen wurde in Medjugorje zum ersten Mal am 2. August 1981 wahrgenommen. Etwa 150 Menschen sahen es am Erscheinungsberg an der Stelle, wo die Muttergottes zum ersten Mal erschienen war. Gerade als die Sonne am Untergehen war, schien sie plötzlich auf die Leute herabzukommen, um dann wieder auf ihren Platz zurückzukehren, wo sie sich um ihre eigene Achse drehte. Die Leute konnten direkt in die Sonne schauen, ohne ihren Augen zu schaden. Am Ende kam eine große weiße Wolke über die Bergseite und blieb über der Sonne stehen, die dann ihre normale Position wieder einnahm. Das ganz Schauspiel dauerte etwas fünfzehn Minuten.

Ein Augenzeuge berichtete: „Ich stand gerade mit einer großen Gruppe von Pilgern außerhalb der Kirche, als ich plötzlich bemerkte, dass sich die Sonne sonderbar benahm. Sie schwang sich von einer Seite auf die andere; dann sonderte sich ein Lichtstrahl von ihr ab und bewegte sich in den Farben des Regenbogens auf den Ort zu, wo die Jungfrau zum ersten Mal erschienen war. Sie blieb dann über dem Kirchturm stehen und ein klares Bild der Muttergottes erschien."

Dies sollten nur die ersten von buchstäblich Hunderten solcher Sonnenwunder sein, die sich am Ort der täglichen Erscheinungen ereigneten.

Für die Seher und alle Gläubigen war es kein Zufall, dass dieses Sonnenwunder zum ersten Mal am 2. August, also dem Fest „Unserer Lieben Frau, Königin der Engel", geschah. Viele der Menschen, die das Wunder an diesem Tag gesehen hatten, berichteten, dass sie große Kugeln in verschiedenen Farben um die Sonne kreisen gesehen hätten. Sie berichteten auch, sie hätten die Gestalt der Madonna zusammen mit einer großen Anzahl von Engeln mit

Trompeten aus der Sonne herauskommen sehen. Dann, dem Zeugnis einiger Anwesenden gemäß, erschien ein großes Herz, unter dem sich sechs kleine Herzen befanden, was man als das Herz der Madonna mit den Herzen ihrer sechs jungen Seher auslegte.

Gegen Ende des ersten Jahres der Erscheinungen sahen viele Leute, wie sich das riesige Betonkreuz auf dem Gipfel des Berges Križevac in ein brillant-glänzendes Licht verwandelte, und wie dann die Silhouette der Heiligen Jungfrau erschien. Man bat die Seher, dass die Muttergottes dieses und die anderen Zeichen auslegen möge. Sie erklärte nur: „Alle diese Zeichen sollen euren Glauben stärken, bis ich euch das sichtbare ständige Zeichen hinterlassen werde."

Was dieses „sichtbare ständige Zeichen" sein würde, fragte man die Seher. Sie berichteten, dass die Gospa gesagt habe, dass dieses Zeichen das größte der übernatürlichen Zeichen in Medjugorje sein würde. Weiter erzählten sie, dass ihnen dieses Zeichen in einer inneren Vision während einer Erscheinung gezeigt worden sei. Es würde sich für immer an der genauen Stelle der ersten Erscheinung manifestieren. Dieses Zeichen würde dann allen sichtbar sein und solle beweisen, dass die Erscheinungen wirklich von Gott seien. Man würde es sehen, fotografieren und durchs Fernsehen übertragen, aber nicht berühren können. Als die Seher gefragt wurden, warum man es nicht berühren könne, waren sie sich nicht sicher, ob es verboten sein würde, es zu berühren, oder ob man es wegen seiner Beschaffenheit nicht berühren könne.

Zu der Frage, wann dieses Zeichen erscheinen würde, sagten sie, dass sie es nicht sagen dürften, aber dass es eine der ersten drei Warnungen sei, die auch die ersten drei sogenannten „Geheimnisse" seien. Diese drei Warnungen würden, kurz nachdem die täglichen Erscheinungen aufgehört hätten, der Welt gegeben werden. Es sei allerdings nicht sicher, wie bald nach dem Ende der Erscheinungen diese Warnungen gegeben werden würden.

Die Muttergottes fügte dies später über das ständige Zeichen hinzu: „ Das Zeichen wird kommen, aber ihr sollt nicht darauf warten. Meine dringende Botschaft für euch ist die: Bekehrt euch! Bringt diese Botschaft zu allen meinen Kindern, ganz gleich wo sie sind.

Es gibt keine Mühe und kein Leiden, das ich nicht auf mich nehmen werde, um sie zu retten. Ich werden meinen Sohn bitten, die Welt nicht zu bestrafen, aber ich ersuche euch: Bekehrt euch und ändert euer Leben! Ihr könnt euch gar nicht vorstellen, was vor euch liegt. ... So flehe ich euch nochmals an: Bekehrt euch!"

Und wieder betonte sie, wie wichtig es sei, ihre Botschaften im täglichen Leben zu verwirklichen. Was würden wir tun, wenn wir das genaue Datum des permanenten Zeichens wüssten? Oder was die bevorstehenden Züchtigungen sein werden? Würden wir nicht beten, fasten, Buße tun, wozu sie uns in fast jeder Erscheinung auffordert?

Das am häufigsten vorkommende Zeichen in Medjugorje, ist das, wenn sich die Farbe der Metallkettchen an Rosenkränzen von Silber in Gold verwandelt. Alte Rosenkränze wechseln ihre Farbe gerade so oft wie neuere. Manchmal verwandeln sich die Farben auch wieder zurück, wenn goldfarbene Kettchen wieder zu silberfarbenen werden. Einige Skeptiker hatten solche Kettchen zu qualifizierten Juwelieren gebracht, um sie untersuchen zu lassen. Sie waren überrascht, als in den meisten Fällen der Belag wirklich Gold war!

Ein anderes überraschendes Zeichen wurde während einer Erscheinung in Jakovs Heim gegen Ende Oktober gegeben. Die Worte "MIR LJUDIMA" (Friede den Menschen) erschienen in leuchtenden Goldbuchstaben an einer Wand des Hauses. Es sollte wieder den Aufruf der Gospa unterstreichen, dass sich die Menschen miteinander versöhnen sollen. Sie warnte weiterhin, manchmal sanft, manchmal auch äußerst heftig, man solle unbedingt Frieden durch das Gebet suchen.

Kurz nachdem das Schriftzeichen an der Wand des Hauses erschien, beteten die Seher, als sie plötzlich von der Gospa mit diesen Worten unterbrochen wurden: „Oh, mein Sohn Jesus, vergib diese Sünden; es sind ihrer so viele!" Als sie verstummten, fügte sie schnell hinzu: „Betet weiter, denn das Gebet ist die Rettung der Menschheit."

Trotz all dieser Zeichen und Wunder, die die täglichen Erscheinungen der Muttergottes begleiteten, gab es immer noch verhärtete Skeptiker, auch unter den Priestern. Ivan fragte einmal die Gospa, wie man zweifelnden Priestern helfen könne, die Erscheinungen zu verstehen. Ihre Antwort war wieder sehr direkt: „Es ist wichtig, ihnen zu sagen, dass ich von allem Anfang an die Botschaften von Gott für die Welt gebracht habe. Es ist sehr schade, wenn man nicht an sie glaubt. Der Glaube ist ein wichtiger Faktor, aber man kann niemand zwingen, zu glauben. Der Glaube ist das Fundament, aus dem alles hervorgeht."

Durch die Erscheinungen wurde jetzt auch der Heilige Geist in Fülle ausgegossen, der viele Bekehrungen herbeiführte.

....wie sollen dann wir
entrinnen, wenn wir uns um
ein so erhabenes Heil nicht
kümmern, das zuerst durch
den Herrn verkündet und
uns von den Ohrenzeugen
bestätigt wurde?
Auch Gott selbst hat dies
bezeugt durch Zeichen und
Wunder, durch machtvolle
Taten aller Art und Gaben
des Heiligen Geistes, nach
seinem Willen.

(Hebräer 2, 3-4)

7
Sturmwarnung

Am ersten Tag der Erscheinungen wurde auch ein anderes „Zeichen" gegeben. Dieses ominöse Zeichen kam nicht von der Gospa, sondern von dem, der immer kommt, um ihre Sendungen zu zerstören.

Dieses bedrohliche Zeichen kam ganz plötzlich in den frühen Morgenstunden des 24. Juni 1981, als ein furchtbarer Sommersturm in wenigen Minuten das ganze Tal durchwühlte. Es verwandelte die Ruhe der Nacht in eine heillose Plage. Der Sturm wütete mit ungeheurer Wucht. Viele Dorfbewohner, die durch den ohrenbetäubenden Donner und die grellen, alles erhellenden Blitze aus dem Schlaf gerissen worden waren, glaubten, das Jüngste Gericht sei angebrochen.

Sintflutartige Regengüsse wurden von heftigen Windböen getrieben; ein Blitz schlug im Postamt ein und steckte es in Brand; Donnerschläge erschütterten den Boden so stark, als herrsche ein Erdbeben. Dann hörte alles ebenso plötzlich, wie es angefangen hatte, auch wieder auf. Die Dorfbewohner waren völlig verstört und wurden zum Löschen des Postamtes gerufen.

Erst später sollte man diese kurze Periode dunkelster Wut als eine Vorwarnung des Herrschers der Finsternis erkennen, der kommen würde, um mit der Frau, die vom Himmel gesandt worden war, den Kampf aufzunehmen. Ungefähr 16 Stunden später sah dann Ivanka die Muttergottes auf dem Berg Podbrdo. Die Formation einer neuen Schlacht in diesem ewigen Kampf zwischen Gut und Böse sollte sich hier in die Wege leiten. Das neue Schlachtfeld sollte das Dorf Medjugorje werden.

Etwa zwei Monate später, am 2. August, also dem Tag, an dem das Sonnenwunder zum ersten Mal in Medjugorje gesehen wurde, ereignete sich am späten Abend ein anderer sonderbarer Zwischenfall. Nach der Messe trafen sich die Seher mit einer kleinen Gruppe der Dorfbewohner auf einem entlegenen Feld, um zu Ehren des Festtages (Unsere Liebe Frau, Königin der Engel) zu beten und zu singen. Plötzlich erschien die Muttergottes den Sehern ohne Voranmeldung. Marija erschreckte die Gruppe, als sie plötzlich ausrief: „Unsere Liebe Frau sagt, sie würde allen, die es wünschten, erlauben, sie zu berühren."

Als die Leute nach vorne drängten, um die Muttergottes „anzufassen", sagten ihnen die Seher: „Jetzt berührst du den Schleier... jetzt berührst du den Kopf... das Kleid... " Plötzlich rief Maria aus: „Oh weh! Unsere Liebe Frau hat uns verlassen; sie war total schwarz."

Marijas Nachbar Marinko Ivanković, der seit allem Anfang an ein treuer Beschützer der Kinder war, fragte Marija, was denn passiert sei. „Oh, Marinko," antwortete diese, „es waren Sünder hier, und als sie ihr Kleid berührten, wurde es dunkler und dunkler, bis es ganz schwarz war." Marija bat dann alle, die hier waren, gleich am nächsten Tag zur Beichte zu gehen.

Erschrocken durch dieses sichtbare Zeichen der Macht der Sünde schloss sich Marinko Marijas Aufruf zur Beichte zu gehen an, um auch ganz sicher zu machen, dass ihn alle verstanden hatten. Dann erfuhr er von Marija, dass sie kurz vorher schon eine solch unerwartete Erscheinung gehabt hätte. Als Marija, bevor sie aufs Feld ging, sich in ihrem Zimmer ihre Jeans angezogen hatte, erschien ihr die Muttergottes ganz plötzlich und sagte: „Satan versucht, sich hier einzuschleichen, um etwas zu erreichen. Mein Sohn möchte alle Seelen für sich gewinnen, aber Satan strengt sich an, auch welche für sich zu bekommen. Er unternimmt jegliche Anstrengung und will sich um jeden Preis bei euch einschmuggeln."

„Ich bin nicht ganz sicher, ob Marija die Gospa auch richtig verstanden hat," sagte Marinko später, „denn sie sagte, dass die Gospa gesagt haben soll, dass sie nicht wisse, wie das ausgehen würde, und ob der Teufel Erfolg haben würde."

Auf was bezog sich diese Aussage der Muttergottes? War es eine Warnung, dass der Teufel sich bei den Sehern einschleichen wollte, oder in ganz Medjugorje? Dies ist nicht ganz klar, aber es gibt wenig Zweifel darüber, dass durch die zwei ungewöhnlichen Erscheinungen an diesem Festtag der Kampf angesagt worden war. Wenn die Menschen ihrer Aufforderungen zum Gebet, Fasten und Buße nicht Folge leisteten, dann blieb das Ergebnis ungewiss. Die Annahme dieser Aufforderungen kann nur durch den freien Willen, sich für Gutes oder Böses zu entscheiden, geschehen.

Schon am nächsten Tag gab es vor den Beichtstühlen in der Kirche und außerhalb der Kirche lange Menschenschlangen; und am darauffolgenden Tag waren sie noch länger. Die Priester, die die Beichte hörten, waren sowohl überrascht über die Anzahl der Beichtenden als auch über die Intensität der einzelnen Beichten. Erfreut über dieses Ergebnis, spornte die Muttergottes die Menschen durch die Seher an, weiterhin den Weg der Reue und Umkehr zu gehen.

Schon bald sollte noch eine andere wichtige Entwicklung in der kurzen Geschichte der Erscheinungen geoffenbart werden: Die Seher gaben den Priestern bekannt, dass die Madonna einem jeden von ihnen zehn „Geheimnisse" über zukünftige Ereignisse, die die ganze Welt beträfen, anvertrauen würde. Sie dürften aber diese „Geheimnisse" niemandem bekannt geben, bis die Gospa ihnen dazu die Genehmigung gegeben hätte; auch nicht ihren Familien oder den Franziskanern. Wenn ein Seher alle zehn „Geheimnisse" bekommen hätte, dann würde die Muttergottes diesem Seher nicht mehr täglich erscheinen.

Das Einzige, was damals über die „Geheimnisse" bekannt gegeben wurde, war, dass das ständige Zeichen die dritte der drei Warnungen sein würde (die Warnungen würden die ersten drei „Geheimnisse" sein), die eintreten würden, kurz nachdem sie zum letzten Mal dem Letzten der Seher erschienen sei. Später fügte Mirjana noch dieses über das Zeichen hinzu: „Wenn das ständige Zeichen erscheint, werden die Ungläubigen auf den Berg eilen und um Vergebung bitten."

Obwohl die Muttergottes betont hatte, dass man sich nicht allzu viel mit diesen zehn „Geheimnissen" befassen sollte – man solle sich vielmehr um ihre öffentlichen Botschaften, die zur Umkehr führen, kümmern – kann man doch bestimmte Einzelheiten aus verschiedenen Aussagen der Seher entnehmen. Wie schon gesagt, werden die ersten drei „Geheimnisse" Warnungen für die Welt sein, um zu beweisen, dass die Erscheinungen auch wirklich von Gott seien. Die nächsten drei sollen die Seher und das Dorf im Besonderen betreffen, wobei es sich möglicherweise um unterschiedliche „Geheimnisse" für die einzelnen Seher handeln kann. Bei den letzten vier „Geheimnissen" handelte es sich um Züchtigungen, die sich auf weltweiter Basis ereignen werden.[6]

Später sagte die Muttergottes in einer Botschaft, dass auf Grund von Gebeten, Fasten und Buße die Züchtigung des siebten „Geheimnisses" gelindert worden sei. Andere Züchtigungen könnten auch gelindert werden, außer dem zehnten „Geheimnis", „weil sich nicht alle bekehren werden".

Mirjana sagte später auch, dass Satan ihr einmal erschienen sei, um sie der Muttergottes abspenstig zu machen. Sie behauptete, dass plötzlich, gerade als sie sich auf ihre tägliche Erscheinung vorbereitete, ein helles Licht aufblitze, und er erschienen sei. Sie beschrieb ihn als „furchtbar, ganz schwarz, erschreckend". Mirjana fiel daraufhin kurz in Ohnmacht. Als sie wieder zu sich kam, „fand ich ihn, wie er dastand und lachte. ... Er sagte mir, dass ich sehr schön und sehr glücklich im Leben und in der Liebe werden könnte, und so weiter, aber dass ich dazu die Madonna und meinen Glauben nicht brauchte. ... Dann schrie auf einmal etwas in mir auf: „Nein!" Ich fing an zu zittern und fühlte mich übel; dann verschwand er, und die Madonna kam und sagte mir, dass das nie wieder vorkommen würde."

Später fügte die Muttergottes diese Botschaft hinzu: „Satan versucht, dir seine Macht aufzuzwingen; aber du musst stark bleiben und fest an deinem Glauben festhalten. Du musst beten und fasten. Ich werde immer nahe bei dir sein."

Die Seher, die Kirchenbehörde und die Dorfbewohner konnten diese Versicherung notwendig brauchen. Die Sturmwarnung war jetzt vorbei; aber der Kampf fing gerade erst an.

Feindschaft setze ich zwischen dich und die Frau, zwischen deinen Nachwuchs und ihren Nachwuchs. Er trifft dich am Kopf und du triffst ihn an der Ferse.

(1 Moses 3, 15)

Zweiter Teil - Pflanzen

Vor allem sollt ihr eines wissen: Am Ende der Tage werden Spötter kommen, die sich nur von ihren Begierden leiten lassen und höhnisch sagen: Wo bleibt denn seine verheißene Ankunft? Seit die Väter entschlafen sind, ist alles geblieben, wie es seit Anfang der Schöpfung war.

Wer das behauptet, übersieht, dass es einst einen Himmel gab und eine Erde, die durch das Wort Gottes aus Wasser entstand und durch das Wasser Bestand hatte. Durch beides ging die damalige Welt zugrunde, als sie vom Wasser überflutet wurde.

Der jetzige Himmel aber und die jetzige Erde sind durch dasselbe Wort für das Feuer aufgespart worden. Sie werden bewahrt bis zum Tag des Gerichts, an dem die Gottlosen zugrunde gehen.

Das eine aber, liebe Brüder, dürft ihr nicht
übersehen: Dass beim Herrn ein Tag wie tausend
Jahre und tausend Jahre wie ein Tag sind.

Der Herr zögert nicht mit der Erfüllung der
Verheißung, wie einige meinen, die von Verzögerung
reden. Er ist nur geduldig mit euch, weil Er nicht will,
dass jemand zugrunde geht, sondern dass alle sich
bekehren.

Der Tag des Herrn wird aber kommen wie ein Dieb.
Dann wird der Himmel prasselnd vergehen, die
Elemente werden verbrannt und aufgelöst, die Erde
und alles, was auf ihr ist, werden nicht mehr
gefunden.

(2 Petrus 3, 3-10)

8
Die Samen von LaSalette und Fatima

Was in Medjugorje geschieht, unterscheidet sich nicht allzu sehr von den Begebenheiten, bei denen die Muttergottes in früheren Krisenzeiten erschien. Solche Ereignisse kann man in der ganzen Geschichte der katholischen Kirche finden. Die Rolle der Muttergottes in diesen besonderen Epochen wird von vielen Theologen als die einer himmlischen Botschafterin in Zeiten extremer Krisen angesehen. Sie kommt, um zu warnen und Anweisungen direkt vom Himmel zu bringen. Man kann eigentlich Vorbilder dafür bereits im Alten Testament finden, wo Gott Propheten zu Zeiten großer Not gesandt hatte. Unsere moderne Zeit ist nicht viel anders.

Im Jahre 1531 erschien die vom Himmel gesandte Frau in Guadeloupe dem erst vor kurzem zum Christentum bekehrten Indianer Juan Diego zum ersten Mal am 11. Dezember und dann später noch mehrere Male. Durch diese Erscheinungen wurden über sieben Millionen Heiden zum Christentum bekehrt. Es ist ironisch, dass gerade zur Zeit dieser großen Bekehrung in Mexiko sieben Millionen europäische Katholiken die Kirche verließen und sich verschiedenen neuen christlichen Glaubensrichtungen zuwandten. Dieses Jahr 1531 wird oft auch als der Anfang der protestantischen Reformation in Deutschland bezeichnet.

1830 erschien die Muttergottes der jungen Nonne Katharina Laboure in ihrem Kloster in der Rue du Bac in Paris, Frankreich. Und wieder war es eine Zeit sozialer Unruhen in dieser Gegend. In ganz Frankreich herrschte der Terror, und die Autorität der Kirche wurde direkt angegriffen. In diesem Kloster wurde später eine besondere Medaille geprägt, die von der Muttergottes verlangt und Katharina in einer Vision gezeigt worden war. Diese „wundertätige Medaille" der Rue du Bac verbreitete sich sehr schnell zunächst in dieser Gegend, dann aber über ganz Frankreich und die ganze Welt. Heute ist sie immer noch die beliebteste Muttergottes-Medaille der modernen Zeit.

1858 erschien die Muttergottes 18 mal der Bernadette Soubirous, einem jungen, armen und sehr schwachen und kranken Mädchen, das in einem schmutzigen Ghetto in Lourdes, Frankreich, lebte. Die Muttergottes, die sich dort zum ersten Mal die Unbefleckte Empfängnis nannte, sagte ihr, sie solle ihr Gesicht in einer Quelle waschen. Da es dort aber keine Quelle gab, grub Bernadette ein Loch in den Boden und wusch sich mit dem schlammigen Wasser ihr Gesicht, während die Leute sich über sie lustig machten. Von diesem kleinen Loch entsprang dann die bis heute weltberühmte Quelle, deren Wasser eine große Heilkraft besitzt. Millionen kommen immer noch nach Lourdes um geheilt zu werden. Von den Tausenden berichteter Heilungen, sind 64 nach eingehendsten Untersuchungen aktenkundig dokumentiert worden.

Es gab damals noch mehrere Erscheinungen in Frankreich und in der Welt, aber diejenige, die sich in dem Dorf Knock in Irland ereignete, ist von besonderer Bedeutung. Die Erscheinung in Knock fand 1879 an einem Abend, an dem es stark regnete, statt. Zwei Frauen aus der kleinen Ortschaft gingen gerade an der Kirche vorbei, als sie leuchtende Figuren auf deren Giebelseite sahen. Sie sahen drei Gestalten, die sich bewegten. In einer von diesen erkannten sie sofort die Heilige Jungfrau Maria. Die anderen waren der heilige Josef und der heilige Johannes der Evangelist, der von Jesus so geliebte Apostel. Als es dunkel wurde, gesellten sich noch andere Leute zu den Frauen, und schon bald bildete sich eine große Menschenmenge. Alle konnten einen Altar sehen, auf dem ein junges Lamm vor einem Kreuz lag. Ein Junge sah auch Engel über dem Altar. Die Figuren in der Szene gaben keinen Laut von sich, und es wurden auch keine Botschaften gegeben. Die Heilige Jungfrau Maria und die beiden anderen Gestalten schauten in Anbetung auf das Lamm. Der heilige Johannes hielt eine Heilige Schrift in der Hand. Das Lamm, das Kreuz und der Altar symbolisierten den Opfertod Jesu. Für den Autor ist es die ökumenischste Erscheinung in der Geschichte der Erscheinungen.

Alle Marienerscheinungen hängen zielgemäß irgendwie zusammen. Aber der stärkste Zusammenhang der Erscheinungen von Medjugorje mit früheren Erscheinungen beginnt im Jahre 1846 in LaSalette, Frankreich, wo die Muttergottes zwei Kindern in nur einer einzigen Erscheinung eine besonders wichtige Botschaft gab. Unter Tränen warnte sie vor einer bevorstehenden schweren Züchtigung der Welt, wenn die Menschheit nicht Buße für ihre Sünden bringen würde. Diese Erscheinung leitete ein besonderes marianisches Zeitalter ein. Ihr folgten die Erscheinungen von Fatima, Portugal, im Jahre 1917, die zweifellos die erstaunlichsten aller Marienerscheinungen vor Medjugorje waren. Diese beiden Erscheinungen erfordern eine nähere Betrachtung in Bezug auf die Einzelheiten der Botschaften im Vergleich zu denen von Medjugorje.

Das Dorf LaSalette, das in den französischen Alpen liegt, gehört eigentlich zu einer Ansammlung dünnbesiedelter kleiner Ortschaften, ebenso wie Medjugorje. Aber im Gegensatz zu Medjugorje erschien Maria dort nur ein einziges Mal, und zwar am Samstag, dem 19. September 1846, und auch nur zwei Kindern, die als Hirten der einheimischen Bauern arbeiteten.

Die 14-jährige Melanie Mathieu und der 11-jährige Maximin Giraud hüteten gerade die Kühe, als sie plötzlich einen hellglänzenden Lichtkreis auf der Böschung unter sich sahen. Als sie darauf zu rannten, konnten sie beobachten, wie er sich öffnete, und die Gestalt einer Frau erschien, die ganz von Licht umgeben war. Sie saß mit den Händen über dem Gesicht und weinte. Als sie näher kamen, stand sie auf, öffnete ihre Arme und fing an, in einem perfekten Französisch zu ihnen zu sprechen: „Kommt zu mir, meine Kinder, und habt keine Angst. Ich bin gekommen, um euch etwas von größter Wichtigkeit zu sagen."

Die Kinder schauten sich ganz erschrocken an, da sie ihre Worte nicht richtig verstanden hatten. Die Frau im Licht sprach dann in der dortigen Mundart und wiederholte das vorher Gesagte. Nachdem sie sich vorgestellt hatte, gab sie Maximin eine geheime Botschaft. Dann wendete sie sich zu Melanie und gab ihr ein lange Botschaft, die auch bis 1858 geheim gehalten werden sollte. Hier folgen Teile dieser Botschaft: „Die Priester, die Diener meines Sohnes, sind durch ihre schlechte Lebensführung, ihre Respektlosigkeit und Pietätlosigkeit beim Zelebrieren der heiligen Geheimnisse, sowie durch ihre Liebe zum Geld, ihre Liebe geehrt zu werden und ihre Liebe für die Freuden dieser Welt – diese Priester sind zum Pfuhl der Unreinheit geworden. ... Die Oberhäupter, die Führer des Gottesvolkes haben ihre Gebete und ihre Buße vernachlässigt, und der Teufel hat ihren Intellekt verdunkelt. ... Schlechte Bücher werden auf der Erde überhand nehmen. Der Geist der Finsternis wird überall einen allgemeinen Abfall von allem, was mit dem Gottesdienst zusammenhängt, verursachen. Man wird eine große Macht über die Natur haben. Es wird Kirchen geben, in denen den Geistern gedient wird."

Die Muttergottes wandte ihre Aufmerksamkeit dann der Welt im Allgemeinen zu: „Gott wird auf ganz unerwartete Weise zuschlagen. Wehe dann den Bewohnern der Erde! Es kommt ein furchtbarer allgemeiner Krieg (der Erste Weltkrieg, Anm.). ... Die Natur ruft Rache auf die Menschheit herab und stöhnt mit Entsetzen in Erwartung dessen, was über die Erde kommen wird, so schrecklich sind die Verbrechen. ... Bevor das alles aber geschieht, wird zunächst ein falscher Friede über die Erde kommen. Die Menschen werden nur an das Vergnügen denken. Die Verruchten werden sich zu jeglicher Sünde hergeben."

Könnte man das nicht auch von unserer heutigen Welt sagen? Die Botschaft schließt allerdings mit einem versöhnenden Aufruf, zu Gott zurückzukehren, mit diesen Worten: „Ich wende mich mit einer dringenden Bitte an die Erde: Ich rufe die wahren Jünger Gottes, der im Himmel lebt und regiert. Ich rufe die wahren Nachfolger Christi, des Gott-Menschen."

Die Reaktion auf ein solches Phänomen war damals das Gleiche wie heute – Unglaube oder mangelndes Interesse des Klerus sowie der Laien. Und doch war die Absicht damals die Gleiche wie heute in Medjugorje: Die Menschen zu Gott zurückzuführen.

Beinahe 70 Jahre später, am 13. Mai 1917, kam die Muttergottes wieder, diesmal für die Menschen des 20. Jahrhunderts. Ihre Erscheinungen fanden in der kleinen Ortschaft Fatima in Portugal statt. Wieder befand sich die Welt in einer großen Krise. Der Erste Weltkrieg bedrohte die Menschheit mit Vernichtung, gerade wie es die Muttergottes in LaSalette vorausgesagt hatte. Es war wieder eine Periode religiöser, sozialer und politischer Umwälzung. Russland befand sich in totaler Auflösung. In Portugal war der christliche Glaube durch die marxistische Regierung dem Untergang nahe.

In diese Umstände hinein kam die Mutter Jesu. Und wieder erschien sie Bauernkindern; diesmal waren es aber drei: Lucia, ein frommes zehnjähriges Mädchen; ihr Cousin, der neun Jahre alte Francisco; und ihre kleine siebenjährige Cousine Jacintha. Es gab auch noch andere Ähnlichkeiten zu Medjugorje: Die Muttergottes erschien ihnen zum ersten Mal, als sie gerade Schafe hüteten. Sie erschien ihnen dann fünf Monate lang am 13. eines jeden Monates; die letzte Erscheinung ereignete sich am 13. Oktober.

Während der Erscheinungen wurden den Kindern Botschaften gegeben; auch wurde ihnen das Beten gelehrt; und zur ihrer großen Überraschung wurden ihnen lebhafte Szenen aus der Hölle gezeigt. (Diese Offenbarung der Hölle war eigentlich der erste Teil des Fatimageheimnisses.) Ganz genau wie in Medjugorje wurden die Kinder auch hier von den Regierungs- sowie Kirchenbehörden lächerlich gemacht und schikaniert.

Es wurden dort große Zeichen gegeben, um zu beweisen, dass die Muttergottes auch wirklich erscheint. Das bekannteste dieser Zeichen war das Sonnenwunder. Bei der letzten Erscheinung schien sich die Sonne in einem atemberaubenden Schauspiel mitten in einem Regenguss am Himmel hin- und herzubewegen; sie drehte sich, tanzte und schien dann direkt auf die Menschen herunterzufallen. Viele waren überzeugt, dass es das Ende der Welt sei. Das Überzeugendste an diesem Wunder aber war, dass es von 70.000 Zuschauern direkt beobachtet wurde – darunter befanden sich auch viele Skeptiker und Journalisten. Abertausende in einem Umkreis von 70 bis 80 Kilometer konnten es ebenfalls beobachten.

Es war überraschend, dass alle, die vorher völlig durchnässt und mit Matsch verschmiert waren, plötzlich wieder komplett trocken und sauber waren, sobald sich der Himmel beruhigt hatte und die

Sonne wieder hell schien. Gläubige, ebenso wie Ungläubige, waren aufs Höchste erstaunt.

Fatima ist zweifellos die prophetischste aller modernen Erscheinungen. Der erste und zweite Teil des „Geheimnisses" bezogen sich vor allen Dingen auf die beängstigende Vision der Hölle, auf die Verehrung des Unbefleckten Herzens Mariens, auf den Zweiten Weltkrieges, sowie auf die Voraussage des unheimlichen Schadens, den Russland der Menschheit durch die Ablehnung des christlichen Glaubens und der Annahme des kommunistischen Totalitarismus zufügen würde.

Nachdem die Muttergottes den Kindern die Hölle gezeigt hatte, erhoben sie vor Angst flehend ihre Augen zur ihr empor. Dann sagte sie zu ihnen: „Ihr habt jetzt die Hölle gesehen, wohin die Seelen der armen Sünder gehen. Um sie zu retten, möchte Gott, dass in der Welt Verehrung zu meinem Unbefleckten Herzen eingeführt werde. Wenn die Menschen tun, was ich sage, werden viele Seelen gerettet werden und es wird Frieden herrschen. Dieser Krieg wird zu Ende gehen. Aber wenn die Menschen nicht aufhören, Gott zu beleidigen, wird ein noch schlimmerer Krieg unter der Regierung Papst Pius XI. ausbrechen."

Damit prophezeite sie den Zweiten Weltkrieg. Sie sagte auch voraus, dass er durch ein übernatürliches Licht, das man auf der ganzen Welt sehen könne, angezeigt werden würde. Dieses Zeichen ereignete sich 1939, als ein sonderbares Licht am Himmel erschien, das viele als ein Nordlicht bezeichneten. Lucia sagte aber in einem Interview Jahre später aus, dass es sich nicht um ein Nordlicht gehandelt habe, sondern um das Phänomen, das die Muttergottes in Fatima vorhergesagt hatte.

Sie fügte auch noch hinzu: „Wenn die Menschen meine Forderungen erfüllen, wird Russland bekehrt werden, und die Welt wird in Frieden leben. Wenn nicht, wird Russland seine Fehler über die ganze Welt ausbreiten, was zu Kriegen und zu Verfolgungen der Kirche führen wird."

Aus dem Chaos in Russland entwickelte sich eine allgemeine Revolution, die schließlich zur Einführung des atheistischen Kommunismus führte, der sich dann über die ganze Welt ausbreitete.

Etwa 70 Jahre später brach er jedoch ohne Revolution oder Krieg in sich selbst zusammen; und das ohne irgendwelche ausreichende weltliche Erklärung. Auch diesen Zusammenbruch hatte die Muttergottes in Fatima vorausgesagt.

Sie eröffnete Lucia auch noch, was später als das Dritte Fatimageheimnis bekannt werden sollte. Es ist eigentlich die Fortsetzung der obengenannten Botschaft. Dieser bestimmte Teil der Botschaft sollte nach Angabe der Muttergottes von der Hierarchie der katholischen Kirche nicht vor 1960 bekannt gegeben werden. Diese entschloss sich allerdings, aus Rücksicht auf die Öffentlichkeit, ihren Inhalt damals nicht zu veröffentlichen.

Papst Johannes Paul II. kündigte dann am 13. Mai 2000, also am Jahrestag der ersten Fatimaerscheinung, ganz unerwartet an, dass der Vatikan innerhalb der nächsten Tage den Inhalt des Dritten Fatimageheimnisses veröffentlichen würde. Diese Veröffentlichung fand am 26. Juni statt – dem Tag nach dem 19. Jahrestag der Erscheinungen in Medjugorje.

Hier ist der dritte Teil des Fatimageheimnisses in Lucias eigenen Worten, der einer schriftlichen Erklärung entnommen ist, die der Bischof von Elyria-Fatima ihr im Januar 1944 aufgetragen hatte, niederzuschreiben:

„J.M.J.

Der dritte Teil des Geheimnisses, das am 13. Juli 1917 in der Cova da Iria-Fatima geoffenbart worden war.

Ich schreibe dies in Gehorsam zu Dir, meinem Gott, Der Du mir dies durch Seine Exzellenz, den Bischof von Elyria und durch Deine und meine allerheiligste Mutter aufgetragen hast.

Nach den ersten zwei Teilen, die ich bereits bekannt gegeben habe, sahen wir zur Linken Unserer Lieben Frau und etwas über ihr einen Engel mit einem flammenden Schwert in seiner linken Hand. Ihm entströmten Blitze, und Flammen strömten von ihm aus, sodass es aussah, als würden sie die ganze Welt in Brand setzen. Doch die Flammen verloschen, sobald sie mit dem Glanz in Berührung kamen, den Unsere Liebe Frau von ihrer rechten Hand auf den Engel ausströmte. Der Engel zeigte mit seiner rechten Hand auf die Erde und rief mit lauter Stimme: „Buße! Buße! Buße!" Und wir sahen in einem brillanten Licht, das Gott ist: „etwas, das aussieht wie Menschen in einem Spiegel, wenn sie davor vorübergehen" einen in Weiss gekleideten Bischof. „Wir hatten keine Ahnung, dass es der Heilige Vater war." Verschiedene andere Bischöfe, Priester, Ordensmänner und Ordensfrauen gingen auf einen hohen Berg, auf dessen Gipfel sich ein großes Kreuz aus rohgezimmerten Balken wie aus Korkeiche mit Rinde befand. Bevor der Heilige Vater dorthin kam, ging er zögernd und von Schmerzen und Sorgen geplagt durch eine große Stadt, die halb in Trümmern lag und halb bebte; er betete für die Seelen der Leichen, die auf seinem Weg lagen. Als er den Gipfel des Berges erreicht hatte, kniete er vor dem großen Kreuz nieder. Da wurde er von einer Gruppe Soldaten getötet, die mit Kugeln und Pfeilen auf ihn schossen. Genauso starben auch nach und nach die Bischöfe, Priester, Ordensleute sowie verschiedene Laien, die unterschiedliche Positionen und Ämter innehatten. Unterhalb der beiden Arme des Kreuzes waren zwei Engel; ein jeder hatte ein Kristallbecken in der Hand, in welchem sie das Blut der Märtyrer sammelten, und mit dem sie die Seelen besprengten, die ihren Weg zu Gott nahmen."

Die Szene, die hier dargestellt wird, ist ein düsterer Rückblick auf die Geschichte der Kirche während des letzten Jahrhunderts. Es ist eine eindeutige Warnung an die Menschen der Welt, die deutlich zu verstehen gibt, wo wir gewesen sind, und worauf wir zusteuern, wenn wir nicht zu Gott zurückkehren.

Man kann aus der Interpretation des gesamten Fatimageheimnisses vom Vatikan entnehmen, dass das Leitwort des ersten und zweiten Teils des Geheimnisses als „Seelenrettung" bezeichnet werden kann. Das ist natürlich auch das Hauptthema der Botschaften der Muttergottes von Medjugorje. Das Leitwort des dritten Teiles ist der dreifache Aufruf: „Buße! Buße! Buße!" Wenn man die Zeichen der Zeit verstehen will, muss man den dringenden Aufruf zur Buße – und Bekehrung – annehmen. In einer Privatunterhaltung soll Schwester Lucia gesagt haben, dass es ihr immer klarer wird, dass der Hauptgrund der Erscheinungen der war, den Menschen zu helfen, mehr und mehr im Glauben, in der Hoffnung und in der Liebe zu wachsen. Man kann hier noch hinzufügen, dass die Gospa ihre „Kinder", wie sie uns in Medjugorje nennt, auf die Zeit der endgültigen Ernte vorbereiten will, in der wir vor die Entscheidung gestellt werden, uns für Gott oder die Welt zu entscheiden.

Um nochmals das Gesagte kurz zu wiederholen: Der überraschendste Teil des Fatimageheimnisses ist der furchtbare Augenblick, wo den Kinder eine Vision der Hölle gezeigt wird. Sie sahen „den Fall der armen Sünder". Es wurde ihnen gesagt, warum sie dieser Vision ausgesetzt worden waren: „Um Seelen zu retten"; um den Weg des Heiles aufzuzeigen. Es ist genau das gleiche Thema in Medjugorje – die Rückkehr zu Gott. Der Zweite Weltkrieg war für den Fall vorausgesagt worden, dass die Menschheit nicht beten und sich nicht bekehren würde. Und so geschah es auch. Geradeso traten auch die vorausgesagten Konsequenzen, wenn sich die drei Volksgruppen des früheren Jugoslawiens nicht miteinander versöhnten, ein: Ein schrecklicher Bürgerkrieg war das Ergebnis. Der dritte Teil des Geheimnisses deutet auf den Kampf der Kirche in diesen Zeiten hin, sowie auf die Notwendigkeit der Menschen, sich freiwillig zu entscheiden, am endgültigen Triumph teilzuhaben.

In einem Kommentar zum gesamten Fatimageheimnis schrieb Kardinal Ratzinger, der Präfekt der Glaubenskongregation der katholischen Kirche: „Der Engel mit dem flammenden Schwert zur Linken der Muttergottes erinnert an ähnliche Bilder aus dem Buch der Geheimen Offenbarung. Sie bedeuten eine Drohung mit dem Gericht, das der Erde bedrohlich näherrückt." Er erklärte aber auch: „Die Zukunft ist jedoch nicht unabänderlich, und die Bilder, die die Kinder sahen, sind auf keinen Fall eine Filmvorschau der Zukunft, die nicht geändert werden kann."

Es scheint, als ob der Kardinal den Nagel genau auf den Kopf getroffen hätte: Der einzige Grund für solche übernatürlichen Ereignisse, Erscheinungen oder innere Eingebungen ist der, positive Änderungen in Seelen herbeizuführen. Sie sind dazu da, uns in die richtige Richtung zu führen, ohne unseren freien Willen zu beeinträchtigen.

Die Erscheinungen von LaSalette und Fatima waren Vorläufer von Medjugorje und bereiteten die Erfüllung gerade dieser Tatsache vor. Um das zu bestätigen, hatte die Muttergottes später gesagt, dass durch das Beten und Fasten der Menschen, das siebte „Geheimnis" von Medjugorje, das eine Züchtigung sein soll, wesentlich gelindert worden wäre.

Über 60 Jahre nach ihren verblüffenden Erscheinungen in Fatima, kommt die Muttergottes nach Medjugorje. Lucia ist die einzige Seherin von Fatima, die noch lebt; sie ist eine Nonne in einem Kloster in Portugal. Die Muttergottes soll ihr gesagt haben, dass sie solange leben würde, bis sie den Triumph ihres Unbefleckten Herzens sehen würde. Es wurde von ihr berichtet, dass sie, als sie von Medjugorje gehört habe, ausgerufen haben soll: „Das ist die Erfüllung der Geheimnisse von Fatima."

Ihn habt ihr nicht
gesehen und dennoch
liebt ihr Ihn; ihr seht
Ihn auch jetzt nicht;
aber ihr glaubt an Ihn
und jubelt in
unsagbarer, von
himmlischer Herrlichkeit
verklärter Freude, da
ihr das Ziel des
Glaubens erreichen
werdet: Euer Heil.

(1 Petrus 1, 8-9)

9
Eine Armee von Priestern

Eine andere Serie kraftvoller Botschaften, die eine wichtige Rolle in diesem Drama spielen, verleihen den Mitteilungen der Muttergottes in Medjugorje noch größere Glaubwürdigkeit. Diese Botschaften wurden durch innere Eingebungen und nicht durch Visionen gegeben. Sie fingen etwa neun Jahre vor den Erscheinungen in Medjugorje an und wurden bis Dezember 1998 fortgesetzt.

Im Mai 1972 nahm der italienische Priester Don Stefano Gobbi an einer Pilgerfahrt nach Fatima teil. Als er für bestimmte Priester betet, die das Priestertum verlassen hatten und jetzt eine Rebellengruppe bildeten, die die Autorität der Kirche angriff, verspürte er plötzlich die innere Gegenwart der Muttergottes. Von da an erhielt er Botschaften von ihr durch innere Eingebungen. Es waren äußerst kraftvolle und gezielte Botschaften, die dazu bestimmt waren, Priester für die Endzeit zu sammeln. Diese bildeten eine Art „Priesterarmee", die später als die Marianische Priesterbewegung (MPB) bekannt wurde.

Don Gobbi reist schon fast 30 Jahre lang in der ganzen Welt herum und spricht zu Priesterversammlungen über ihre Botschaften. Heute sind über 400 Kardinäle und Bischöfe, 100.000 Priester sowie Millionen Laien Mitglieder dieser Priesterbewegung. Die inneren Eingebungen an Don Gobbi nahmen am 31. Dezember 1997 ein Ende, als die Muttergottes verkündete, dass sie „alles Wichtige gesagt" habe.

Auch hier ist es wieder kein Zufall, dass dieses Phänomen seinen Anfang in Fatima genommen hatte. Das generelle Thema der Botschaften, die Don Gobbi gegeben wurden, ist fast identisch mit dem der Botschaften von Medjugorje. Die Ausnahme aber ist, dass sie scharf und offen sind, während die von Medjugorje sehr einfach und liebevoll sind. Die Botschaften von Medjugorje sind für die Gläubigen, die Kinder Gottes, während die Marianische Priesterbewegung mehr darauf ausgerichtet ist, die Kirche aufs schärfste aufzurütteln.

Ein gutes Beispiel dafür, dass die Botschaften dieser beiden übernatürlichen Ereignisse mit Fatima zusammenhängen, kann in der Botschaft, die die Muttergottes Don Gobbi am Jahrestag der Fatima Erscheinungen gebeben hat, gefunden werden. Die Priestergemeinschaft versammelte sich am 13. Mai 1990 an der Stelle, wo die Madonna zum ersten Mal erschienen war. Hier sind Auszüge aus dieser Botschaft: „Ich kam vor 73 Jahren vom Himmel herab in diese Cova da Iria, um euch den Weg aufzuzeigen, den ihr in diesem schwierigen Jahrhundert gehen sollt. ... Die Menschheit hat meinen mütterlichen Rat, zum Herrn durch Umkehr des Herzens und des Lebens, des Gebetes und der Buße zurückzukehren, nicht befolgt. Deshalb musste sie den furchtbaren Zweiten Weltkrieg erleiden, der Tod für Millionen und die Zerstörung ganzer Bevölkerungen und Nationen brachte. ... Satan ist der unbestrittene Herr der Ereignisse dieses, eures Jahrhunderts gewesen. Er hat die ganze Menschheit dazu gebracht, Gott und Sein Gesetz der Liebe abzulehnen, indem er weit und breit Entzweiung und Hass, sowie Moralzerfall und Bosheit säte und auch überall Ehescheidungen, Abtreibungen, Unzüchtigkeit, Homosexualität und Zugriff zu allen lebensverneinenden Mitteln legitimierte. ... Ich komme (jetzt zu dieser Zeit) vom Himmel herab, damit euch die letzten Geheimnisse enthüllt werden, und damit ich euch durch sie auf das vorbereiten kann, was ihr von jetzt an für die Reinigung der Erde erleben müsst. ...“

Auch hier wieder, wie es bereits im letzten Kapitel beschrieben ist, können die vorhergesagten Züchtigungen durch Gehorsam abgeändert werden. Man muss hier beachten, dass sie „für jetzt" gesagt hat, wodurch sie anzeigen will, dass das, was kommen soll, durch die Antwort der Menschheit abgewendet werden kann.

Die Heilige Jungfrau Maria, immer die liebende Mutter, die sie ist, beschließt die Botschaft mit einem hoffnungsvollen Ton: „Die Menschheit wird durch diesen Augenblick ihrer größten Züchtigung leben und wird dadurch darauf vorbereitet werden, den Herrn Jesus, der in Glorie wiederkommen wird, zu empfangen."

Und das zum Abschluss: „Aus diesem Grund, und ganz besonders heute, komme ich wieder vom Himmel herab, um euch dies zu sagen: Durch meine vielen Erscheinungen, durch die Botschaften, die ich bringe, und durch diese außerordentliche Arbeit meiner Marianischen Priesterbewegung, bereite ich euch darauf vor, durch diese Ereignisse, die gerade jetzt in Erfüllung gehen, zu leben. Ich will euch an der Hand zu führen, damit ihr durch diese schwierigste und schmerzhafteste Epoche eures zweiten Advents gehen könnt, aber auch, um den Verstand und die Herzen aller darauf vorzubereiten, Jesus in diesem schon bald kommenden Moment Seiner glorreichen Wiederkunft zu empfangen."

Kurz gesagt – und man kann es nicht oft genug betonen – ist Medjugorje die Fortsetzung der Erscheinungen der Muttergottes in Fatima, und die Botschaften für die MPB sind Bestätigungen der Fatima-Erscheinungen. Und genauso wie in LaSalette, sind die MPB Botschaften inhaltsgemäß beinahe gleich. Die Madonna bestätigt den Zusammenhang der MPB Botschaften mit Fatima durch diese Worte, die am 13. Mai 1987, also dem Fatima-Jahrestag gegeben wurden: „Jetzt aber fangt ihr an, durch das, was ich euch in Fatima für die letzten Jahre diese eures Jahrhunderts vorausgesagt hatte, zu leben." Und die deutlichste Bestätigung von allen wurde am 13. Mai 1991 gegeben: „Ihr fühlt euch dem Papst Johannes Paul II., diesem kostbaren Geschenk, das euch mein Unbeflecktes Herz gemacht hat, geistig stark verbunden. Er betet in diesem Augenblick in der Cova da Iria, um mir für meinen mütterlichen und außerordentlichen Schutz zu danken, den ich ihm zukommen ließ, als ich sein Leben bei dem Attentat, das genau vor zehn Jahren auf dem Petersplatz verübt wurde, rettete. Heute bestätige ich euch, dass er der Papst meines Geheimnisses ist; der Papst, von dem ich zu den Kindern während der Erscheinungen gesprochen hatte." [7]

Um Medjugorje noch enger mit Fatima – und letzen Endes auch mit LaSalette und der MPB – zu verbinden, zeigte die Muttergottes, wie sie es während ihren Erscheinungen in Fatima getan hatte, den Sehern von Medjugorje, den Himmel, die Hölle und das Fegefeuer. Anfangs Oktober 1981, als Vicka gerade bei Jakov war, erschien sie plötzlich den beiden und sagte, dass sie sie mitnehmen würde, damit sie den Himmel sehen könnten. Jakov, der Angst hatte und glaubte, nicht mehr zurückzukommen, sagte: „Warum nimmst du nicht nur Vicka mit? Sie hat viele Brüder und Schwestern, aber ich bin das einzige Kind meiner Mutter."

Die Muttergottes lächelte und nahm die beiden bei der Hand. In Blitzesschnelle waren sie im Himmel. Jakovs Mutter erzählte später, dass sie etwa 20 Minuten lang aus dem Haus verschwunden gewesen waren. Vicka beschrieb den Himmel als einen herrlichschönen Ort, erfüllt von einer Atmosphäre des Friedens und des Glückes, von dem sie nicht mehr zu ihrem irdischen Leben hatte zurückkehren wollen. Sie sagte auch, dass er voller Menschen in pastellfarbenen Gewändern sei, von denen keiner älter als 33 aussehe. Nachdem die Muttergottes ihnen diesen Teil des Paradieses gezeigt und nochmals gesagt hatte, dass sie keine Angst zu haben brauchten, sagte sie: „Alle die Gott treu sind, werden das bekommen."

Die Seher beschrieben das Fegefeuer als einen in grau-braunen Nebel gehüllten Ort, wo sie eigentlich niemanden sehen konnten; aber sie verspürten eine Qual und ein Verlangen nach Frieden. Vicka gab eine erschreckende Darstellung, als sie die Hölle als einen Ort voller Feuer und Dunkelheit beschrieb. Sie berichtete anschaulich, wie sie ein blondes Teenagermädchen beobachtete, das in etwas, was wie Höllenflammen aussah, kreischend und Gott verfluchend hineinging. Am anderen Ende kam sie total schwarz heraus und sah wie ein hässliches Tier aus, das Gott in einem fort verfluchte.

Sie fragten die Muttergottes, warum sie ihnen diese Orte gezeigt hätte, besonders das Paradies. „Ich habe es getan, damit ihr das große Glück sehen konntet, das diejenigen erwartet, die Gott lieben." Plötzlich erschien ihnen Jesus, dessen Körper ganz mit Wunden übersät war, und der eine Dornenkrone trug. Die Muttergottes tröstete sie: „Habt keine Angst! Es ist mein Sohn. Schaut, wie Er gemartert wurde. Trotz allem blieb Er freudig und ertrug alles mit Geduld." Sie fügte dann noch hinzu: „Ich bin oft auf dem Križevac

am Fuß des Kreuzes und bete dort. Jetzt bete ich zu meinem Sohn, Er möge die Sünden der Welt vergeben. Die Welt hat angefangen, sich zu bekehren."

Während dieser Erscheinung verschwand die Muttergottes, und die Seher sahen wieder die fürchterliche Vision der Hölle. Dann erschien sie wieder und sagte: „Habt keine Angst! Ich habe euch die Hölle gezeigt, damit ihr den Zustand derer wisst, die dort sind." Sie fügte dann noch hinzu: „Der Teufel versucht, uns zu besiegen. Erlaubt es ihm nicht! Haltet am Glauben fest, betet und fastet! Ich bin allezeit bei euch." Die Madonna war unbeschreiblich schön, und ein herrliches Licht strahlte, floss, strömte aus ihr heraus und funkelte um sie herum, als sie sagte: „Die Menschen haben angefangen, sich zu bekehren. Haltet stark am Glauben fest. Ich brauche eure Gebete."

An diesen Marienerscheinungen von LaSalette und Fatima, sowie den inneren Eingebungen Don Gobbis von der MPB, kann man deutlich erkennen, wie Gott immer wieder Seine besonderen Gnaden in Krisenzeiten auf die Menschheit ausgießt. Und jetzt in diesen dunkelsten aller Zeiten geschieht dies aufs Neue in Medjugorje. Durch Seine menschliche Mutter will Er wieder trösten, wie aus der Botschaft an Don Gobbi am 13. Mai 1993 hervorgeht: „Aus diesem Kelch des Leidens, wie es nie vorher erfahren worden war, wird die göttliche Sonne auf eine neue Zeit scheinen, wie sie die Menschheit nie zuvor gekannt hat, einer Zeit der Gnade und Heiligkeit, der Liebe und Gerechtigkeit, der Freude und des Friedens..."

Als Elisabeth den
Gruß Marias hörte,
hüpfte das Kind in
ihrem Leib. Da wurde
Elisabeth vom Heiligen
Geist erfüllt und rief
mit lauter Stimme:
„Gesegnet bist du mehr
als alle anderen Frauen
und gesegnet ist die
Frucht deines Leibes.
Wer bin ich, dass die
Mutter meines Herrn zu
mir kommt?"

(Lukas 1, 41-43)

10
Mehr Bestätigungen

Geradeso wie sie es in ihren Erscheinungen in LaSalette und Fatima, sowie durch ihre inneren Eingebungen an Don Gobbi, getan hatte, so ersuchte die Muttergottes die Seher und Pilger in Medjugorje auf die Natur der Gnaden zu achten, die sie ihnen durch ihre Botschaften brachte. Sie erinnerte sie wieder an die Gefahr durch Satan: „Satan sagt nur, was er will. Er mischt sich in alles rein. Ihr aber, meine Engel, seid bereit, alles zu erdulden. Viele Dinge werden hier geschehen. Lasst euch nicht von ihnen überraschen."

Die Pilger und der Klerus stellten weiterhin theologische Fragen. Die Gospa gab immer wieder ausführliche Antworten; sie gab hier sogar mehr Informationen als in Fatima. Auf eine Nachfrage über das Fegefeuer sagte sie: „Es sind viele Seelen im Fegefeuer. Es sind auch Menschen dort, die sich Gott geweiht hatten – auch Priester und Ordensleute. Betet für ihre Anliegen zumindest ein Glaubensbekenntnis und siebenmal das Vaterunser, das „Gegrüßet seist Du, Maria" und das „Ehre sei dem Vater". Ich empfehle es euch. Viele Seelen sind schon sehr lange im Fegefeuer, weil niemand für sie betet."

In einer anderen Botschaft wurde Ivanka folgendes über das Fegefeuer gesagt: „Im Fegefeuer gibt es verschiedene Ebenen. Die niedrigste ist der Hölle ganz nahe, während die höchste schon fast an den Himmel heranreicht. Es ist nicht Allerseelen, sondern zu Weihnachten, wann die meisten Seelen aus dem Fegefeuer kommen. Es gibt Seelen im Fegefeuer, die inbrünstig zu Gott beten, für die aber keine Verwandten oder Freunde auf Erden beten. Gott schenkt ihnen den Nutzen der Gebete anderer Leute. Es kann sein, dass Gott ihnen erlaubt, sich auf verschiedene Art und Weise ihren Verwandten auf Erden erkenntlich zu machen. Gott lässt dies zu, um die Menschen daran zu erinnern, dass es ein Fegefeuer gibt, aber auch, um für ihre Gebete zu bitten, damit sie Gott näher kommen, der zwar gerecht, aber auch gut ist. Die Mehrzahl der Menschen kommen ins Fegefeuer. Viele kommen in die Hölle. Nur eine geringe Anzahl kommt gleich in den Himmel."

Manche Leute waren verwirrt darüber, als sie hörten, dass jemand, der sein ganzes Leben lang schlecht gewesen war, sich aber vor seinem Tod noch bekehrte, von Gott in den Himmel aufgenommen werden könne. Die Seher fragten die Muttergottes, nachdem sie von jemandem darum gebeten worden waren, was geschehe, wenn man sein ganzes Leben lang schlecht gewesen wäre, dann aber vor dem Tod um Vergebung bitten würde. Ihre Antwort: „Selbst einer, der sein ganzes Leben sehr viel Schlechtes getan hat, kann sofort in den Himmel kommen, wenn er nur beichtet, das, was er getan hat, bereut, und an seinem Lebensende die Kommunion empfängt." Gerade wie der Verbrecher, der mit Jesus gekreuzigt worden war, am Kreuz noch bereut hatte, und dem Jesus dann versprochen hatte, dass er an diesem Tag noch mit ihm im Paradies sein würde.

Und was die Hölle für solche anbetrifft, die sich nicht bekehren: „Heute kommen viele Menschen in die Hölle. Gott erlaubt Seinen Kindern, in der Hölle zu leiden, weil sie schwere, nichtvergebbare Sünden begangen haben. Diejenigen, die in der Hölle sind, haben keine Gelegenheit mehr, etwas Besseres zu erfahren."

Andere Antworten besagten, dass Menschen, die schwere Sünden begingen, schon auf Erden in der Hölle lebten, und dass diese Hölle sich dann für alle Ewigkeit fortsetzten würde. Das bedeutete, dass sie Gott durch ihren Lebensstil abgelehnt und mit vollem Bewusstsein das Böse gewählt hätten. Sie kämen in die Hölle, weil sie sich für diese im Leben und im Augenblick ihres Todes entschieden hätten.

Mirjana vertraute ihrem geistlichen Führer an, dass sie eine überwältigende Liebe für die Muttergottes hätte. Aus diesem Grund könne sie nicht verstehen, wie eine Seele nur die Hölle wählen könne. Sie befragte die Gospa, warum Gott nur so „gnadenlos" sein und Sünder für immer in die Hölle schicken könne. Sie antwortet mit Zärtlichkeit: „Menschen, die in die Hölle kommen, wollen von Gott keine Gnaden mehr empfangen. Sie wollen sich nicht bekehren und wollen auch nicht aufhören, sich aufzulehnen, und zu lästern. Sie haben sich entschlossen, in der Hölle zu leben und denken nicht daran, diese zu verlassen."

Die Gospa enthüllte die folgende verblüffende Information über den Himmel und die Wiedergeburt: „Ihr kommt mit vollstem Bewusstsein in den Himmel – genauso, wie ihr es jetzt versteht. Im Augenblick eures Todes werdet ihr euch der Trennung von Körper und Seele bewusst sein. Es ist verkehrt, Menschen zu sagen, dass sie mehrere Male wiedergeboren und durch verschiedene Körper gehen würden. Man wird nur einmal geboren. Der Körper, der von der Erde genommen ist, verwest nach dem Tode. Es wird niemals wieder zum Leben zurückkehren. Man erhält einen verklärten Körper."

Selbstverständlich gab es ständig Fragen und Bitten um Heilungen von Krankheiten. Auf eine solche Frage antwortete sie: „Für die Heilung von Kranken ist es wichtig, die folgenden Gebete zu verrichten: Das Glaubensbekenntnis und siebenmal das Vaterunser, das „Gegrüßet seist Du, Maria" und das „Ehre sei dem Vater", und bei Brot und Wasser zu fasten. Es ist gut, dem Kranken die Hände aufzulegen, und zu beten. Es ist gut, den Kranken mit heiligem Öl zu salben. Nicht alle Priester haben die Gabe zu heilen. Um diese Gabe zu erhalten, muss der Priester beharrlich beten und fest glauben."

Diese Reihenfolge von Gebeten, die den Sehern in den ersten Tagen der Erscheinungen gelehrt worden war, scheint eine kraftvolle Verordnung zu sein, die die Muttergottes des Öfteren empfohlen hatte. Ständig kehrt sie zu den fundamentalen Grundlagen der Gnaden ihrer Besuche zurück: Der Himmel reagiere auf Gebet und Fasten.

Wie soll man fasten? Wer soll fasten und auf welche Weise? Ihre Antwort: „Das beste Fasten ist bei Brot und Wasser. Durch Fasten und Gebet kann man Kriege beenden und die Naturgesetze ausser Kraft setzen. Wohltätigkeit kann Fasten nicht ersetzen. Diejenigen, die nicht fasten können, können es manchmal durch Wohltätigkeit, Gebet und Beichte ersetzen, aber alle, außer den Kranken, müssen fasten".

Die Gospa bittet, dass wir durch Fasten Gott ein Geschenk machen. Manchmal ist es ein großes und manchmal ein kleines Geschenk. An manchen Tagen können wir bei Brot und Wasser fasten, und an anderen Tagen können wir es nicht. Es sei wichtig, dass man versucht, ein Geschenk machen zu wollen. Wenn man z.B. durch Krankheit oder Behinderung nicht fasten kann, dann kann man auch Vergnügen aufgeben, wie z.B. Fernsehen, Einkaufen, Süßigkeiten, usw. Diese Geschenke, verbunden mit Gebeten, können dann vom Himmel dazu benutzt werden, anderen in Nöten zu helfen, oder ihnen zum Glauben zu verhelfen.

Sie sagt auch Ähnliches über die Beichte: „Man soll die Menschen dazu einladen, monatlich zur Beichte zu gehen, ganz besonders aber am ersten Samstag des Monats.[8] Hier habe ich bis jetzt noch nicht davon gesprochen. Ich habe aber die Menschen zur häufigen Beichte eingeladen. Euch werde ich noch konkrete Botschaften für unsere Zeit geben. Seid geduldig, denn diese Zeit ist noch nicht gekommen. Tut, was ich euch aufgetragen habe. Es sind

ihrer viele, die es nicht beachten. Monatliche Beichte wird ein Heilmittel für die Kirche des Westens sein. Man muss diese Botschaft dem Westen überbringen."

Was ihre Rolle als Botschafterin des Himmels anbetrifft, sagte sie: „Ich bin nicht diejenige, die alle Gnaden spendet. Ich erhalte von Gott, was ich durch das Gebet erbitte. Gott hat Sein ganzes Vertrauen auf mich gesetzt. Ich beschütze ganz besonders jene, die sich mir geweiht haben. Das große Zeichen wurde mir gewährt. Es wird unabhängig von der Bekehrung der Menschen erscheinen."

Als sie gefragt wurde, ob man zu ihr beten solle, erklärte sie wie folgt ihre Rolle, sowie die der anderen Heiligen: „Jesus zieht es vor, dass ihr Ihn direkt, anstatt durch irgend einen Vermittler, ansprecht. In der Zwischenzeit, wenn ihr euch Gott ganz hingeben wollt, und wenn ihr wollt, dass ich eure Beschützerin bin, dann vertraut mir alle eure Anliegen, eure Fasten und eure Opfer an, damit ich darüber nach Gottes Willen verfügen kann." In anderen Worten, sie will unsere Fürbitterin sein, geradeso, wie wir uns gegenseitig um Gebete für unsere Anliegen bitten.

Auf die Frage, ob es einen Dritten Weltkrieg geben würde, sagte sie: „Es wird kein Dritter Weltkrieg stattfinden." Was in Polen geschehen würde, wo die Leute schon so lange um Freiheit kämpften? – „Es wird noch große Kämpfe geben, aber am Ende werden die Gerechten die Oberhand gewinnen." Und wie es mit Russland aussähe? – „Das russische Volk wird das Volk sein, das Gott am meisten verehren wird. Der Westen hat zwar große Fortschritte erzielt, aber ohne Gott, gerade als ob sie ihre eigenen Schöpfer wären."

* * *

Im Dezember 1982 gab es eine radikale Änderung in der Routine der Erscheinungen. Schon seit anderthalb Jahren erscheint die Madonna täglich allen sechs Sehern. Wie schon gesagt, hatte sie ihnen gesagt, dass sie allen zehn „Geheimnisse" geben würde, die die Zukunft der Welt betreffen. Nachdem sie alle zehn erhalten hätten, würde sie ihnen nicht mehr täglich erscheinen. Für Mirjana kam die letzte Erscheinung leider viel zu früh. Ende Dezember sagte ihr die Gospa: „Zu Weihnachten werde ich Dir zum letzten Mal (täglich) erscheinen."

Mirjana erhielt dann das zehnte „Geheimnis". Später berichtete sie, dass es besonders ernst sei. Und obwohl die Muttergottes ihr jetzt nicht mehr täglich erscheinen würde, versprach sie, ihr weiterhin an ihren Geburtstagen, also am 18. März, für den Rest ihres Lebens zu erscheinen. Aber auch in anderen besonders schwierigen Situationen würde sie zu ihr kommen. Die letzte tägliche Erscheinung dauerte 45 Minuten. Mirjana erklärte, dass sie sich an diese Worte Unserer Lieben Frau immer erinnern werde: „Von jetzt an musst du dich wieder, wie alle anderen, im Glauben an Gott wenden. Ich werde dir an deinen Geburtstagen, sowie in Situationen, wo du große Schwierigkeiten im Leben haben wirst, erscheinen. Mirjana, ich habe dich auserwählt. Ich habe dir alles mitgeteilt, was wichtig ist. Ich habe dir furchtbare Dinge gezeigt. Du musst jetzt alles tapfer ertragen. Denke an mich, und denke an die Tränen, die ich deswegen vergießen muss. Du musst tapfer bleiben. Die Botschaften hast du schnell aufgefasst. Jetzt aber musst du verstehen, dass ich wieder gehen muss. Sei tapfer!"

Es war ein trauriges Weihnachtsfest für Mirjana. Sie berichtete später in einem Interview: „Als sie mich verlassen hatte, saß ich wie eine Statue da und fühlte mich sehr schlecht. Ich dachte nur: Das kann nicht sein. Sie wird schon wieder kommen."

Aber sie kam nicht wieder. Nachdem sie sich in den nächsten paar Tagen beruhigt hatte, sagte sie: „Unsere Liebe Frau sagte, dass sie viel länger bei uns geblieben sei, als notwendig gewesen wäre, denn das sei das letzte Mal, dass sie oder Jesus auf dieser Erde erscheinen würden."[9]

Die anderen fünf Seher fragten sich nun, wie lange sie ihnen noch erscheinen werde.

Er wird jedem vergelten,
wie es seine Taten
verdienen: Denen, die
beharrlich Gutes tun und
Herrlichkeit, Ehre und
Unvergänglichkeit erstreben,
gibt Er ewiges Leben, denen
aber, die selbstsüchtig nicht
der Wahrheit, sondern der
Ungerechtigkeit gehorchen,
widerfährt Zorn und Grimm.

(Römer 2, 6-8)

II

Neue Dimensionen

Die Gospa fügte ihren Erscheinungen im Jahre 1983 eine neue Dimension hinzu. Ein zehnjähriges Mädchen aus dem Dorf fing plötzlich an, die Muttergottes auf eine ganz andere Weise als die Seher erfahren. Sie „hörte" sie innerlich, geradeso, wie Don Gobbi von der Marianischen Priesterbewegung sie hörte. Da sich die Muttergottes auf diese Weise nur ein paar Tage, nachdem Mirjana ihre letzte tägliche Erscheinung gehabt hatte, bekundete, konnte man es nicht als reinen Zufall bezeichnen.

Als sie sich in ihrem Klassenzimmer befand, begann Jelena Vasilij ihre neue Rolle damit, dass sie eine sanfte Stimme hörte, die innerlich zu ihr sprach. Zunächst waren es nur ganz gewöhnliche Worte, als ob sich das Mädchen erst an den Prozess gewöhnen sollte. Ein paar Tage später aber entdeckte Jelena die „Quelle" dieser inneren Stimme: „Ich sah und hörte den Engel, der mich auf das Kommen Unserer Lieben Frau vorbereitete. ... Er sagte es nicht, aber ich wusste, dass es mein Schutzengel war."

Die Muttergottes redete zu Jelena zum ersten Mal am 29. Dezember. Sie redete, erschien ihr aber zunächst noch nicht. Als sie ihr dann erschien, war es ganz anders als bei den sechs Sehern. Jelena beschrieb es als innere Eingebungen mit inneren Visionen. Sie sehe sie „mit dem Herzen", während die anderen sechs sie mit geschlossenen oder offenen Augen sehen konnte. Auch fanden Jelenas Eingebungen zwei- oder dreimal am Tag statt. Das junge Mädchen bereitete sich genauso wie die Seher im Gebet darauf vor.

Drei Monate später bekam noch ein anderes zehnjähriges Mädchen, das eine gute Freundin von Jelena war, und das oft mit dieser vor den Eingebungen betete, das gleiche Charisma. Marijana

Vasilij, die nicht mit Jelena verwandt ist, war die achte Jugendliche in dem Dorf, die die Gegenwart der Gospa erfuhr. Später beschrieb Marijana einem Priester, wie sie die Muttergottes sehe: „Zuerst kommt eine weiße Wolke, bevor Unsere Liebe Frau erscheint. Sie ist ganz in Weiß gekleidet und trägt eine Krone aus Sternen, die sich „ohne Draht" zusammenhalten. Ein Rosenkranz hängt von ihren Händen." Interessant hier ist zu bemerken, dass die Muttergottes auf eine ganz andere Art und auch ganz anders gekleidet kommt als bei den Sehern.

Marijana berichtete auch, dass Jesus Seine Mutter manchmal in diesen inneren Visionen begleite. Sie beschrieb ihn als einen Mann mit langem schwarzem Haar, der ein graues Gewand mit einem roten Umhang anhabe, und den sie nur von der Hüfte aufwärts sehen könne. Sie fügte noch hinzu, dass Er aber noch nie gesprochen habe, obwohl Er auch manchmal lächle.

Seit Mai 1983 erhielt Jelena von der Muttergottes Unterricht im geistlichen Leben. Von diesem Zeitpunkt an konnte Jelena, die die Hauptempfängerin dieser inneren Eingebungen war, mit der Muttergottes immer sprechen, wenn sie nur wollte – aber nur über geistliche Dinge. Die Muttergottes sagte ihr auch, dass alles, was sie wirklich zu wissen brauche, schon in der Heiligen Schrift stehe. Sie solle diese lesen, und an das Gelesene glauben, und darin würde sie die Antworten auf alle Fragen finden.

Obwohl die Aufgabe dieser beiden jungen Mädchen die der sechs Seher ergänzte, wurde ihnen gesagt, dass sich das später ändern würde. Sie würden keine Botschaften über zukünftige Ereignisse, wie sie den anderen in den zehn „Geheimnissen" gegeben werden, bekommen, sondern sie würden detailliertere Botschaften über geistliche Themen erhalten. Ihre Rolle war nicht auf der gleichen geistlichen Ebene wie die der Seher.

Nach vier Monaten der Vorbereitung, sagte die Gospa zu Jelena, sie solle ihrem geistlichen Führer mitteilen, dass sie wünschte, eine Gebetsgruppe von jungen Leuten der Gemeinde zu gründen. Die Richtlinien, die von der Gospa erstellt worden waren, verlangten von den Mitgliedern, dass sie sich freiwillig vier Jahre lang ganz Gott weihen und während dieser Zeit keinerlei Entscheidungen über ihre Zukunft treffen sollten. Es wurde weiter von ihnen verlangt, sich dreimal in der Woche zu treffen, wenigsten drei Stunden täglich zu beten, so oft wie möglich zur Messe zu gehen und zweimal in der Woche bei Brot und Wasser zu fasten. Diese Richtlinien sollten später zur Norm für ähnliche, von Medjugorje inspirierte Gebetsgruppen in der ganzen Welt werden.

Das erste Treffen dieser Gebetsgruppe fand an einem Dienstagabend im Keller des Pfarrhauses statt. Es ist interessant festzustellen, dass sich die erste Botschaft der Muttergottes für diese Gruppe auf Feindesliebe bezog: „Ich weiss, dass ihr eure Feinde nicht lieben könnt, aber ich ersuche euch, jeden Tag wenigstens fünf Minuten zum Göttlichen Herzen Jesu und zu meinem Herzen zu beten, und wir werden euch die göttliche Liebe schenken, durch die ihr in der Lage sein werdet, selbst eure Feinde zu lieben."

Geradeso wie sie es während der ersten anderthalb Jahre der Erscheinungen getan hatte, betonte die Muttergottes auch hier wieder das Gebet als Weg zur geistlichen Liebe. Auch hier erinnerte sie die Menschen wieder mit Nachdruck an die Auseinandersetzungen der verschiedenen Volksgruppen dieser Gegend. Solch eine Botschaft war vor allem für die Jugend wichtig, da diese möglicherweise noch in der Lage war, den eingefleischten Hass der Erwachsenen, der sich über Jahrzehnte durch ständige Konflikte entwickelt hatte, zu überwinden.

Die junge Gebetsgruppe nahm an geistlicher Intensität und Gruppengröße zu. Zwei Monate später sagte die Madonna der Gruppe: „Ihr habt euch entschieden, Jesus zu folgen und euch ihm ganz zu weihen. Aber dann, wenn ein Mensch sich entschieden hat, Gott vollkommen zu folgen, kommt Satan und versucht, diesen Menschen von dem Pfad abzubringen, den er eingeschlagen hat. Das ist eine Zeit der Prüfung. Er wird durch alle Mittel versuchen, euch zu verführen. Satan wird euch sagen: „Das ist zuviel verlangt. Das ist alles dummes Zeug. Ihr könnt ja auch Christen sein, wie alle anderen. Ihr braucht nicht zu beten oder zu fasten." Ich aber sage euch, gerade in solchen Versuchungen müsst ihr in euren Gebeten und eurem Fasten stark bleiben. Ihr dürft nicht auf Satan hören. Tut, was ich euch aufgetragen habe. Satan kann denen, die

an Gott glauben und sich Ihm ganz hingegeben haben, nichts an-
tun. Aber da ihr noch unerfahren seid, mahne ich euch zur Vor-
sicht."

* * *

Ende des Jahres 1983 überbrachten Ivan, Ivanka, Jakov, Marija
und Vicka ihrem geistlichen Führer die folgenden Nachrichten:
Marija hatte sieben „Geheimnisse" erhalten, Vicka acht und Jakov, Ivanka und Ivan je neun. Mirjana hatte ja bereits alle zehn bekommen und hatte daraufhin keine täglichen Erscheinungen
mehr.

Für die meisten der Pilger, die in das Dorf kamen, waren die
äußerlichen Dinge – wie Zeichen und Wunder – immer noch von
größerer Bedeutung als der Inhalt der Botschaften. Die Seher wurden fast jeden Tag nach dem permanenten Zeichen gefragt. Und
wieder gab die Muttergottes Auskunft über dieses Zeichen: „Das
Zeichen wird kommen, ihr braucht euch deswegen keine Sorgen zu
machen. Das Einzige aber, was ich euch jetzt sagen möchte, ist: Bekehrt euch! Sagt das allen meinen Kindern so schnell wie möglich.
Kein Schmerz, keine Leiden sind für mich zu groß, um euch zu retten. Ich werde zu meinem Sohn beten, dass Er die Welt nicht be-
straft, aber ich ersuche euch: Bekehrt euch! Ihr könnt euch ja gar
nicht vorstellen, was geschehen wird, und was der Ewige Vater auf
die Erde schicken wird. Deswegen müsst ihr euch bekehren! Ent-
sagt allem! Tut Buße! Drückt meinen Dank allen meinen Kindern
aus, die gebetet und gefastet haben. Ich nehme dies alles zu meinem Göttlichen Sohn, um von Ihm Milderung Seiner Gerechtigkeit wegen der Sünden der Menschheit zu erlangen."

Die Anzahl der Priester, die das Dorf besuchten, nahm ständig zu,
und durch sie wurden auch mehr und mehr schwerwiegende Fragen
gestellt. Auf Nachfragen wegen körperlichen Heilungen, die in
Medjugorje geschahen, erinnerte die Gospa wieder daran: „Ich
kann nicht heilen. Nur Gott kann heilen. Betet! Ich werde mit
euch beten. Glaubt fest! Fastet! Tut Buße! Ich werde euch helfen,
soweit es in meiner Macht steht. Gott kommt, um allen zu helfen.

Ich bin nicht Gott. Ich brauche eure Opfer und eure Gebete, die mir helfen."

Solche Botschaften halfen der Glaubwürdigkeit der Erscheinungen. Es gab jedoch immer noch Widerstand, der aber von den Bekehrungen, die täglich geschahen, fast ganz in den Schatten gestellt wurde. Das galt besonders für Priester. Was ihrer Überzeugung noch half, waren ihre Erfahrungen mit der Beichte. Viele Priester verbrachten buchstäblich stundenlang damit, den Herzensergüssen der Beichtenden zuzuhören. So etwas hatten sie vorher noch nie erlebt. Man konnte überall im Freien lange Schlangen von Büßern finden, die sich auf dem Rasen vor der Kirche, sowie der angrenzenden Umgebung bildeten. Es war die Tiefe und Intensität der Beichten, die bei vielen Priester, die als Skeptiker hierher gekommen waren, Annahme und Glauben hervorbrachten.

* * *

Der zweite Jahrestag der Erscheinungen, der 25. Juni 1983, verging sang- und klanglos. Die Muttergottes gab keine besondere Botschaft zu diesem Ereignis, aber die Seher gaben bekannt, dass sie ihnen ihre Lebensgeschichte erzählte. Sie sagten, sie könnten sie aber der Welt noch nicht mitteilen, bis die Muttergottes ihnen die Genehmigung dazu geben würde. Es schien, also ob Vicka die Hauptempfängerin dafür sei, denn sie schrieb für die nächsten vier Monate alles nieder und füllte drei Hefte.

Die Opposition des Diözesanbischofs Pavao Žanić blieb das größte Problem. Angefacht durch den ständigen Streit zwischen den Weltpriestern und den Franziskanern in seiner Diözese, war er jetzt der lautstärkste und aktivste Gegner. Die Situation wurde natürlich noch durch die ständigen Drohungen von Seiten der Regierungsbehörden mit Gefängnis oder härteren Strafen verschlimmert. Sie wollten, dass er diesen „Dummheiten", wie sie die Erscheinungen nannten, ein Ende machen sollte. Und er tat sein Bestes, diesem Folge zu leisten.

Als die Seher das Problem mit dem Bischof der Gospa während einer Erscheinung vortrugen, erwiderte sie: „Fastet zwei Tage in der

Woche für die Anliegen des Bischofs, der eine sehr schwere Verantwortung trägt. Wenn es notwendig sein sollte, werde ich noch um einen dritten Tag bitten. Betet alle Tage für den Bischof."

Im August fragte Jakov die Muttergottes wegen eines Befehles des Bischofs an Pater Tomislav Pervan, der jetzt Gemeindepfarrer war. Der Bischof hatte verlangt, dass die Seher nicht mehr das Glaubensbekenntnis und siebenmal das Vaterunser, das „Gegrüßet seist Du Maria" und das „Ehre sei dem Vater" in der Kirche beten dürften. Ihre Antwort: „Wenn das so ist, dann verstoßt nicht dagegen, damit ihr keinen Streit provoziert. Wenn möglich, besprecht das morgen unter euch und kommt alle zu einer Übereinstimmung."

Später fügte sie noch hinzu: „Betet mehr für euer geistliches Leben. Tut euer Bestes auf diesem Gebiet. Betet für euren Bischof." Diese starke Konstante blieb in ihren Botschaften: „Betet! Wenn ich euch diese Botschaft gebe, dann seid nicht nur damit zufrieden, sie zu hören. Verstärkt euer Gebet, und ihr werdet sehen, wie glücklich es euch macht. Alle Gnaden stehen euch zur Verfügung. Alles was ihr tun müsst, ist, sie zu erlangen. Um das zu bewerkstelligen, sage ich euch: Betet!"

Im Oktober ermahnte sie sie mit dieser Botschaft: „Mein Sohn leidet sehr schwer, weil sich die Menschen nicht miteinander versöhnen wollen. Sie haben nicht auf mich gehört. Bekehrt euch! Versöhnt euch!" Und später fügte sie noch im gleichen Monat hinzu: „Es ist wichtig, zum Heiligen Geist zu beten, damit Er auf euch herabkommt. Wenn man Ihn hat, hat man alles. Die Leuten machen einen Fehler, wenn sie sich nur an die Heiligen in ihren Gebetsanliegen wenden. Fangt an, den Heiligen Geist täglich anzurufen. Das Wichtigste ist, zum Heiligen Geist zu beten. Wenn der Heilige Geist auf die Erde herabkommt, dann wird alles klar, und alles wird erneuert. Ich weiss, dass viele euch nicht glauben werden, und dass viele, die einen leidenschaftlichen Glauben haben, erkalten werden. Ihr aber bleibt stark, leitet die Menschen zu sofortigem Gebet, Buße und Bekehrung an. Am Ende werdet ihr darum umso glücklicher sein."

Die Mutter Jesu ließ keinen Zweifel darüber, dass sie gekommen war, um jede mögliche Seele für ihren Sohn zu ernten. Gebet und Fasten waren der vorgeschriebene Weg dafür. Und sie schien entschlossen zu sein, in Medjugorje zu bleiben, bis dieses Ziel erreicht ist.

Denn Gott hat die Welt so sehr geliebt, dass Er Seinen einzigen Sohn hingab, damit jeder, der an Ihn glaubt, nicht zugrunde geht, sondern das ewige Leben hat. Denn Gott hat Seinen Sohn nicht in die Welt gesandt, damit Er die Welt richtet, sondern damit die Welt durch Ihn gerettet wird.

(Johannes 3, 16-17)

12
Der Plan des Himmels

Nachdem sie von der Muttergottes im November 1983 dazu aufgefordert worden war, gab Mirjana ihrem geistlichen Führer eine wichtige Synopse der Erscheinungen. Diese Synopse zeigte eindeutig, warum die Muttergottes nach Medjugorje geschickt worden war; sie fügte aber auch noch Beweisgründe für den Zusammenhang der Medjugorjeerscheinungen mit denen in Fatima hinzu.

In den 18 Monaten dieser noch nie da gewesenen Erscheinungen wurden wesentlich mehr als nur ein paar Dorfbewohner in Zentral-Bosnien-Herzegowina bekehrt. Die Erscheinungen dauerten jetzt schon fast ein ganzes Jahr länger an als die fünfmonatigen Erscheinungen in Fatima, in denen nur gelegentlich Botschaften gegeben worden waren. Die Nachricht dieser mystischen Ereignisse verbreitete sich rasend schnell in der ganzen Welt, und es kamen schon bald Pilger von überall her in dieses Dorf. Wissenschaftler, medizinisch Fachkundige und Theologen waren ständig in dem Dorf und unternahmen intensive Untersuchungen und Studien.

Was aber wichtiger war, ist, dass sich ein ganz genauer Plan und eine ganz deutliche Absicht durch die Botschaften abzeichnete. Die Mitteilungen, die Mirjana Pater Vlašić gemacht hatte, bestätigten das. Er wurde auch von der Gospa durch die Seher aufgefordert, diese Mitteilungen an den Papst weiterzugeben. Hier folgt, was er Papst Johannes Paul II. im Dezember 1983 geschrieben hatte:

„Während der Erscheinung am 25. Dezember 1982 vertraute die Madonna, gemäß Mirjana, ihr das zehnte und letzte Geheimnis an und enthüllte ihr die Daten, wann die verschiedenen Geheimnisse eintreffen würden. Unsere Liebe Frau offenbarte Mirjana einige Aspekte über die Zukunft in größerem Maße als den anderen Sehern. Aus diesem Grund berichte ich hier, was Mirjana mir in einer Unterredung am 5. November 1983 gesagt hatte.

Ich fasse die wichtigsten Dinge ihres Berichtes zusammen, ohne wortwörtliche Zitate zu benutzen. Mirjana erzählte mir, dass, bevor das sichtbare Zeichen der Menschheit gegeben werden würde, drei Warnungen an die Welt ergehen würden. Diese Warnungen werden Ereignisse auf der Erde sein. Mirjana wird Zeuge dieser Ereignisse sein. Zehn Tage vor der ersten dieser Warnungen wird Mirjana einen Priester ihrer Wahl davon benachrichtigen. Das Zeugnis von Mirjana wird eine Bestätigung der Erscheinungen und ein Ansporn für die Bekehrung der Welt sein. Nach den Warnungen wird das sichtbare Zeichen an dem Erscheinungsort in Medjugorje für alle Welt sichtbar erscheinen. Das Zeichen wird als Zeugnis für die Erscheinungen gegeben werden, um die Menschen zum Glauben zurückzurufen. Das neunte und zehnte Geheimnis sind ernsthaft. Sie beziehen sich auf Züchtigungen für die Sünden der Welt. Eine Bestrafung ist unabwendbar, da wir nicht erwarten können, dass sich die ganze Welt bekehrt.

Die Strafe kann durch Gebet und Buße gelindert werden, aber sie kann nicht ganz aufgehoben werden. Mirjana sagte, dass die eine Züchtigung, die die Welt bedroht hatte, nämlich die, welche im siebten Geheimnis enthalten ist, durch Gebet und Fasten abgewendet worden sei.[10] Deswegen ermuntert uns die Gospa ständig, zu beten und zu fasten, geradeso wie sie uns sagte: „Ihr habt vergessen, dass durch Gebet und Fasten Kriege verhindert und die Naturgesetze aufgehoben werden können."

Nach der ersten Warnung werden die anderen beiden kurz hintereinander folgen. Dadurch werden die Menschen etwas Zeit zur Bekehrung haben. Das Intervall wird eine Zeit der Gnade und Bekehrung sein. Nachdem das sichtbare Zeichen erschienen ist, werden diejenigen, die noch leben, sehr wenig Zeit zur Umkehr haben.

Aus diesem Grund lädt uns die Muttergottes zu dringender Bekehrung und Versöhnung ein. Die Einladung zum Gebet und zur Buße beabsichtigt, Übel und Krieg abzuwenden, vor allen Dingen aber, Seelen zu retten. Gemäß Mirjana sind die Ereignisse, die von der Muttergottes vorausgesagt worden sind, schon sehr nahe. Auf

Grund dieser Erfahrung ruft Mirjana der Welt zu: „Bekehrt euch so bald wie möglich! Öffnet Gott eure Herzen!"

Mirjana fügte dieser grundlegenden Botschaft noch etwas aus einer Erscheinung, die sie 1982 gehabt hatte, hinzu, was, wie wir glauben, etwas Licht auf verschiedene Aspekte der Kirchengeschichte wirft. Sie sprach von einer Erscheinung, in der Satan ihr erschien. Satan forderte Mirjana auf, der Madonna zu entsagen und ihm zu folgen. Dadurch würde sie in der Liebe und im Leben glücklich werden. Er sagte ihr, dass sie, wenn sie der Madonna folgen würde, nur zu leiden hätte. Mirjana entsagte ihm, und sofort erschien die Muttergottes und gab ihr die folgende Botschaft: „Bitte verzeihe mir dies, aber du musst wissen, dass Satan existiert. Eines Tages erschien er vor dem Thron Gottes und bat darum, die Kirche einer gewissen Zeit der Prüfung zu unterwerfen. Gott gab ihm die Genehmigung, die Kirche ein Jahrhundert lang zu prüfen. Dieses Jahrhundert ist unter der Gewalt des Teufels, aber wenn die Geheimnisse, die dir anvertraut worden sind, eintreffen, dann wird seine Macht zerstört. Schon jetzt verliert er seine Macht und wird

aggressiv. Er zerstört Ehen, verursacht Spaltungen zwischen Priestern und ist für Wutanfälle und Morde verantwortlich. Ihr müsst euch gegen diese Dinge durch Gebet und Fasten schützen, besonders durch das Gemeinschaftsgebet. Tragt geweihte Gegenstände an euch. Nehmt sie in eure Häuser und führt den Gebrauch von Weihwasser wieder ein."

In einem früheren Interview gab Pater Tomislav diesen Kommentar: „Die Seher sagen, dass mit der Verwirklichung der Geheimnisse, die ihnen von der Muttergottes anvertraut worden sind, sich das Leben auf der Welt ändern wird. Danach werden die Menschen wieder wie in alten Zeiten glauben. Was sich ändern wird, und wie es sich ändern wird, das wissen wir nicht, zumal sie ja nichts über die Geheimnisse sagen wollen."

Schon bald nachdem diese Zusammenfassung dem Papst übermittelt worden war, erhielt Marija die folgende Antwort auf die Frage eines Priesters: „Du musst den Bischof, und auch den Papst, sehr bald von, der großen Dringlichkeit und Wichtigkeit der Botschaften für die ganze Menschheit benachrichtigen. Ich habe es schon mehrere Male gesagt, dass der Frieden der Welt in einer Krisensituation ist. Werdet zu Geschwistern untereinander. Verstärkt eure Gebete und euer Fasten, damit ihr gerettet werdet. Ich weiß, dass viele euch nicht glauben werden, und dass viele, die jetzt noch einen leidenschaftlichen Glauben haben, erkalten werden. Ihr aber bleibt stark, und leitet die Menschen zu sofortigem Gebet, Buße und Bekehrung an. Am Ende werdet ihr glücklicher sein."

Es gibt jetzt nur noch wenig Zweifel über die Dringlichkeit der Erscheinungen in Medjugorje oder ihren Zusammenhang mit den Fatimaerscheinungen.

Jeder, der Böses tut,
hasst das Licht und
kommt nicht zum Licht,
damit seine Taten nicht
aufgedeckt werden. Wer
aber die Wahrheit tut,
kommt zum Licht,
damit offenbar wird,
dass seine Taten in
Gott vollbracht sind.

(Johannes 3, 20-21)

13
Eine Zeit des Wachstums

Die Gebetsgruppe der Jugendlichen, die auf Geheiß der Muttergottes durch Jelena gegründet worden war, war ganz gewiss ein Teil des Gesamtplanes der Muttergottes für Medjugorje. Sie wuchs im Geiste und in der Hingabe und wurde der gestellten Aufgabe gerecht. Sie diente als ein Vorbild für Jung und Alt. Jelena erhielt einen ständigen Strom an Botschaften und sagte, dass die Gospa sie täglich segne. Dann fügte sie hinzu: „Wenn sie kommt, um mich zu segnen, dann entströmen ihren Händen Lichtstrahlen. Es geht etwas ganz Besonderes von ihr aus."

Im Mai 1983 fing die Muttergottes an, Jelena Unterricht im geistlichen Leben zu geben. Sie sagte ihr, sie solle diese Lehren niederschreiben, da sie sie später der Kirche anvertrauen müsse. Einige der Franziskaner glaubten, dass das der Hauptgrund dieser inneren Eingebungen im Geschehen von Medjugorje sei. Die Botschaften an Jelena waren gezielt und direkt und ähnelten denen sehr, die die Muttergottes Don Gobbi für die Marianische Priesterbewegung gab.

Eine der wichtigsten Lehren der Muttergottes wurde Jelena im November dieses Jahres gegeben: „Fangt an, den Heiligen Geist täglich anzurufen. Das Wichtigste ist, zum Heiligen Geist zu beten. Wenn der Heilige Geist auf die Erde herabkommt, dann wird alles klar, und alles wird erneuert werden."

Ein paar Tage später forderte sie Jelena auf, der Gebetsgruppe zu sagen: „Ich bin eure Mutter und bin voller Güte, und Jesus ist euer bester Freund. Fürchtet euch vor nichts in Seiner Gegenwart. Gebt Ihm eure Herzen. Erzählt Ihm von euren Leiden; dadurch wird euer Gebet aus freiem Herzen und im Frieden ohne Angst gestärkt werden."

Es war für diese Jugendlichen eine ganz neue Art zu leben. Jede Minute, die sie nicht arbeiteten oder mit Familienangelegenheiten verbrachten, wurde jetzt dem inständigen Gebet und Lernen gewidmet. Auch alle sechs Seher, sowie die beiden Mädchen, die innere Eingebungen bekamen, gehörten zu der Gebetsgruppe. Die Seherin Marija wurde dazu auserwählt, die Gruppe durch Botschaften und mit ihrem persönlichen Zeugnis zu unterstützen.

Ende Dezember gab die Gospa Jelena die folgende Botschaft für die Gebetsgruppe: „Meine Kinder, betet! Ich kann euch nichts anders sagen, als zu beten. Ihr sollt wissen, dass es in eurem Lebens nichts Wichtigeres gibt als das Gebet."

Als ob sie diese kurze Botschaft noch bekräftigen wollte, gab sie am Tag nach Weihnachten eine sehr offene und wichtige Botschaft: „Die heilige Messe ist das größte Gebet zu Gott. Ihre werdet ihre Größe nie ganz verstehen. Deswegen müsst ihr während der Messe makellos und demütig sein; auch müsst ihr euch darauf vorbereiten. Es gibt viele Christen, die nicht mehr gläubig sind, weil sie nicht mehr beten. Haltet sie dazu an, täglich wenigstens das Glaubensbekenntnis und siebenmal das Vaterunser, „Gegrüßet seist Du Maria" und „Ehre sei dem Vater" zu beten."

Und wieder hatte die Gospa diese einfache Gebetsformel vorgeschlagen. Aber sie war mit dieser Lehre, die ganz besonders an den Westen gerichtet war, noch nicht fertig. Sie fuhr fort: „Verzichtet vor allen Dingen auf das Fernsehen. Es ist für eure Familien ein großes Übel. Nachdem ihr geschaut habt, könnt ihr nicht mehr beten. Gebt auch Alkohol, Zigaretten und Vergnügen dieser Art auf."

Und natürlich kann diese „Lektion" nicht ohne eine Aufforderung zum Fasten vollständig sein: „Das „Fasten", das ihr tut, indem ihr Fisch anstelle von Fleisch esst, ist nicht Fasten sondern Abstinenz. Das wahre Fasten besteht darin, alle Sünden aufzugeben, aber man muss sich auch selbst entsagen und den Körper darin mit einbeziehen. Monatliche Beichte wird ein Heilmittel für die Kirche im Westen sein. Ganze Teile der Kirche könnten geheilt werden, wenn die Gläubigen einmal im Monat zur Beichte gingen."

Im Februar fügte sie noch diese Botschaft hinzu: „Betet! Betet! Wie viele Menschen haben sich anderen Glaubensrichtungen oder Sekten angeschlossen und haben Jesus Christus verlassen! Sie stellen sich ihre eigenen Götter her. Sie beten Götzen an. Oh, wie mir das wehtut! Wenn sie sich nur bekehren würden! Es gibt ihrer genau so viele, wie es Ungläubige gibt! Das kann sich nur ändern, wenn ihr mir durch eure Gebete helft."

Es muss auch hier wieder betont werden, dass sich diese Lehren zunächst an die sechs Seher und die beiden Mädchen, die innere Eingebungen erhielten, richteten, dann aber auch an die Kirchengemeinde. Später sollten sie an alle gerichtet sein, die gewillt waren, ihnen zuzuhören. Es war im Grunde genommen eine wichtige Zeit des Lernens für die Gemeinde als Vorbereitung für die Pilger, die hierher kommen würden, und die für sich selbst die Gnaden, die hier in Medjugorje ausgegossen werden, erfahren sollten.

* * *

Im März 1984 stellte die Muttergottes die Erscheinungen auf eine neue Ebene, als sie anfing, jeden Donnerstagabend der Pfarrgemeinde wöchentlich Botschaften zu geben – und durch wen anders als die Seherin Marija. Die Lehren wurden jetzt auf die ganze Gemeinde ausgedehnt, wie die Muttergottes in ihrer ersten dieser wöchentlichen Botschaften betonte: „Liebe Kinder! Ich habe diese Pfarre auf besondere Weise auserwählt und möchte sie führen. Ich behüte sie in Liebe und wünsche, dass ihr alle mein werdet. Ich danke euch, dass ihr heute Abend meinem Ruf gefolgt seid. Ich wünsche, dass ihr in immer größerer Anzahl, hier mit mir und meinem Sohn seid. Ich werde jeden Donnerstag eine besondere Botschaft für euch geben. Danke, dass ihr meinem Ruf gefolgt seid."

Die Dorfbewohner waren durch diese persönliche Aufmerksamkeit der Mutter Jesu freudig überrascht. In den nächsten Wochen war die Kirche immer übervoll. Es waren auch viele Männer darunter, die, besonders wenn Anbetung des Allerheiligsten Sakraments stattfand, länger als gewöhnlich blieben.

Am 25. März wurde der 1.000. Tag der Erscheinungen in Medjugorje gefeiert – ein Ereignis, wie es noch nie in der Geschichte der Marienerscheinungen da gewesen war. An diesem Tag gab die Muttergottes diese verblüffende Botschaft: „Freut euch mit mir und meinen Engeln, denn ein Teil meines Planes ist schon in Erfüllung gegangen. Viele haben sich bekehrt, aber leider wollen sich viele auch nicht bekehren. Betet!" Dann schaute sie die Seher lange an und Freudentränen liefen ihre Wangen hinunter. Drei Tage später sagte sie in merklichem Kontrast: „Viele Menschen kommen nur aus Neugier und nicht als Pilger hierher."

Wie es aber bei den Menschen nun mal so üblich ist, verflog die anfängliche Begeisterung über diese wöchentlichen Lehren schon recht bald. Die Mahnungen wurden fortgesetzt, als die Menge, die noch vor ein paar Wochen die Kirche angefüllt hatte, immer weniger wurde. Wie konnte ein solches Geschehen nur so schnell als selbstverständlich hingenommen werden? Eine persönliche Botschaft an eine der Seherinnen am 5. April 1984 klang recht nüchtern: „Wenn ihr im Glauben stark wäret, könnte Satan nichts gegen euch ausrichten. Fangt an, den Weg meiner Botschaften zu wandeln. Bekehrt euch! Bekehrt euch! Bekehrt euch!"

In ihrer wöchentlichen Botschaft an die Pfarrgemeinde sagte sie an diesem Abend: „Liebe Kinder! Heute Abend bitte ich euch besonders, das Herz meines Sohnes Jesus zu verehren. Leistet für die dem Herzen meines Sohnes zugefügte Wunde Genungtuung. Dieses Herz ist durch alle möglichen Sünden verletzt worden. Danke, dass ihr heute Abend gekommen seid."

Am Donnerstag, dem 26. April, gab die Muttergottes keine Botschaft. Die kleine Anzahl der Gläubigen, die in der Kirche versammelt war, war traurig und verdutzt. Marija versuchte es damit zu erklären, dass diese wöchentlichen Botschaften vielleicht nur in der Fastenzeit gegeben worden seien.

Ein paar Tage später fragte Marija die Muttergottes: „Meine liebe Mutter, warum hast du mir am Donnerstag keine Botschaft für die Gemeinde gegeben?" Darauf antwortete die Gospa: "Ich will niemanden zu etwas zwin gen, was er nicht selbst empfindet und nicht will, wenn ich auch besondere Botschaften für die Pfarre gehabt habe, mit denen ich den Glauben jedes Gläubigen erwecken wollte. Nur eine ganz kleine Anzahl hat die Botschaften vom Donnerstag angenommen. Am Anfang waren es viele, die die Botschaften angenommen haben, aber es ist ihnen wie etwas Alltägliches geworden. Und jetzt, in letzter Zeit, fragen einige aus Neugierde nach der Botschaft und nicht aus Glauben und Frömmigkeit meinem Sohn und mir gegenüber."

Zwei Wochen später, als die Kirche wieder voll war, da die Leute auf diese Zurechtweisung gehört hatten, sagte die Königin des Friedens mit mütterlicher Liebe: "Ich spreche zu euch und möchte auch weiterhin zu euch sprechen. Ihr aber sollt auf meine Weisungen hören." Die nächsten zwei Wochen brachten weitere Beweise dafür, dass die Muttergottes persönlich für alle, die sich Zeit nahmen, da war. Am 17. Mai sagte sie: "Liebe Kinder! Heute bin ich sehr froh, weil es viele von euch gibt, die sich mir weihen möchten. Ich danke euch! Ihr habt euch nicht geirrt. Mein Sohn Jesus Christus will euch durch mich besondere Gnaden erteilen. Mein Sohn ist froh über eure Hingabe."

Es folgten am 24. Mai diese Worte voller Liebe: "Liebe Kinder! Ich habe euch schon gesagt, dass ich euch auf besondere Weise auserwählt habe, so wie ihr seid. Ich, die Mutter, liebe euch alle. Und wann immer ihr in Schwierigkeiten seid, fürchtet euch nicht! Denn ich liebe euch auch dann, wenn ihr von mir und meinem Sohn fern seid. Ich bitte euch, erlaubt nicht, dass mein Herz blutige Tränen über jene Seelen weint, die in der Sünde verlorengehen. Deswegen, liebe Kinder, betet, betet, betet!"

Könnte es eine größere Gnade geben als die, dass die Muttergottes wöchentlich zu einer Pfarrgemeinde spricht, um sie anzuleiten, ein heiliges Leben zu führen? Oder dass sie jeder Seele das Gefühl gibt, als spräche sie direkt zu ihr? Diese neue Gnade geschah natürlich noch zusätzlich zu der, dass sie den Sehern weiterhin täglich erscheint. Es muss hier auch festgestellt werden, dass der Plan, die ganze Welt an diesen Gnaden teilnehmen zu lassen, aller Wahrscheinlichkeit nach nicht ausgeführt werden könnte, wenn sich diese Gemeinde durch ihre Lehren nicht bekehrt hätte.

* * *

Ja, die „Welt" war auch da und unternahm intensive Untersuchungen an den Sehern und unterwarf sie strengen Prüfungen. Skeptische, neugierige und ungläubige Wissenschaftler, Ärzte und Theologen veranstalteten weiterhin alle möglichen Studien. Selbst die rohesten und primitivsten Tests wurden unternommnen. Man steckte Nadeln in Vickas Arm, als sie während einer Erscheinung in Ekstase war, und ein äußerst lauter Knall wurde vor Ivans Ohren verursacht. Keiner von beiden merkte etwas, auch entstanden keine körperlichen Schäden. Die Franziskaner machten jedoch diesen Tests bald ein Ende.

Weit überzeugender als diese sogenannten wissenschaftlichen Methoden, die von den Menschen als akzeptabel anerkannt werden, war die Tatsache, dass die Seher ganz einfache Dorfkinder waren. Das traf ganz besonders auf den kleinen Jakov zu, der zu Beginn der Erscheinungen erst zehn Jahre zählte, und der jetzt, drei Jahre später, ein impulsiver Teenager war. Jakov war zu jedem Streich bereit und spielte auch gern mit anderen Kindern. Aber während der Erscheinungen war er immer ernsthaft, und wenn er von den verschiedenen Autoritäten ausgefragt oder Prüfungen unterzogen wurde, gab er jeweils deutliche Antworten.

In der Schule war er jedoch ein richtiger Lausbub. An einem Abend schalt die Gospa während einer Erscheinung den jungen Seher, weil er sich in der Schule gegen andere Jungen schlecht benommen hatte. „Du musst sie alle lieben!", sagte sie ihm. Jakov erwiderte, dass er sie alle liebte, aber dass sie ihn verärgert und herausgefordert hätten. „Dann bringe es als ein Opfer dar", antwortete sie, höchstwahrscheinlich mit einem verständnisvollen mütterlichen Lächeln.

Als die Seher die Muttergottes aus Neugierde wieder fragten, wie lange die Erscheinungen noch andauern würden, sagte sie: „Alles geschieht genau nach Gottes Plan. Habt Geduld, verharrt beständig im Gebet und tut Buße. Alles geschieht zu seiner bestimmten Zeit."

Welch einfache und doch tiefgründige Lehren! Aber jeder Botschaft lag die Gewissheit zugrunde, dass der Plan des Himmels durch Medjugorje erfüllt werden würde.

Noch vieles habe ich euch zu sagen, aber ihr könnt es jetzt nicht tragen. Wenn aber Jener kommt, der Geist der Wahrheit, wird Er euch in die ganze Wahrheit führen, denn Er wird nicht aus sich selbst heraus reden, sondern Er wird sagen, was Er hört, und euch verkünden, was kommen wird.

(Johannes 16, 12-13)

14
Das Herz von Medjugorje

Im Januar 1985 gab die Muttergottes eine Botschaft, die man als die wichtigste aller Botschaften, die sie in Medjugorje gegeben hat, bezeichnen kann. Wenn man die Tiefe, den Umfang und den weltweiten Einfluss ihrer Erscheinungen und Botschaften in Betracht zieht, so mag dies als eine verwegene Aussage erscheinen. Aber wegen ihres machtvollen Inhaltes verkörpert sie das Herz und die Seele des Medjugorjephänomens.

Diese bestimmte Botschaft handelt von den großen Unterschieden der verschiedenen Glaubensrichtungen sowie den auseinanderlaufenden ethnischen Volksinteressen der Bevölkerung von Bosnien-Herzegowina. Diese Unterschiede verursachen Spaltungen, die zur Quelle des Unfriedens in dieser Gegend geworden sind. Seit ihrer ersten Erscheinung fordert die Muttergottes durch die Seher dringend zur Versöhnung auf. Aber genau genommen, ist der Kern dieser Botschaft auch an die ganze Welt gerichtet, die ja auch voller ethnischer und religiöser Konflikte ist. Die Botschaft besteht aus diesen beiden Elementen der Spaltungen: den religiösen und den politischen. Ihre Wirksamkeit für den Rest der Welt wäre jedoch vergeblich, wenn die Menschen, zu denen die Gospa täglich kommt, ihre Worte nicht beachteten. Ganz ehrlich gesagt, würde der Plan des Himmels zum Scheitern verurteilt sein, wenn die Aufforderungen der Muttergottes zur Versöhnung in diesem Dorf nicht angenommnen würden.

Der Beweggrund für diese Botschaft war der sture Nationalstolz, ein giftiger Stolz, der weit über den Patriotismus hinausgeht. Er erreichte seinen Höhepunkt, als ein kroatischer katholischer Priester Schwierigkeiten hatte, die Heilung eines orthodoxen Kindes zu verstehen. Seine Schwierigkeiten hatten nichts mit der Heilung zu tun, sondern damit, dass es sich um ein Zigeunerkind handelte, das auch noch orthodox war. Wie es nur sein könne, fragte er die Seher mit sichtbarer Empörung und Bestürzung, dass die Muttergottes für die Heilung eines Kindes beten könne, das dem Glauben der verachteten ethnischen Feinde, den Serben, angehöre?

Diese Frage wurde der Muttergottes von einem der Seher vorgetragen. Sie schaute den Priester sehr lange an, bevor sie antwortete. Es war kein empörtes Anschauen, wie man es rein menschlich hätte annehmen können, sondern es geschah vielmehr wie das einer leidenden Mutter, die eine unendliche Geduld aufbringt.

Dieses war ihre Antwort: „Sage dem Priester, sage es der ganzen Welt, dass ihr es seid, die ihr auf der Welt getrennt lebt. Die Mohammedaner und die Orthodoxen sind aus dem gleichen Grund wie die Katholiken vor meinem Sohn und vor mir gleich. Ihr seid alle meine Kinder. Gewiss sind nicht alle Religionen gleich, aber alle Menschen sind gleich vor Gott, wie es der heilige Paulus schon gesagt hatte. Es genügt nicht, zur katholischen Kirche zu gehören, um gerettet zu werden, sondern man muss die Gebote Gottes respektieren, indem man seinem eigenen Gewissen folgt.

Diejenigen, die keine Katholiken sind, sind nicht weniger Geschöpfe, die im Ebenbild Gottes erschaffen und dazu bestimmt sind, eines Tages wieder in das Haus des Vaters einzutreten. Erlösung ist für alle ohne Ausnahme erreichbar. Nur diejenigen sind verdammt, die Gott willentlich ablehnen. Von dem, dem wenig gegeben ist, wird wenig verlangt werden. Von dem aber, dem viel gegeben ist, wird sehr viel verlangt werden. Es ist Gott allein in Seiner unendlichen Gerechtigkeit, der den Grad der Verantwortung bestimmt, und der das Urteil fällt.“

Noch nie hatte die Muttergottes in den dreieinhalb Jahren ihrer Erscheinungen in einer Botschaft die Trennungen dieses Land, das Gott für ihre Sendung ausgewählt hatte, so hervorgehoben. Hier kamen jetzt diese jahrelangen Spannungen zu einem Frontalzusammenstoß mit Gottes Wahrheit. Selbst das Priesteramt war nicht immun gegen diesen Nationalstolz, der die wunderbare Heilung eines Kindes in Frage gestellt hatte.

Die Gospa sprach Worte der Weisheit zu ihren Kindern. Sie gab ihnen zu verstehen, was der Herzensgrund ihres Kommens war, und warum sie so lang blieb. Viele kämpften gegen ihre eigenen menschlichen Neigungen zu diesem fanatischen Nationalismus sowie gegen ihre Selbstsucht an und wurden so zu gutem geistlichen Samen fürs tägliche Leben. Andere dagegen sollten schon bald den furchtbaren Preis dafür bezahlen, die Aufforderungen zur Versöhnung und zum Frieden nicht ernst genommen zu haben.

Was sagt ihr zu mir: „Herr! Herr!" und tut nicht, was ich sage?

Ich will euch zeigen, wem ein Mensch gleicht, der zu mir kommt und meine Worte hört und danach handelt. Er ist wie ein Mann, der ein Haus baute und dabei die Erde tief aushob und das Fundament auf einen Felsen stellte. Als nun ein Hochwasser kam und die Flutwelle gegen das Haus prallte, konnte sie es nicht erschüttern, weil es gut gebaut war. Wer aber hört und nicht danach handelt, ist wie ein Mann, der sein Haus ohne Fundament auf die Erde baute. Die Flutwelle prallte dagegen, das Haus stürzte sofort in sich zusammen und wurde völlig zerstört.

(Lukas 6, 46-49)

Dritter Teil – Die Früchte

Jeder gute Baum bringt gute Früchte
hervor, ein schlechter Baum aber
schlechte. Ein guter Baum kann keine
schlechten Früchte hervorbringen und
ein schlechter Baum keine guten.
Jeder Baum, der keine guten Früchte
hervorbringt, wird umgehauen und ins
Feuer geworfen. An ihren Früchten
also werdet ihr sie erkennen.

(Matthäus 7, 17-20)

15

Weitere Änderungen

In Medjugorje fing das Jahr 1985 kalt und stürmisch an. Und doch kamen die Treuen weiterhin täglich zu den Abendgottesdiensten und Erscheinungen in die St. Jakobskirche. Es waren allerdings nicht allzu viele Pilger da, die sonst aus aller Welt nach Medjugorje strömten. In den bitterkalten Januartagen kamen vor allem die Dorfbewohner, die an solche Witterungen gewöhnt sind. Natürlich gab es in der Kirche keine Heizung, und viele mussten auch außerhalb der Kirche der Kälte trotzen.

Sie wurden aber durch diese Worte der Gospa getröstet: „Ich danke den Zuverlässigen, dass sie selbst bei diesem schlechten und kalten Wetter zur Kirche gekommen sind."

Sie vergaß nie, sich bei den Leuten, die Schwierigkeiten auf sich nahmen, um ihrem Ruf zu folgen, zu bedanken. Auch hatte sie immer Worte der Ermutigung und Mahnung, wie z.B. in dieser Botschaft: "Meine lieben Kinder! Satan ist so stark und wünscht mit ganzer Kraft, meine Pläne zu durchkreuzen, die ich mit euch begonnen habe. Betet, betet nur und hört keinen Moment auf! Ich werde meinen Sohn bitten, dass sich alle meine Pläne verwirklichen, die ich begonnen habe. Seid geduldig und ausdauernd in den Gebeten! Und lasst nicht zu, dass euch Satan entmutigt. Er wirkt stark in der Welt. Seid wachsam!"

Es war für die Muttergottes wichtig, die Menschen auf die Gefahren, die ihre Vorsätze schwächen konnten, aufmerksam zu machen, selbst auf so unscheinbare Dinge wie das schlechte Wetter. Sie schien gewillt zu sein, die Dorfbewohner persönlich und mit Liebe zu formen, damit sie Vorbilder für die Bekehrung würden. Auch schien sie bereit zu sein, sich selbst auf Einzelheiten einzulassen, nur um sicher zu machen, dass die Bekehrung weitergeführt würde.

Die Gospa ging sogar so weit, dass sie vorschlug, dass einer der Franziskanerpatres, Pater Slavko Barbarić, der den Sehern seit Juli 1984 als geistlicher Führer zur Seite gestanden hatte, in der Pfarrei eine besondere Aufgabe übernehmen sollte. Sie sagte den Sehern: „Ich möchte, dass Pater Slavko hier bleibt, um die Angelegenheiten zu leiten, und um Daten über alle Ereignisse zu sammeln, damit, wenn ich weggehe, ein vollkommenes Bild all dessen, was hier geschieht, aufgezeichnet ist. Ich bete jetzt auch für Pater Slavko und für alle, die in dieser Pfarrei arbeiten."

Es war eine wichtige Botschaft. Pater Slavko war höchst gebildet. Er konnte sich auch in sieben Sprachen zu unterhalten. Somit war er bestens dafür geeignet, die Daten aller wichtigen Ereignisse hier systematisch zu sammeln und aufzuschreiben. Auch konnte er für akkurate Übersetzungen der Botschaften sorgen, sowie für die Aufzeichnung geschehener Heilungen. Somit wurde er im Prinzip der „Sekretär" der Erscheinungen von Medjugorje, was er bis zu seinem Tod am 24. November 2000 auch blieb.

Pater Slavko war zwar nicht in die Pfarrei von Medjugorje versetzt worden, sondern musste täglich von seiner Pfarrei etwa 38 km hierher fahren. Aber die Annahme dieser kleinen Buße war mit ein Grund dafür, warum die Gospa ihn für eine so wichtige Aufgabe ausgewählt hatte. Er nahm an allen abendlichen Gottesdiensten teil. Meistens betete er den Rosenkranz vor, indem er sich der verschiedenen Sprachen bediente, damit so viele Gläubige wie möglich es verstehen konnten. Irgendwie fand Pater Slavko aber auch immer wieder die Zeit, Beichte zu hören – auch das in mehreren Sprachen.

* * *

Der 7. Mai 1985 brachte weitere Änderungen. Die Gospa teilte Ivanka an diesem Tag mit, dass sie das zehnte „Geheimnis" bekommen und somit keine täglichen Erscheinungen mehr haben würde.

Genau wie damals bei Mirjana war es auch für diese junge Frau eine vernichtende Nachricht. Als die Erscheinung zu Ende war, bemerkten die anderen Seher, dass Ivanka weiterhin bewegungslos knien blieb. Es war für die Seher ein Schock, jemanden aus ihrer Gruppe in Ekstase zu sehen, da sie ja gewöhnlich während der Erscheinungen zusammen in Ekstase sind. Sie sahen Ivanka kniend mit ihren Augen auf die Stelle fixiert, wo die Muttergottes ihnen erschien war, und wie sie Worte formulierte, deren Laut man aber nicht vernehmen konnte. Sie schien ganz von Frieden umfangen zu sein.

Am gleichen Abend erschien ihr die Muttergottes wieder zu Hause – diesmal für beinahe eine Stunde. Sie kam mit zwei Engeln und fragte Ivanka voll Gefühl, ob sie irgendeinen Wunsch hätte. Ivanka bat, ihre Mutter wieder sehen zu dürfen. Und sogleich erschien ihre Mutter, die sie umarmte und ihr sagte, wie stolz sie auf sie sei. Dann verschwand sie wieder. Die Muttergottes sagte darauf zu Ivanka: „Mein liebes Kind! Heute ist unser letztes Treffen, sei aber nicht traurig. Ich werde ab nächstem Jahr an jedem Jahrestag der Erscheinungen wieder zu dir kommen. Liebes Kind, glaube nicht, dass du etwas Böses getan hättest, und dass ich deswegen nicht mehr zu dir komme. Nein, das ist es nicht.

Du hast mit ganzem Herzen die Pläne, die mein Sohn und ich hier formuliert haben, angenommen, und du hast alles Erwünschte geleistet. Niemand in der Welt hat die Gnaden bekommen, die du und deine Brüder und Schwestern bekommen haben. Sei glücklich, denn ich bin deine Mutter, und ich liebe dich von ganzem Herzen. Ivanka, ich danke dir, dass du dem Anruf meines Sohnes gefolgt bist. Danke für deine Ausdauer, und dass du allezeit bei Ihm bleiben wirst, solange Er dich darum bittet.

Liebes Kind, sage allen deinen Freunden, dass mein Sohn und ich jederzeit bei ihnen sein werden, solange sie uns rufen. Rede zu niemanden davon, was ich dir in diesen Jahren über die „Geheimnisse" erzählt habe. Gehe im Frieden Gottes!"

Ivanka hatte sehr gut diesem unendlich großen Geschenk der Gnade, die Gospa solange gesehen zu haben, entsprochen. Sie ist auf geistlichem Gebiet stark gewachsen und freute sich jetzt schon darauf, eine Ehefrau und Mutter zu werden. Das Geschenk, ihre leibliche Mutter wiedersehen zu dürfen, war diesmal wieder eine ebenso große Gnade wie beim ersten Mal zu Beginn der Erscheinungen. Sie zog sich auch gleich aus dem öffentlichen Leben einer Seherin zurück und fing an, ihr neues Leben zu leben.

Jetzt waren es nur noch vier Seher, die tägliche Erscheinungen hatten; und Jelena und Marijana erschielten weiterhin innere Visionen und Eingebungen. Mirjana hatte ab und zu mal Erscheinungen, wie es die Muttergottes ihr „für Zeiten großer Bedrängnis" versprochen hatte, also dann, wenn die Bürde der „Geheimnisse" für sie zu groß wurde. Die Gospa erschien ihr dann, um sie zu trösten, aber auch manchmal, um ihr eine Botschaft zu bringen.

Mirjana hatte aber auch noch eine ganz besondere Aufgabe. Sie war die Seherin, die auserwählt war, die zehn „Geheimnisse" einem Priester ihrer Wahl mitzuteilen. Mirjana hatte einen Priester gewählt, der weit von Medjugorje entfernt wohnte. Als sie deswegen gefragt wurde, sagte sie, dass die Gospa sich schon darum kümmern werde.

* * *

Gegen Ende des Jahres 1985 gab die Muttergottes eine Reihe von Botschaften, die Ungläubige betrafen. Die erste dieser Botschaften wurde Mirjana gegeben: „Mein Engel! Bete für die Ungläubigen! Die Menschen werden sich ihre eigenen Haare ausreißen; Brüder werden ihre Brüder um Hilfe anflehen; sie werden ihr vergangenes gottloses Leben verwünschen. Sie werden ihre Sünden bereuen, aber es wird zu spät sein. Jetzt ist die Zeit zur Bekehrung. Ich habe euch in den letzten vier Jahren dazu angehalten. Bete für sie! Lade alle ein, den Rosenkranz zu beten."

Dann kam diese Botschaft: „Für diejenige, die sagen, „Ich glaube nicht an Gott", wie schwer wird es für sie sein, wenn sie sich dem Thron Gottes nähern und die Stimme hören: „Fahrt zur Hölle!"

Und wieder sagte sie, was Ungläubige anbetrifft: „Sie sind auch meine Kinder. Ich leide wegen ihnen. Sie wissen ja nicht, was sie erwartet. Ihr müsst für sie beten!"

Diese Serie von Botschaften, die diejenigen betreffen, die sich bewusst von Gott abgewandt haben, zeugt wieder von der Liebe einer Mutter für ihre Kinder in der ganzen Welt. Wie sie schon so oft betont hatte, ist sie für alle da, selbst bis zur letzten Sekunde ihres Lebens. Auch für Gläubige, die Versuchungen nachgeben und sündigen, hat sie diese beruhigenden Worte: „Was die Sünde anbetrifft, ist es genug, wenn man sie schon bald und ernsthaft bereut und dann sein Leben normal weiterlebt und die Sünde meidet." Mit anderen Worten: Man soll Gott demütig um Verzeihung bitten, sich selbst vergeben und dann sein Leben weiterleben.

Die Muttergottes zeigte Mirjana auch das erste der zehn „Geheimnisse" in einer Vision. Mirjana sagte, es sei gewesen, wie wenn man einen Film anschaut. Sie sagte, sie habe einen verödeten Ort gesehen, als die Madonna zu ihr sagte: „Es ist die Umwälzung eines Gebietes der Welt. Es gibt so viele Sünden in der Welt. Was kann ich machen, wenn ihr mir nicht helft? Denkt immer daran, dass ich euch liebe. Gott hat kein kaltes Herz. Schaut euch nur um und seht, was die Menschen alles machen, dann werdet ihr nicht mehr sagen, dass Gott ein kaltes Herz hätte. Wie viele Menschen kommen noch mit Respekt, einem starken Glauben und Liebe zu Gott in die Kirche, das Haus Gottes? Sehr wenige! Jetzt wird euch eine Zeit der Gnade und Umkehr angeboten. Es ist wichtig, sie gut zu nutzen!"

Solche Botschaften, die mit einer Vision verbunden waren, verstörten die Seher aufs Äußerste. Oft aber beschloss die Gospa solche Visionen mit den folgenden Worten: „Habt ihr vergessen, dass ihr in meinen Händen seid?"

Da sagte Maria: „Meine Seele preist die Größe des Herrn, und mein Geist jubelt über Gott, meinen Retter. Denn auf die Niedrigkeit Seiner Magd hat Er geschaut. Siehe, von nun an preisen mich selig alle Geschlechter. Denn der Mächtige hat Großes an mir getan, und Sein Name ist heilig."

(Lukas 1, 46-49)

16
Eine Zeit der Gnade

Mirjanas Rolle bei den Erscheinungen wurde von der Gospa anfangs 1986 plötzlich wieder erneuert, was sowohl die Priester als auch die Pilger überraschte. Wie die Hinzufügung der beiden Mädchen, die innere Eingebungen erhielten, so war auch das wieder ein krasser Gegensatz zu Fatima, sowie anderen historischen Erscheinungen. Da aber Mirjana auserwählt worden war, die einzelnen „Geheimnisse", kurz bevor diese eintreffen würden, einem Priester ihrer Wahl anzuvertrauen, war sie selbst nicht allzu sehr davon überrascht. Sie erhielt jetzt durch innere Eingebungen sowie durch Erscheinungen eine Reihe von Botschaften, die die „Geheimnisse" und ihre Erfüllung betrafen. Die Muttergottes erschien ihr oder sprach innerlich zu ihr am 2. Tag eines jeden Monats. Mirjana hat diese Rolle immer noch bis heute inne.

War diese erneute Teilnahme Mirjanas an den Erscheinungen ein Anzeichen dafür, dass diese jetzt bald zu Ende gehen und die „Geheimnisse" eintreffen würden? Nein, sagte Mirjana, es sei nicht das Ende der Erscheinungen. Es sei vielmehr eine Zeit der Barmherzigkeit, eine Periode besonderer Gnaden.

Auch jetzt, nach über vier Jahren außerordentlicher Botschaften, hielt die Königin des Friedens ihre Kinder dazu an, die Evangeliumsbotschaften ihres Sohnes im Leben zu verwirklichen. Diese Anleitungen wurden besonders dadurch verdeutlicht, dass sie weiterhin der Seherin Marija jeden Donnerstagabend Botschaften für die Mitglieder ihrer Pfarrei gab.

Die Medjugorjeerscheinungen waren zwar der Gestaltung nach denen der Fatimaerscheinungen ähnlich, unterschieden sich aber grundsätzlich von diesen durch ihre täglichen Vorkommnisse, ihre lange Dauer, die Anzahl der Seher und die beiden Mädchen, die innere Eingebungen bekamen. Die ungewöhnliche Erneuerung und die Hervorhebung der Rolle Mirjanas, was die „Geheimnisse" anbetrifft, fügte noch eine andere Dimension zum Unterschied dieser beiden Erscheinungsorte hinzu. Im Rückblick könnte man es als eine barmherzige Führung des Himmels für eine Welt ansehen, die sich mehr und mehr von den göttlichen Moralgesetzen abgewendet und menschlichen Zivilgesetzen zugewendet hat. Mit solch umwälzenden Änderungen könnte man fast annehmen, dass die Muttergottes vor dem Thron Gottes noch um etwas mehr Zeit bittet, um alle ihre Kinder zu erreichen.

Als ob sie es noch einmal bestätigen wollte, dass wir immer noch in einer Zeit der Gnade lebten, gab die Muttergottes kurz vor den Feiern (19.6.86) zum fünften Jahrestag der Erscheinungen diese Botschaft: In diesen Tagen erlaubt mir mein Herr, für euch noch mehr Gnaden zu erbeten. Daher möchte ich euch von neuem zum Gebet anspornen, liebe Kinder. Betet ohne Unterlaß! So werde ich euch jene Freude geben, die mir der Herr gibt. Liebe Kinder, ich möchte, dass euch mit diesen Gnaden eure Leiden zur Freude werden. Ich bin eure Mutter und möchte euch heffen."

Zu später Nacht am 25. Juni gab die Gospa diese wunderbare Botschaft an Ivan und Marija, die dann später Tausenden von Pilgern auf dem Berg Podbrdo verlesen wurde: „Ihr befindet euch auf einem Taborberg. Ihr erhaltet Segnungen, Stärke und Liebe. Tragt sie in eure Familien und eure Wohnungen. Einem jeden von euch gebe ich meinen ganz besonderen Segen. Macht weiter in eurer Freude, in euren Gebeten und in der Versöhnung!"

Diese besondere mitternächtliche Botschaft ist für mich von großer Bedeutung, weil ich persönlich dabei war, als sie gegeben wurde. Es war während meiner ersten Pilgerreise,

Und ich erinnere mich noch lebhaft daran, wie wir uns an diesem Abend, zusammen mit einem großen Pilgerstrom, auf den Podbrdo hinaufgetastet hatten. Wir durften keine Taschenlampen benutzen, weil die Kommunisten öffentliche Versammlungen auf dem Berg verboten hatten. Es war so dunkel, dass man kaum die Silhouette der Person gerade vor einem sehen konnte. Ich schmiegte mich in völliger Dunkelheit zusammen mit Tausenden

anderen Pilgern an die Steine und hörte den Worten der Muttergottes zu. Das Hauptthema ihrer Botschaft in dieser Nacht war: Wir sollten mit unseren Familien beten, damit sie uns ihrem Sohn Jesus als eine schöne Blume darbieten könne, die sich für Ihn öffnet.

Eine andere wichtige Botschaft wurde am 4. August gegeben: „Lest jeden Donnerstag im Evangelium des heiligen Matthäus, wo es heißt: „Niemand kann zwei Herren dienen. ... Ihr könnt nicht Gott und dem Mammon dienen." Später sollte diese Aufforderung auf alle Familien ausgedehnt werden, damit sie immer daran erinnert würden, dass sie sich in Gottes Händen befänden.

* * *

Die Zeit der Gnade wurde wiederum verlängert, als die Muttergottes am 8. Januar 1987 eine weiter Änderung im Format der Botschafterteilung einführte: „Liebe Kinder! Ich möchte euch Dank sagen für jede Antwort auf die Botschaften. Besonders danke ich euch, liebe Kinder, für all eure Opfer und Gebete, die ihr mir dargebracht habt. Liebe Kinder, ich möchte euch auch weiterhin Botschaften geben, jedoch, liebe Kinder, nicht mehr jeden Donnerstag, sondern am 25. jeden Monats. Die Zeit ist gekommen, da sich verwirklicht hat, was mein Herr wünschte. Von nun an gebe ich euch weniger Botschaften, bin aber auch weiterhin mit euch. Deshalb, liebe Kinder, bitte ich euch, hört auf meine Botschaften und lebt sie, damit ich euch führen kann."

Und wiederum wurde diese Änderung als ein Zeichen dafür angesehen, dass sich die Erscheinungen ihrem Ende zuwendeten. Jeden Tag nun könne die Gospa, so dachten ihre Anhänger, zum letzten Mal erscheinen und ihre letzte Botschaft geben. Und wieder versicherten die Seher den Gläubigen, dass ihnen keine solche Andeutung gemacht worden sei. Es sei einfach eine weitere Ausdehnung der Zeit der Gnade.

Und so geschah es, dass die Muttergottes ab 25. Januar 1987 monatlich ihre Botschaften an Marija gab. Geradeso wie bei den wöchentlichen Botschaften, war Marija auch jetzt wieder die einzige, die diese besonderen Botschaften erhielt. Von ihren Kommentaren, sowie von der Formulierung der Botschaften geht deutlich hervor, dass sie für weitere Verbreitung gedacht sind, und dass sie alle Menschen erreichen sollen. Am 25. eines jeden Monats, gleich nach der Erscheinung, schreibt Marija die Botschaften nieder und gibt sie Pater Slavko Barbarić. Sie werden dann gründlich daraufhin untersucht, ob sie mit der Heiligen Schrift und der Lehre der Kirche übereinstimmen. In weniger als 24 Stunden werden sie dann an Gebetsgruppen in der ganzen Welt gesandt.

Andere Änderungen fanden in schwindelerregender Eile statt. Die Straßen, Felder und Häuser der Dorfbewohner waren ständig mit Pilgern überfüllt. Sie kamen von überall aus der ganzen Welt. Die kommunistischen Behörden, die jetzt überzeugt waren, dass es sich um keinen Aufstand handelte, änderten ihre Taktik. Sie fingen an, Medjugorje als eine neue Einnahmequelle von Touristen anzusehen. Die Gospa wurde sarkastisch „Unsere liebe Frau der Währungen" genannt. Es entstand eine neue Art von Schikanen, als die Behörden versuchten, die Pilger davon abzuhalten, in Privathäusern zu übernachten und sie zwingen wollten, in neuen, von der Regierung schnellerrichteten Unterkünften zu wohnen.

Aber der Pilgerstrom war dafür schon viel zu groß. Die zusätzlichen Räume, die ständig an die Häuser der Dorfbewohner angebaut wurden, waren, trotz neueingeführter Steuergesetze, die verlangten, dass bis zu 65% von den Einnahmen dieser privaten Unterkünfte an die Behörde abgeführt werden müssten, immer voll belegt.

Die Ernte reichte jetzt weit über die Berge von Medjugorje hinaus.

* * *

Niemand kann zwei Herren dienen; er wird entweder den einen hassen und den andern lieben, oder er wird zu dem einen halten und den andern verachten. Ihr könnt nicht beiden dienen, Gott und dem Mammon. Deswegen sage ich euch: Sorgt euch nicht um euer Leben und darum, dass ihr etwas zu essen habt, noch um euren Leib und darum, dass ihr etwas anzuziehen habt. Ist nicht das Leben wichtiger als die Nahrung und der Leib wichtiger als die Kleidung? Seht euch die Vögel des Himmels an: Sie säen nicht, sie ernten nicht und sammeln keine Vorräte in Scheunen; euer himmlischer Vater ernährt sie. Seid ihr nicht viel mehr wert als sie? Wer von euch kann mit all seiner Sorge sein Leben auch nur um eine kleine Zeitspanne verlängern? Und was sorgt ihr euch um eure Kleidung? Lernt von den Lilien, die auf dem Feld wachsen: Sie arbeiten nicht und spinnen nicht. Doch ich sage euch: Selbst Salomo war in all seiner Pracht nicht gekleidet wie eine von ihnen. Wenn aber Gott schon das Gras so prächtig kleidet, das heute auf dem Feld steht und morgen ins Feuer geworfen wird, wie viel mehr dann euch, ihr Kleingläubigen! Macht euch also keine Sorgen und fragt nicht: Was sollen wir essen? Was sollen wir trinken? Was sollen wir anziehen? Denn um all das geht es den Heiden. Euer himmlischer Vater weiß, dass ihr das alles braucht. Euch aber muss es zuerst um Sein Reich und um Seine Gerechtigkeit gehen; dann wird euch alles andere dazugegeben. Sorgt euch also nicht um morgen; denn der morgige Tag wird für sich selbst sorgen. Jeder Tag hat genug eigene Plage.

(Matthäus 6, 24-34)

17
Der Aufruf

Der fünfte Jahrestag der Erscheinungen fand am 25. Juni 1986 statt, und alles schien nach dem Plan des Himmels zu gehen. Während die meisten Dorfbewohner sich den dramatischen Veränderungen, die durch die Erscheinungen der Gospa herbeigeführt wurden, angepasst hatten, blieben doch verschiedene Aspekte des täglichen Lebens unverändert.

Selbst das Leben der Seher, die ständig öffentlichen Prüfungen ausgesetzt waren, verlief weiterhin in traditioneller Weise. Ivanka war jetzt verheiratet und Mutter eines kleinen Mädchens. Sie hatte sich langsam in den Hintergrund des Dorflebens zurückgezogen und war nur kurz wieder an die Öffentlichkeit getreten, als sie ihre Pläne, ihren Jugendfreund Reyko Elez zu heiraten, bekannt gegeben hatte. Aber wie sie nur heiraten könne, fragten die Dorfbewohner und Pilger, wo doch die Muttergottes den Sehern ein heiliges Leben als Priester und Nonnen empfohlen hatte?

Ivankas Antwort: Ja, es wäre gut, habe die Gospa gesagt, wenn sie einer religiösen Berufung nachgingen, aber sie hätte auch gesagt, dass sie jeden Lebensweg, den sie wählten, ehren würde; dann aber fügte Ivanka etwas gereizt hinzu: „Die Ehe ist ja schließlich auch ein Sakrament der Kirche!"

Ivans Rolle als Seher wurde vorübergehend dadurch unterbrochen, dass er ein Jahr zum Militär eingezogen wurde. Während der ersten Zeit der Eingewöhnung in den Militärdienst erschien ihm die Muttergottes nicht, sondern sie sprach zu ihm nur durch innere Eingebungen. Erst nachdem er sich in seinen neuen Lebensabschnitt eingelebt hatte, fing sie wieder an, ihm an Orten außerhalb der Kaserne zu erscheinen. Nachdem er seine Wehrpflicht beendet hatte, kehrte der scheue, in sich gekehrte Ivan reifer in sein Dorf zurück. Er hatte jetzt ein stärkeres Selbstvertrauen, was sich in seinen Begegnungen mit den Pilgern bemerkbar machte. Er traf sich öfters mit Pilgergruppen und beantwortete ruhig und geduldig ihre Fragen.

Mirjana war zur Universität nach Sarajevo zurückgekehrt, während Marija und Vicka die niemals zu Ende gehende Aufgabe übernahmen, sich mit der immer zunehmenden Anzahl von Pilgern zu treffen. Sie verbrachten jeden Tag viele Stunden damit, geduldig die gleichen, sich immer wiederholenden Fragen der Pilger zu beantworten. Auch beteten sie mit den Kranken und Behinderten. Wie es seine Art war, hielt sich Jakov, außer zu den abendlichen Erscheinungen im Erscheinungsraum, von den Pilgern fern. Seine Tage waren angefüllt mit dem sorglosen Leben eines Teenagers.

Man konnte auch immer mehr und mehr Gebäude sehen, die überall aus dem Boden schossen. Die Kommerzialisierung machte riesige Fortschritte. Taxis schwärmten wie Bienenschwärme über verfallene Brücken und Schotterwege, die nie für einen solchen Verkehr geplant worden waren. Die Straßen und Wege waren angefüllt mit Pilgern, und mehr und mehr Dorfbewohner bauten an ihre kleinen Häuser an, um die vielen Pilger unterbringen zu können. Nur die guten Früchte der Erscheinungen halfen vielen Dorfbewohnern, über die damit verbundenen Unannehmlichkeiten hinwegzukommen.

Aber es machten sich auch schon bald ominöse Veränderungen auf der Weltszene bemerkbar – Veränderungen, die die ganze Gegend, in der die Muttergottes nun schon seit fünf Jahren erschien, schwer beeinträchtigen sollten. Seit dem ersten Tag ihrer Botschaften hatte die Gospa die Menschen zur Versöhnung, zum Gebet und zum Fasten aufgerufen. Für die Meisten waren Gebet und Fasten zur Routine geworden. An Freitagen, also dem traditionellen Abstinenztag, war es beinahe unmöglich, irgendwo, ob in Gasthäusern, an Essständen oder gar in Pilgerunterkünften, Fleischspeisen zu bekommen. Aber der Aufruf zur Versöhnung blieb im Großen und Ganzen unbeachtet; geradeso wie er in Fatima nicht beachtet worden war, wo die Heilige Jungfrau Maria sogar genau vorausgesagt hatte, was geschehen würde, wenn die Menschen ihrem Aufruf zur Versöhnung und zum Gebet nicht Folge leisten würden. Trotz täglicher Erscheinungen und Aufrufe zum Frieden, weigerten sich die Menschen in dieser Gegend, ihren lebenslangen Hass aufzugeben. Durch diese Halsstarrigkeit konnten die Samen des Krieges Wurzeln fassen. Die in Fatima vorausgesagten und eingetretenen Katastrophen waren vergessen.

Als der fünfte Jahrestag der Erscheinungen gefeiert wurde, begann der Kommunismus, dieser rote Drache des Übels, der seit über 70 Jahren den größten Teil Osteuropas unterjocht hatte, sich auf unerklärliche Weise aufzulösen. Und wieder geschah es, wie es von der Muttergottes in Fatima vorausgesagt worden war. Der Kommunismus in Osteuropa brach schließlich völlig zusammen, was viele Länder in politisches und soziales Chaos stürzte. Unabhängigkeitskriege brachen in den gerade befreiten Ländern aus, besonders innerhalb der ehemaligen Sowjetunion. Religiöse und politische Verfolgungen erreichten schon bald neue Höhepunkte, und der Ultranationalismus verbreitete sich rapide.

Die Zerstörung des Drachen begann in Polen und breitete sich bald in den umliegenden Länder aus. Die Menschen der unterdrückten Volksstämme, aus denen die jugoslawische Föderation bestand, die seit über 40 Jahren rücksichtslos von Urkommunisten regiert und unterdrückt worden waren, sahen endlich einen Hoffnungsschimmer auf wahre Freiheit. Viele Menschen in Kroatien und Bosnien-Herzegowina betrachteten die Erscheinungen irrtümlicherweise nur als ein Zeichen dafür, dass Gott endlich gekommen sei, sie aus den Banden politischer Unterdrückung zu befreien. Es war ein Fehler, wie er im Laufe der Geschichte des Öfteren gemacht worden war. Und die jugoslawischen Unterdrücker, meist Serben, setzen alles daran, an ihrer Macht festzuhalten.

Mit gesteigerter Dringlichkeit ermahnte die Gospa ihre Kinder dazu, genau auf ihre Botschaften zu hören, und sie zu befolgen. Sie wusste, was schon bald passieren würde, wenn wahre Bekehrung und Versöhnung in den Herzen der Menschen keinen Platz finden würden.

* * *

Die Erscheinungen hatten sich zu einer großen Macht für geistliche Bekehrungen entwickelt. Die Nachricht davon erreichte jetzt Millionen Menschen weltweit. Im Oktober 1985 hatte sie auch mich erreicht. Zwei Jahre später saß ich dann im kühlen Schatten der St. Jakobskirche in Medjugorje und war ganz aufgeregt, wenn ich daran dachte, dass ich schon bald am Altar stehen und einen Vortrag für englisch-sprechende Pilger halten würde.

Mein Leben hatte sich dramatisch verändert seit ich damals zum ersten Mal von den Erscheinungen erfahren hatte. Obwohl ich schon früher den „Ruf Gottes" gehört hatte, war es jetzt mein erster ernsthafter Versuch, ihm auch zu entsprechen. Er kam diesmal aus einer Richtung, die mir völlig fremd war, nämlich von der Heiligen Jungfrau Maria, einer Frau aus der Heiligen Schrift, die, wie ich geglaubt hatte, nur für Katholiken da war.

Jetzt war der Geschäftserfolg auf einmal nicht mehr mein Ein und Alles. Von jetzt an bedeutete die Verbreitung der Botschaft von Medjugorje, einer Botschaft der Erneuerung und der Hoffnung, wesentlich mehr für mich. Sie ist im Grunde genommen eine Wiederholung der Frohen Botschaft des Evangeliums. Ich unternahm jetzt viele nationale und internationale Reisen, um die Nachrichten von den Erscheinungen zu verbreiten, aber auch um zu bezeugen, was der „Ruf Gottes" in meinem Leben bedeutete.

Innerhalb von 20 Monaten war ich bereits vier Mal nach Medjugorje gereist. Ich hatte viele Stunden in der Kirche zugebracht, um Predigten der Priester und Ansprachen anderer Pilger zuzuhören, die auch, von den täglichen Erscheinungen angespornt, dramatische Bekehrungen erlebt hatten. Und jetzt sollte ich derjenige sein, der Zeugnis ablegen würde.

Wie gewöhnlich hatte ich mich nicht besonders auf diese Ansprache vorbereitet. Am Ende bekam ich jedoch starken Applaus. Was ich nicht gewusst hatte, war, dass ein Priester die Ansprache auf Kassette aufgenommen hatte. Er gab mir auch eine Kopie davon. Später erfuhr ich, dass zwei Frauen, eine aus Irland und eine aus Schottland, ihn auch um Kopien der Kassette gebeten hatten.

In weniger als einem Jahr wurden Tausende Kopien in Irland und Großbritannien verbreitet, und mit dem Erlös wurde es Priestern ermöglicht, nach Medjugorje zu reisen. Geradeso wie die Erscheinungen in Medjugorje, sollte das auch dazu beitragen, meiner Mission den Weg weit über die Grenzen der Vereinigten Staaten hinaus zu ebnen.

Im Frühjahr 1988 hatte meine Mission, die Botschaften von Medjugorje zu verkünden, bereits große Fortschritte gemacht, und dies zum Teil Dank der Verbreitung der Kassetten mit meiner Ansprache in der St. Jakobskirche. Geradeso wie in Bosnien-Herzegowina, hatte der Weg zur Bekehrung der Mehrheit derer, denen ich auf diesen Reisen begegnete, mit dem Bedürfnis zur Versöhnung zu tun. So viele Menschenleben wurden durch Entzweiungen zerstört; Ehen wurden durch Scheidungen zerbrochen; und Kinder litten unter diesen Spaltungen, weil ihnen die Sicherheit der Familie fehlte. Viele religiöse Splittergruppen und Sekten waren wegen solcher Zerwürfnisse und aus Eigennutz geboren worden. Spaltungen waren ganz klar das bevorzugte Werkzeug Satans.

Meine Mission wurde jetzt mehr und mehr auf internationaler Basis durchgeführt. Das machte es mir auch möglich, ein Land, das ich lange bewundert hatte, und das ich gerne einmal hatte sehen wollen, zu besuchen, nämlich Irland. Auf einer früheren Reise hatte ich bereits fast jedes County in Irland, außer den sechs nordirischen Counties besucht. Diesmal aber hatte mich meine Reise nach Nordirland geführt. Nachdem ich von dieser Reise zurückgekehrt war, konnte ich ganz klar erkennen, warum Unsere Liebe Frau so dringend um Versöhnung unter ihren Kindern aufrief.

Seit Jahrhunderten führen die nordirischen Katholiken und Protestanten mörderische Kriege. Viele Amerikaner denken, dass ganz Irland davon betroffen sei, und doch ist es nur ein kleiner Teil der sechs nordirischen Counties, die von diesem Morden betroffen sind. Die Trennung stammt von der Tatsache, dass die Menschen dieser irischen Counties, die vorwiegend protestantisch sind, offiziell ein Teil des britischen Königreiches sind. Das ist aber ein wunder Punkt für die anderen irischen Counties, die vorwiegend katholisch sind.

Die irischen Katholiken wollen, dass ganz Irland irisch wird, während die Protestanten dieser Counties halsstarrig an ihrer britischen Abstammung festhalten. Das ist der Kern dieses Problems. Der eigentliche historische Grund ist aber schon lange nicht mehr die Triebkraft hinter diesem Morden, sondern es ist jeweils der letzte Terrorakt auf einer der beiden Seiten, der neue Gräueltaten auf der anderen Seite hervorruft.

In meinem ersten Vortrag über die Erscheinungen von Medjugorje fragte ich, wie viele Protestanten unter den Zuhörern seien. Ich tat das, weil man mir gesagt hatte, dass mehrere Protestanten kommen würden. Aber nicht eine Hand zeigte sich. Das brachte mich in Verlegenheit. Wie hatte ich nur eine so dumme Frage stellen können? Und so fuhr ich mit meinem Vortrag fort. Ich versuchte, die Botschaft von Medjugorje allen Anwesenden ans Herz zu legen, in der Absicht, etwas Hoffnung in eine äußerst hoffnungslose Situation zu bringen. Ich sagte ihnen, dass die Botschaft von Medjugorje eine Botschaft des Friedens und der Liebe, nicht aber des Krieges – besonders eines Krieges zwischen Christen, sei.

Nach dem Vortrag kamen mehrere Leute mit verschiedenen Kommentaren und Fragen zu mir. Ich war schockiert, als mir jemand in unterdrücktem Ton sagte, dass viele Protestanten hier seien, die sich aber aus Angst nicht zu erkennen geben wollten. Ich erfuhr auch, dass in Nordirland die Katholiken und Protestanten gewöhnlich ganz gut zusammen lebten und arbeiteten, und dass es nur die fanatischen katholischen und protestantischen Gruppen sein, die Banden des Hasses bildeten, und die sich durch ihre nationalistische Namen und Wappen identifizierten. Es seien diese Banden, die dieses sinnlose Morden fortsetzten.

In diesem und anderen Vorträgen auf meiner Vortragstournee hob ich immer wieder hervor, wie ich in Medjugorje Protestanten, Katholiken, Mohammedaner und Juden habe friedlich nebeneinander gesehen. Und wie ich dort beobachtet habe, wie viele von ihnen unwahrscheinliche Bekehrungen durch den dort herrschenden Frieden und die gelebte Liebe erfahren hätten. Wie wunderbar es gewesen sei, Menschen jüdischen Glaubens in Medjugorje zu treffen, von denen einige sogar zum Christentum übergetreten, andere aber als gläubigere Juden wieder nach Hause zurückgekehrt seien; und wie ich das gleiche auch bei Ungläubigen, Mohammedanern und Protestanten habe beobachten können.

Ich erzählte dann von dem Baptistenpfarrer und dem lutherischen Pastor, die ich vor einigen Jahren nach Medjugorje mitgenommen hätte. Es wäre überraschend gewesen, sagte ich, dass der Baptistenpfarrer wenig Schwierigkeiten gehabt hätte, die Rolle Marias als Botschafterin Gottes hier anzunehmen. Die einzige Schwierigkeit wäre natürlich die Auslegung der Heiligen Schrift aus der baptistischen Perspektive gewesen. Er hätte jedoch die Schönheit und das Gute, das von Medjugorje kam, erkennen können. Er wäre somit ein unmittelbarer Zeuge der guten Früchte der Bekehrungen geworden.

Der lutherische Pastor wäre jedoch völlig verwirrt und verstört wieder nach Hause zurückgekehrt. Er hätte Medjugorje nur aus der Perspektive der Ökumene gesehen. Für ihn hätte dieses Zusammenkommen von Menschen verschiedener Glaubensrichtungen auch ein gemeinsames Teilhaben an den Sakramenten, besonders aber der heiligen Eucharistie, bedeutet. Er hätte aber schon bald feststellen müssen, dass das nicht so war; und so hätte er die meiste Zeit seines Aufenthaltes in Verzweiflung auf seinem Zimmer verbracht.

Ich hätte versucht, ihm zu erklären, so erzähle ich, dass Medjugorje ja eigentlich nicht ökumenisch sei; es sei auch weder katholisch, lutherisch noch baptistisch. Es sei vielmehr ein Zusammenkommen aller Kinder Gottes. Etwa einen Monat, nachdem er nach Hause zurückgekehrt wäre, hätte der lutherische Pastor plötzlich die wahre Bedeutung Medjugorjes erkannt. Auf einmal wäre ihm der Frieden und das Glück der Pilger erst so richtig zum Bewusstsein gekommen, sodass er jetzt ein starker Zeuge der guten Früchte sei.

Die meisten meiner Ansprachen in Nordirland schloss ich damit, dass ich darauf hinwies, dass Unsere Liebe Frau von Medjugorje selbst im Angesicht der ethnischen und religiösen Spaltungen, sowie der in der Dunkelheit der Sünde der heutigen Welt dahinlebenden Menschen, uns allen zuruft: „Ihr seid meine Söhne, ihr seid meine Töchter!" Und dass sie die gleiche Botschaft auch nach Irland brächte.

* * *

Ich betete dann, dass die Menschen von Nordirland immer daran denken sollten, dass die Botschaft von Medjugorje vor allen Dingen ein Aufruf zur Versöhnung aller Menschen, aller Glaubensrichtungen und aller ethnischen Volksgruppen sei.

Da sagte Johannes zu ihm: „Meister, wir haben gesehen, wie jemand in Deinem Namen Dämonen austrieb; und wir versuchten, ihn daran zu hindern, weil er uns nicht nachfolgt." Jesus erwiderte: „Hindert ihn nicht! Keiner, der in meinem Namen Wunder tut, kann so leicht schlecht von mir reden. Denn wer nicht gegen uns ist, der ist für uns. Wer euch auch nur einen Becher Wasser zu trinken gibt, weil ihr zu Christus gehört - Amen, ich sage euch: Er wird nicht um seinen Lohn kommen."

(Markus 9, 38-41)

18
Lebt meine Botschaften

Eine Pilgerschar von ungefähr 100.000 Menschen füllte das Dorf Medjugorje zur Feier des achten Jahrestages der Erscheinungen völlig an. Sie hörte andächtig zu, als die Gospa ihre Jahrestagsbotschaft gab: "Liebe Kinder! Heute rufe ich euch alle auf, die Botschaften zu leben, die ich euch in den vergangenen acht Jahren gegeben habe. Diese Zeit ist eine Zeit der Gnade, und ich wünsche, meine lieben Kinder, dass die Gnade Gottes für jeden einzelnen groß sei. Ich segne euch und liebe euch mit einer besonderen Liebe. - Danke, dass ihr meinem Ruf gefolgt seid!"

Millionen anderer Menschen in der ganzen Welt hatten auch schon ungeduldig auf diese Botschaft gewartet. Sie waren durch die monatlichen Botschaften, die sie auf den gleichen Pfad führten, wie diejenigen, die das Glück hatten, persönlich nach Medjugorje zu gehen, zu Anhängern der Gospa geworden. Acht Jahre guter Früchte hatte Medjugorje zu dem gemacht, was es jetzt war. Jedes Buch, jeder Rundbrief und jedes Video über das Phänomen wurden jetzt mit Spannung erwartet und an Verwandte und Freunde weitergegeben.

Aus dieser Verbreitung der Botschaften entstand eine neue Art, nach Medjugorje zu „pilgern". Es wurde ungefähr einen Monat vor dem achten Jahrestag an der Universität in Notre Dame, Indiana, in die Wege geleitet, als die erste Medjugorje Konferenz dort abgehalten wurde. Mehr als 5.000 Anhänger der Erscheinungen waren dorthin gekommen, um an dreitägigen Exerzitien teilzunehmen. Die Erfahrungen bei dieser Konferenz waren ähnlich denjenigen, die man als Pilger in Medjugorje erlebt. Es wurden Messen gefeiert, der Rosenkranz wurde gebetet, und diejenigen, die den Weg zur geistlichen Bekehrung durch die Erscheinungen gefunden hatten, legten dafür Zeugnis ab.

Ich war erfreut, in letzter Minute noch auf die Sprecherliste aufgenommen worden zu sein. Nur 15 Minuten hatte ich Zeit, um meine Bekehrungsgeschichte vorzutragen. Es sollte dies die erste vieler Medjugorjekonferenzen sein, zu denen ich als Sprecher eingeladen wurde.

Innerhalb der nächsten zwei Jahre wurden mehrere dieser Konferenzen in den USA und vielen anderen Ländern abgehalten. Die Franziskaner von Medjugorje und auch die Seher kamen oft zu diesen Konferenzen, um ihre Erfahrungen an die Tausende weiterzugeben, die nicht persönlich nach Medjugorje kommen konnten. Priester und Bischöfe, die zunächst skeptisch und vorsichtig zu solchen Konferenzen gegangen waren, kehrten oft überzeugt in ihre Gemeinden zurück und spornten ihre Gläubigen an, die Botschaften zu hören und zu leben.

Im August 1989 gab es eine große Feier in Medjugorje. Jugendliche aus aller Welt waren dorthin gekommen, um an dem ersten organisierten Jugendtreffen teilzunehmen, das von der Muttergottes gewünscht worden war. Es war absichtlich auf einen besonderen Marienfeiertag festgesetzt worden, nämlich dem Fest der Unbefleckten Empfängnis.

Spät an einem Abend des Jugendtreffens erschien die Gospa zum zweiten Mal am gleichen Tag auf dem Podbrdo, als mehrere tausend Jugendliche sich zwischen den Steinen und Büschen versammelt hatten. Sie harrten gespannt auf die Worte der Gospa, die diese Botschaft an zwei der Seher gab: „Meine lieben Kinder! Heute Abend bin ich sehr, sehr, sehr glücklich!"

Die Seher erzählten später, dass sie die Gospa noch nie so vor Glück hätten strahlen gesehen. Der Grund dafür wäre, weil ihre Erscheinungen jetzt gute Früchte brächten, und weil die Menschen, ganz besonders aber die Jugend, ihren Aufrufen folgten. Sie bat, dass das „Jahr der Jugend" auch in den nächsten Jahren weiterhin fortgesetzt werden solle; dann fügte sie noch hinzu, dass man es auch „Jahr der Familie" nennen solle. In dieser Botschaft, die für Tausende Jugendlicher gegeben worden war, lag eine gewisse Versicherung, dass die Muttergottes in den nächsten Jahren weiterhin in Medjugorje erscheinen würde.

Diese Botschaft kam gerade zur rechten Zeit, denn kurz vor dem Jugendtreffen hatte der zuständige Bischof ein Edikt an die Franziskaner erlassen, dass es den Sehern von nun an verboten sei, für ihre täglichen Erscheinungen auf die Orgelempore der St. Jakobskirche zu gehen. Es dürfe auch in der Kirche keinen besonderen Erscheinungsraum mehr geben. Während der Erscheinungen dürften weder Priester noch kranke oder behinderte Pilger anwesend sein; auch dürften keine Pressevertreter mehr daran teilnehmen. Panik ergriff die Dorfbewohner sowie die Anhänger von Medjugorje. Was sollten sie machen? War dies das Ende der Erscheinungen?

Solche Ängste wurden aber schon bald dadurch beseitigt, dass die Erscheinungen weiterhin stattfanden, ganz gleich wo sich die Seher befanden. Es schien, dass der Plan des Himmels trotz menschlicher Hindernisse ausgeführt werden würde. Die Gospa bat die Gläubigen in ihren Botschaften, weiterhin Geduld und Verständnis aufzubringen, und solche Hindernisse anzunehmen, selbst wenn sie sie jetzt noch nicht verstehen würden. In anderen Worten: Sie sollten die Botschaften in ihrem täglichen Leben verwirklichen. Zu gewissen Zeiten gab sie dann gewöhnlich bekannt, warum bestimmte Dinge geschahen.

Etwas sehr Schönes ereignete sich im Oktober dieses Jahres, als ich gerade in Medjugorje war. Ich wohnte im Haus der Seherin Marija und war erfreut, dass ein gemeinsamer Freund aus Italien, Paolo Lunetti, der zukünftige Ehemann von Marija, auch gerade dort wohnte. Nach unseren Begrüßungen bat mich Marija, Paolo zu begleiten, der ihre Schwester Ruska mit ihrem Baby in Ljbuski, einer kleinen Stadt etwa 18 km von Medjugorje entfernt, abholen sollte, damit sie heute bei der Erscheinung mit dabei sein konnte. Da sich Marija nicht gut fühlte, sollte ihre tägliche Erscheinung an diesem Abend in ihrer Wohnung stattfinden. Seit der Bischof den Sehern verboten hatte, die Erscheinungen in der Kirche zu empfangen, fanden diese jetzt im Turmzimmer der Kirche statt. Später wurden sie dann ganz aus der Kirche und in die Wohnzimmer der einzelnen Seher verlegt.

Ich muss zugeben, dass ich damals etwas selbstsüchtig gedacht hatte, als ich eigentlich froh darüber war, dass sich Marija nicht wohl fühlte. Das bedeutete nämlich, dass sich ihr Treffen mit der Gospa heute in ihrem Wohnzimmer abspielen sollte, und dass ich daher das Glück hatte, mit dabei sein zu können. Ich konnte es kaum abwarten.

Wir brachten also Ruska und ihr sechs Monate altes Baby zu ihrem Haus. Kurz danach kam Marijas fünfjährige Nichte Ivana, der gleich darauf ihr sechsjähriger Neffe Philip folgte. Innerhalb weniger Minuten herrschte das gewöhnliche Durcheinander, wenn Kinder miteinander spielen. Die Zeit der Erscheinung kam immer näher, und ich fragte mich, wie nur ein so heiliges Wunder in einem solchen Durcheinander stattfinden könnte. Marija jedoch achtete gar nicht darauf, als sie ihre Vorbereitungen begann.

Unter dem Lärm und Getobe der Kinder kamen Marijas Eltern ins Zimmer. Ich fragte Paolo, ob Marijas Eltern jemals mit im Erscheinungsraum gewesen wären. Er sagte, nein, sie wären noch nie mit dabei gewesen. Jetzt aber strahlten ihre Gesichter, weil ihre Tochter in ihrer Gegenwart eine Erscheinung der Mutter Jesu haben würde.

So sah es im Wohnzimmer aus: Marija kniete vor einer kleinen Statue und fing an, den Rosenkranz zu beten, während die Kinder immer noch herumtobten. Ruskas Baby weinte laut, und Marijas Eltern beteten intensiv. Paolo und ich versuchten das Gleiche zu tun. Und so ging es weiter bis kurz vor der Erscheinung.

Plötzlich aber winkte Marija Ivana und Philip zu sich und sagte ihnen, sie sollten sich links und recht von ihr hinknien. Dann wurde es auf einmal ganz still. Auch das Baby hörte wie auf Kommando auf zu schreien. Es überkam alle ein plötzlicher Frieden und eine heilige Scheu, als Marija mitten im Gebet innehielt und in Ekstase geriet, als ihr die Gospa erschien.

Ich schaute verstohlen in die Gesichter von Marijas Mutter und Vater; ihr Ausdruck war unbezahlbar. Sie so überaus freudig an diesem Wunder teilnehmen zu sehen, war in sich selbst eine Freude. In etwa zwei Minuten war die Erscheinung vorbei.

Sofort machten die Kinder mit ihren Spielen weiter, und das Baby weinte auch wieder; Marija jedoch strahlte. Sie erzählte uns, dass die Muttergottes mit drei Cherubim erschienen sei, was sie eigentlich sonst nur dann täte, wenn sie den Sehern am Podbrdo erscheine. Sie hätte auf die Kinder geschaut und zu Marija gesagt: „Auch du hast ja drei Engel bei dir!"

Dann hätte sie auf einen jeden von uns geschaut, hätte uns gesegnet und diese Botschaft gegeben: „Ich möchte, dass ihr meine Botschaften, die ich euch gegeben habe, stärker lebt."

In diesem Augenblick konnte ich nur an die Ereignisse der letzen Monate denken. Auf der einen Seite hatte der Bischof verboten, die Erscheinungen auf der Orgelempore in der Kirche zu empfangen, auf der anderen Seite aber hatte die Muttergottes uns alle aufgefordert, dieses und die nächsten Jahre als Jahre der Familie zu feiern sollten, in unseren Familien zu beten und ihre Botschaften in Familien zu leben.

Es ist die Familie, in der das Rosenkranzgebet von größter Bedeutung sein müsste, und wo Fasten und Buße geübt werden sollten – und die ganze Familie sollte daran teilnehmen! Hier in Marijas Wohnzimmer wurde es mir jetzt kristallklar, was die Muttergottes uns damit sagen will. Sie wünscht, dass wir zuerst versuchen sollen, die Botschaften in unseren Familien zu verwirklichen, und sie dann in unsere Gemeinden, unsere Arbeitsplätze und Schulen zu bringen.

Während der heiligen Messe in der St. Jakobskirche am letzten Abend unserer Pilgerreise bemerkte ich, dass diesmal mehr Einheimische in der Kirche waren, als ich je zuvor hier gesehen hatte. Es war kein besonderer Feiertag, und es fand auch keine außergewöhnliche Veranstaltung statt. Die Menschen waren einfach gekommen, um an der heilige Eucharistie und der Schönheit der heiligen Messe teilzunehmen. Es fand auch keine Erscheinung auf der Orgelempore statt; auch blitzten keine Blitzlichter auf, und niemand starrte nach oben, um vielleicht doch etwas Übernatürliches wahrnehmen zu können. Die Menschen lebten ganz einfach das, um das sie die Madonna bittet, nämlich das Geistliche allem anderen voranzustellen. Im Grunde genommen wollte sie uns vom Sensationellen weg und zum Geistliche hinführen.

Als ich während dieser letzten Abendmesse auf dem Rasen neben der Kirche saß, konnte ich beobachten, wie die Leute unterschiedlich reagierten. Ich selbst war zu Tränen gerührt, als es mir klar wurde, dass uns die Muttergottes manchmal unter bitteren Tränen anfleht, ihre Botschaften ins Leben umzusetzen. Manchmal weint sie Blutstränen wegen der furchtbaren Sünden der Welt. Sie weint auch wegen der Kontroverse über die Erscheinungen, sowie darüber, dass ihre Botschaften von der Kirchenhierarchie, vielen Laien und der Welt schlechthin nur wenig angenommen werden.

Ihr wiederholter Aufruf in ihren Botschaften ist eindeutig: Wir müssen sie in unser Leben aufnehmen, damit wir immer wieder diese schönen Worte hören können, die sie zu den Jugendlichen auf dem Podbrdo gesprochen hatte: „Meine lieben Kinder! Heute bin ich sehr, sehr, sehr glücklich!"

Ihm öffnet der Türhüter, und
die Schafe hören auf seine
Stimme; er ruft die Schafe,
die ihm gehören, einzeln
beim Namen und führt sie
hinaus. Wenn er alle seine
Schafe hinausgetrieben hat,
geht er ihnen voraus, und
die Schafe folgen ihm, denn
sie kennen seine Stimme.

(Johannes 10, 3-4)

19

Warnsignale

Im September 1989 war Mirjana die zweite der Seherinnen, die heiratete. Sie und ihr Ehemann Marko Soldo kamen Ende Januar 1990 nach Portland, Oregon, um Pfarrer Milan Mikulić zu besuchen, der sie in Medjugorje getraut hatte. Dieser begnadete Priester, der ursprünglich aus der Gegend von Medjugorje stammte, hatte sie eingeladen, seine Pfarrei zu besuchen, damit andere Priester, vor allem aber sein Bischof, der den Erscheinungen als Skeptiker gegenüberstand, von diesem großen Geschenk des Himmel aus erster Hand erfahren sollten.

Als sie dort waren, bat die Muttergottes Mirjana durch innere Eingebung, sich durch Gebet auf eine Botschaft von ihr vorzubereiten. Als Mirjana in der Kirche anfing zu beten, sprach die Muttergottes wieder innerlich zu ihr und sagte, sie solle in die kleine Kapelle im Pfarrhaus gehen. Sie erinnerte Mirjana sanft daran, dass der Bischof von Mostar, zu dessen Diözese ihre Heimatpfarrei Medjugorje gehörte, nicht wolle, dass sie ihre Erscheinungen in der Kirche habe, da er selbst nicht an die Erscheinungen glaubte.

Es war eine kraftvolle Lehre. Die Heilige Jungfrau Maria, die Mutter Jesu, gehorchte dem Befehl eines Bischofs und verlangte das Gleiche von ihrer auserwählten Seherin. Dieser Gehorsam ist ein wichtiges Zeugnis für die Echtheit der Erscheinungen von Medjugorje, denn ohne Gehorsam könnten diese nicht von Gott kommen.

Die Botschaft, die Mirjana dann von der Gospa während einer Erscheinung in der Kapelle erhielt, spiegelte deutlich den gegenwärtigen gefährlichen Zustand in der Welt, besonders aber in den Republiken des jugoslawischen Bundesstaates, wider. Das ist es, was die Muttergottes sagte: „Ich komme jetzt schon seit neun Jahren zu euch, und versuche euch zu sagen, dass Gott, euer Vater, der einzige Weg, die Wahrheit und das Leben ist. Ich möchte euch den Weg zum ewigen Leben zeigen. Ich möchte euer Band, eure Verbindung zu dieser tiefen Glaubenswahrheit sein. Hört auf mich! Nehmt euren Rosenkranz und betet ihn mit euren Kindern und in euren Familien. Das ist der Weg zum Heil. Gebt euren Kindern ein gutes Beispiel. Seid Vorbilder für die Ungläubigen. Ihr werdet auf dieser Erde nicht glücklich werden, auch werdet ihr nicht in den Himmel kommen, wenn ihr keine reinen und demütigen Herzen habt und die Gebote Gottes nicht haltet. Ich bitte euch um eure Hilfe, für Ungläubige zu beten. Ihr helft mir noch sehr wenig! Ihr habt wenig Nachsicht und Nächstenliebe für eure Mitmenschen. Gott hat euch die Liebe geschenkt und hat euch gezeigt, wie man vergeben und lieben soll. Aus diesem Grunde rufe ich euch zu: Versöhnt euch und reinigt eure Seelen. Nehmt euren Rosenkranz und betet ihn. Nehmt all eure Leiden in Geduld an. Denkt daran, dass Jesus auch für euch geduldig gelitten hat. Lasst mich eure Mutter und die Verbindung mit Gott sein, mit Gott, dem Ewigen Leben. Zwingt den Ungläubigen den Glauben nicht auf, sondern lebt ihn durch euer Beispiel vor, und betet für sie. Meine Kinder, betet!"

Es war dies eine unglaubliche Zusammenfassung der geistlichen Elemente der Botschaften, die die Gospa im Laufe ihrer Erscheinungen in Medjugorje gegeben hatte. Die Spaltungen zwischen den ethnischen Volksgruppen in Jugoslawien kamen dem Krieg immer näher; und die gleichen menschlichen Beweggründe des Machthungers und des Stolzes rissen auch die Kirche in Bosnien-Herzegowina auseinander. Der Bischof von Mostar war immer noch der heftigste Gegner der Erscheinungen. Durch diese wichtige Botschaft der Muttergottes wurde es eindeutig klar, dass eine gekränkte Mutter ihre Kinder ermahnte.

Konnten die Menschen denn nicht sehen, wohin sie dieser Weg führte? Hatte die Gospa sie nicht bereits in ihrer zweiten Erscheinung am zweiten Erscheinungstage durch Marija gewarnt und angefleht, ihre historischen Zerwürfnisse auszusöhnen? Und wie konnte es möglich sein, dass der Bischof und die Priestergegner nach neun Jahren immer noch nicht die guten Früchte dieser überirdischen Führung erkannten?

Selbst im Angesicht dieser mächtigen Ermahnungen der Muttergottes durch ihre Botschaften schien der menschliche Hass, angefacht durch jahrhundertlange Zerwürfnisse, gegen das Übernatürliche immun zu sein. Selbst in der Kirche machte der Kampf um die Machtkontrolle diejenigen blind, die dazu gesalbt worden waren, die Evangeliumsbotschaft Jesu den Menschen zu verkünden. Es schien fast, als ob es Satan nun gelingen würde, die Pläne des Himmels dadurch zunichte zu machen, indem er die Voraussetzungen zum Frieden, die die Königin des Friedens in diesen neuen Jahren gelegt hatte, zerstörte.

Aber getreu der Gnade Gottes fanden die Erscheinungen weiterhin statt. Die Aufrufe der Muttergottes wurden nur noch stärker, ungeachtet der Weigerungen der Menschen, auf sie zu hören, aber auch ungeachtet der Blindheit der Hierarchie der lokalen Kirche gegenüber den guten Früchten. Der Gehorsam, der von der Muttergottes gefordert worden war, indem sie Mirjana dazu aufgefordert hatte, die Erscheinung in der kleinen Kapelle zu empfangen, sprach für die Echtheit dieses Phänomens. Der Bischof war immerhin der Bischof, und ganz gleich was seine Beweggründe waren, musste ihm gehorcht werden.

Am 25. März 1990 gab die Gospa Marija wieder ihre monatliche Botschaft, indem sie besonders betonte, dass sie immer noch für das Seelenheil ihrer Kinder hier sei: „Ich bin mit euch, auch wenn ihr euch dessen nicht bewusst seid. Ich möchte euch vor all dem beschützen, was euch Satan anbietet und wodurch er euch vernichten möchte. Wie ich Jesus in meinem Schoß getragen habe, so möchte ich auch euch, meine lieben Kinder, zur Heiligkeit hintragen. Gott möchte euch retten und sendet euch Botschaften durch Menschen, durch die Natur und viele Dinge, die euch nur helfen können zu begreifen, dass ihr die Richtung eures Lebens ändern sollt. Deshalb, meine lieben Kinder, begreift auch die Größe des Geschenkes, das Gott euch durch mich gibt, dass ich euch mit meinem Mantel beschütze und zur Freude des Lebens führe."

* * *

Das Jahr 1991 hatte in einer Kriegsatmosphäre begonnen, als die Welt durch den Zusammenprall im persischen Golf am Abgrund schwebte. Als Irak Kuwait mit Invasion drohte, schien die Muttergottes diese Situation gleich in ihrer ersten monatlichen Botschaft im Januar aufzugreifen: „Liebe Kinder! Heute - wie nie zuvor! - lade ich euch zum Gebet ein. Euer Gebet sei ein Gebet um den Frieden! Satan ist stark und möchte nicht nur Menschenleben zerstören, sondern auch die Natur und den Planeten, auf dem ihr lebt. Deshalb, liebe Kinder, betet, damit ihr euch durch das Gebet mit dem Gottessegen des Friedens schützt. Gott hat mich unter euch gesandt, damit ich euch helfe. Wenn ihr das wollt, nehmt den Rosenkranz. Schon allein der Rosenkranz kann in der Welt und in eurem Leben Wunder wirken. Ich segne euch und bleibe mit euch, solange es Gott will. Ich danke euch, dass ihr meiner Gegenwart hier nicht die Treue brechen werdet, und ich danke euch, denn eure Antwort dient dem Guten und dem Frieden."

Trotz der Drohungen von beinahe allen Ländern, die vom Öl abhängen, ist Irak doch in das winzig Kuwait eingefallen. Die Menschen in der ganzen Welt hielten den Atem an, als eine Invasion vieler Länder in die Wege geleitet wurden, um das ölreiche Kuwait zu befreien. Die Invasion war erfolgreich. Kuwait war innerhalb einer Woche befreit, der Frieden wieder hergestellt und eine weltweite Katastrophe auf wunderbare Weise abgewendet worden.

In Jugoslawien wurden die Drohungen auch zu Taten. Die ursprünglichen lokalen Zusammenstöße verschärften sich und entwickelten sich zu regionalen Kämpfen. Ein allumfassender Krieg schien zur Gewissheit zu werden. Hier ging es nicht um die Kontrolle wertvoller Bodenschätze wie Öl. Hier ging es um die Kontrolle von Menschen und um das Recht zur Freiheit.

Politische und religiöse Führer verurteilten diese Angriffe und warnten die jugoslawische Führung. Es gab hier jedoch keine einheitliche Vorgehungsweise oder eine Koalition anderer Länder, wie es in Kuwait der Fall gewesen war, die das Recht zur Freiheit verteidigte. Im Gegenteil, die westliche Welt, angeführt von den USA, erließ scharfe Warnungen, dass es für die Menschen wirtschaftlich besser sei, wenn sie zusammen in der jugoslawischen Föderation blieben.

Sollten die Menschen dieser aufgezwungenen Föderation wirklich die Jahre der Unterdrückung durch ein brutales kommunistisches System oder ihren Wunsch auf Freiheit vergessen? Leider war der Leitgedanke des Westens hier nicht die Wohlfahrt der Menschen. Es gab hier auch kein Öl. Hier ging es lediglich um die riesigen privaten Investitionen in der jugoslawischen Wirtschaft – private Investitionen einflussreicher Leute, die mit der jugoslawischen Regierung zusammenarbeiteten.

Als Antwort darauf drängte die Muttergottes in ihrer Jahresbotschaft an Mirjana am 18. März 1991 auf die einzig wahre Lösung, als sie ihre Mahnungen fortsetzte: „Liebe Kinder! Ich freue mich, dass ihr euch in so großer Zahl versammelt habt. Ich wünsche, dass ihr euch oft im gemeinsamen Gebet zu meinem Sohn versammelt. Am meisten würde ich mir wünschen, dass ihr die Gebete für meine Kinder widmet, die nichts von meiner Liebe und der Liebe meines Sohnes wissen. Helft ihnen, dass sie diese kennen lernen!. Helft mir als der Mutter von euch allen! Meine Kinder, wie oft habe ich euch hier in Medjugorje schon zum Gebet aufgerufen, und wieder werde ich euch aufrufen, denn ich wünsche, dass ihr eure Herzen meinem Sohn öffnet, dass ihr Ihm erluaubt, dass Er eintritt und euch mit Frieden und Liebe erfüllt. Helft Ihm mit Gebeten, damit ihr unter den anderen den Frieden und die Liebe verbreiten könnt, denn das ist jetzt für euch das Notwendigste in dieser Zeit des Kampfes mit Satan."

Die Gospa nannte den wahren Grund für die Verschärfung des Konfliktes. Sie sagte weiter: „Ich habe euch schon oft gesagt: Betet! Betet! Denn nur mit dem Gebet werdet ihr Satan und alles Böse, das mit ihm kommt, vertreiben. Ich verspreche euch, meine lieben Kinder, dass ich für euch beten werde, aber ich verlange von euch stärkere Gebete und ich ersuche euch , dass ihr den Frieden und die Liebe verbreitet, worum ich euch in Medjugorje schon fast zehn Jahren bitte. Helft mir, und ich werde für euch bei meinem Sohn beten."

Es gab keinen Zweifel unter ihren Anhängern, dass die Muttergottes weiterhin über die Kriegszustände sprechen würde. Aber auch hier wieder hörten die Menschen nicht auf sie. Eine Welle fanatischen Nationalstolzes machten ihre Worte rücksichtslos zunichte. Am 25. Juni 1991 – es war der zehnte Jahrestag der Erscheinungen – erklärte Kroatien seine Unabhängigkeit von der jugoslawischen Föderation und folgte damit dem Beispiel Sloweniens, das dies vor ein paar Monaten erfolgreich getan hatte.

Innerhalb weniger Stunden befand sich Kroatien im Kriegszustand mit den einfallenden serbischen Streitkräften, die von der „offiziellen" jugoslawischen Armee, die sich aus Männern und Frauen aller Republiken der Föderation zusammensetzte, unterstützt wurden. Es sollte hier eine Wiederholung dessen sein, was sich in Slowenien abgespielt hatte, wo die „offizielle" Armee mit unvorstellbarer Grausamkeit angriff hatte. Aber Slowenien kam wegen seiner entfernten nördlichen Lage mit verhältnismäßig wenig Blutvergießen und Schaden davon. Kroatien hatte kein solches Glück.

Obwohl die Seher in Medjugorje und die meisten Dorfbewohner Kroaten waren, ignorierte Kroatiens Regierung das unglaubliche Wunder, das sich im benachbarten Bosnien-Herzegowina zutrug. Unvorbereitet, und nur mit nationalistischem Eifer und Jagdgewehren bewaffnet, stürzte sich die zusammengewürfelte kroatische Armee in den Kampf, um die Bande jahrzehntelanger kommunistischer Unterdrückung abzuschütteln. Schon in wenigen Wochen verwandelte sich ihr Traum für Unabhängigkeit zum Albtraum, als ihre Vorräte an Lebensmitteln und Medikamenten rapide abnahmen. Tausende wurden getötet und weitere Tausende heimatlos.

Am 25. Oktober gab die Muttergottes ihre stärkste Botschaft. Sie fing diesmal nicht mir ihrem gewohnten Gruß „Meine lieben Kinder" an, auch beendete sie ihre Botschaft nicht mit den üblichen Abschiedsworten „Danke, dass ihr meinem Ruf gefolgt seid!", sondern sie sagte nur diese drei Wort mit großem Nachdruck:

„BETET! BETET! BETET!"

Ich muss schon allzu lange wohnen bei Leuten, die den Frieden hassen. Ich verhalte mich friedlich; doch ich brauche nur zu reden, dann suchen sie Hader und Streit.

(Psalmen 120, 6-7)

20
Dem Ruf folgen

Die Drohung, dass Bosnien-Herzegowina auch vom Krieg erfasst werden könnte, brachte eine harte Erkenntnis mit sich: Die Pilgerreisen nach Medjugorje könnten durch die drohende Gefahr ganz aufhören. Und schon in den Herbstmonaten von 1991 gab es nur noch wenige Pilgergruppen, und diese waren auch sehr klein. Eine andere harte Erkenntnis: Medjugorje würde vielleicht nie mehr dasselbe sein. Dem Aufruf zur Bekehrung durch die Erscheinungen der Muttergottes war zumindest für jetzt ein wirksamer Dämpfer aufgesetzt worden.

Die Abwesendheit der Pilger würde für die Dorfbewohner zwar traurig sein, denn viele Pilger waren ihnen schon ans Herz gewachsen, und sie waren unter der Mutterschaft Mariens zu Brüdern und Schwestern geworden, aber die Medjugorjeerfahrung, wie sie die Muttergottes von jedem Pilger verlangt, ist etwas ganz anderes: Die Menschen sollen ihre Botschaften leben, ganz gleich wo sie sind. Es ist ja nicht genug, sie nur zu lesen, oder den Rosenkranz zu beten; es ist auch nicht genug, so oft wie möglich zur Kirche zu gehen; sondern die Muttergottes spornt alle, die die Botschaften hören, an, diese auch in ihrem täglichen Leben in Taten umzuwandeln.

Für die Gläubigen gab es auch noch eine andere Wahrheit: Wenn die Botschaften in uns zur Wirklichkeit geworden sind, dann kann sie niemand durch Bomben zerstören. Niemand kann sie uns wegnehmen. Somit ist „Medjugorje" nicht nur ein Dorf in Bosnien-Herzegowina, wo die Gospa täglich erscheint, sondern es ist viel mehr ein Weg zur Heiligkeit, unabhängig von dem Ort.

Man könnte fast sagen, dass Jesus Seine Mutter in dieses winzige Dorf geschickt hatte, damit in allen Herzen ein Symbol Medjugorjes errichtet wird, um dadurch ihre Bekehrung herbeizuführen; und das kann nur durch unser Zeugnis geschehen. Dies glaubten zumindest diejenigen, die mit Medjugorje eng verbunden waren, und selbst die Kriegsgefahr konnte das nicht ändern. Die Gläubigen werden weiterhin dem Ruf der Muttergottes folgen und ihr Bestes tun, ihn in die Tat umzusetzen.

* * *

Im August 1991 kam ich mit einer kleinen Pilgergruppe, bei der auch 12 Teenagermädchen waren, wieder nach Medjugorje. Die meisten Leute dieser Gruppe waren aus meiner Heimatstadt Myrtle Beach. Es war eine fast unheimliche Ankunft in dem nahezu ausgestorbenen Flughafen von Dubrovnik. Die Flugzeuge waren weit nach außen gebracht worden, und es kamen nur noch wenige Flüge hierher, da man den Kriegsausbruch jeden Augenblick erwartete. Jugoslawische Kriegsschiffe lagen an der Küste bereit und konnten jederzeit angreifen. Sie warteten nur noch auf den Einsatzbefehl.

Ich fragte mich wieder, wie ich das schon oft vor dieser Reise getan hatte, warum wir gerade jetzt hierher kommen mussten. Der gesunde Menschenverstand hätte uns doch sagen müssen, dass es hier nicht sicher ist – ganz besonders mit jungen Mädchen. Aber die Pilger, einschließlich der Mädchen, hatten darauf bestanden, gerade jetzt zu kommen. Die Eltern der Jugendlichen hatten mir die Erlaubnis gegeben, diese mitzunehmen; und alles nur in der Hoffnung, dem Ruf der Muttergottes zu folgen. Was mir aber die größte Sorge bereitete, war die Einstellung der Eltern, die mir sagten, dass schon alles in Ordnung sein werde, da ich ja dabei sei.

Als wir aber in dem Frieden Medjugorjes waren, konnten wir uns kaum vorstellen, dass der Krieg eigentlich so nahe war wie die umliegenden Berge. Kleine Gefechte hatten sich in Kroatien bereits zu vollen Schlachten entwickelt, und die Gerüchte, dass sich Truppen in den umliegenden Bergen für eine Invasion Bosniens zusammenzögen, machten mich äußerst nervös. Was aber noch schlimmer war, waren Berichte, dass es zu Kriegshandlungen in und um Dubrovnik gekommen sei – besonders beim Flugplatz! Ich betete,

174

dass wir in ein paar Tagen wieder heil nach Hause würden fliegen können. In dem Dorf aber gab es nur Freude und ein Gefühl der Sicherheit und des inneren Friedens.

An den nächsten Tagen wurde ich geradezu von Leuten überfallen, die mir Fragen stellten oder einfach mit mir sprechen wollten. Am vierten Abend unserer Wallfahrt wollte ich unbedingt einmal allein sein; ich wollte selbst einmal ein Pilger sein! Bisher hatte sich mir noch nicht einmal die Gelegenheit geboten, auf den Erscheinungsberg zu gehen. Meine ganze Zeit war damit angefüllt gewesen, Vorträge zu halten und Bekehrungsgeschichten anderer zuzuhören.

An diesem Abend ging ich dann hinter die Kirche, wo sich ein großer Freilichtaltar befand. Ich setzte mich in die letzte Bank, weit weg von den anderen und war froh, endlich einmal allein zu sein. Ich bemerkte zwei Männer und zwei Frauen, die in der ersten Bank ganz nahe beim Altar saßen. Einer der beiden Männer war nach vornüber gebeugt und sah sehr krank aus; auch glaubte ich, dass er weinte. Als ich leise den Rosenkranz, der über die Lautsprecher nach außen übertragen wurde, mitbetete, konnte ich wieder den schon so gut bekannten inneren Anstoß Unserer Lieben Frau spüren, als sie zu meinem Herzen sprach: „Du solltest hingehen und für ihn beten."

Da ich gerade so gemütlich da saß, überlegte ich mir, dass ich ja auch von hier aus für ihn beten könnte; es wäre doch das Gleiche. Aber sobald mir dieser Gedanke gekommen war, wusste ich auch schon, dass er verkehrt war. Trotzdem ging ich nicht hin, denn ganz bestimmt, so dachte ich mir, würde er sich nicht wohl fühlen, wenn auf einmal ein Fremder zu ihm käme und ihn anspräche. Ich fuhr also fort, weiterzubeten und fügte auch ein Gebet für ihn hinzu.

Plötzlich klopfte mir jemand auf die Schulter. Als ich aufblickte, war es eine der Frauen, die bei dem kranken Mann waren. Sie fragte schüchtern: „Ich weiß, dass die Leute sie immer um alles Mögliche fragen, aber ich habe eine ganz besondere Bitte. Würden sie bitte mit mir kommen und für den Mann dort vorne beten? Bitte kommen sie und beten sie für ihn... " Die Stimme der jungen Frau wurde immer leiser, und dann fing sie an, zu weinen. „Er ist mein Bruder, und er ist sehr krank. Er hat AIDS, und er wird sterben. Meine Mutter und ich haben ihn und seinen Freund, der auch unter AIDS leidet, in der Hoffnung hierhergebracht, dass sie geheilt werden."

Ich fühlte mich jetzt schrecklich unwohl, da ich wusste, dass ich gezögert hatte, das auszuführen, um was mich die Muttergottes gebeten hatte. Ich hatte versagt, diesem ganz bestimmten Ruf zu folgen. Es war jetzt wegen meines Zögerns zu spät, zu ihm hinzugehen und für ihn zu beten. Ich war zu keinem aufrichtigem Gebet mehr fähig. Indem ich eine lahme Ausrede suchte, sagte ich ihr, sie sollten ihn morgen zur gleichen Zeit hierher bringen, und dann würde ich gern für ihn beten.

Am nächsten Tag kamen sie wieder. Der Mann, bei dem die Krankheit schon stark ausgebrochen war, war Katholik, während sein Partner, mit dem er schon seit 17 Jahren zusammenlebte, Protestant war. Der schwerkranke Mann zeigte Reue und war für das Geschehen von Medjugorje empfänglich. Er wollte geheilt werden. Der verwirrte und erschrockene Protestant verstand eigentlich nicht, worum es hier ging. Er wusste nichts über Medjugorje oder die Erscheinungen, aber er hoffte, dass auch er hier Heilung finden würde, denn sonst gab es für sie keine andere Hoffnung mehr.

Wir beteten zusammen, und dann legte ich meine Arme um beide Männer und betete zu Jesus, dass Er sie beide an Körper und Geist heilen möge.

Vor fünf Jahren hätte ich so etwas unter keinen Umständen für irgendjemanden getan. Ich wäre nicht einmal einem AIDS-Kranken nahegekommen und hätte schon gar nicht für ihn gebetet. Im Stillen hätte ich ihn sogar verurteilt. Aber plötzlich überkam mich der Gedanke: In diesen Männern herrschte auch Krieg. Es war ein Krieg zwischen Gut und Böse, ein Krieg, der in uns allen tobt. Und es ist gerade in solchen Situationen, dass Unsere Liebe Frau uns auffordert, ihrem Ruf zu folgen. Ihre Botschaften spiegeln immer die Worte Jesu wider, ganz besonders wenn Er sagt: „Was ihr dem Geringsten tut, das tut ihr mir." Wenn wir unsere Mitmenschen so sehen, wie Jesus sie sieht und ohne Vorurteil handeln, dann erst können wir mit Recht sagen, dass wir ihrem Ruf folgen.

* * *

Wir hatten einen wunderbaren Aufenthalt in Medjugorje. Alle, auch die Teenager, verspürten die gleiche Liebe, den gleichen Frieden und das gleiche Glück, das andere Pilger vor dem Krieg verspürt hatten.

Der Heimflug verlief aber nicht ganz reibungslos. Als wir nach Dubrovnik zurückkehrten, mussten wir zu unserem Leidwesen feststellen, dass unser Flug gestrichen worden war. Was die Sache aber noch verschlimmerte, war, dass es an diesem Tag – oder für den Rest der Woche – keine Flüge mehr gab. Man sagte uns, dass wir in einem Hotel an der adriatischen Küste untergebracht werden würden. Das aber machte mich noch besorgter, denn diese Gegend lag genau in der Schusslinie des erwarteten Seeangriffs auf Dubrovnik. Als sich die Erwachsenen zusammentaten, um zu beraten, was da zu machen sei, kam eines der Mädchen zu mir mit dem Vorschlag: „Herr Weible, wir kommen gerade von Medjugorje, wo uns die Gottesmutter gesagt hat, dass wir nur zu beten brauchten, und sie würde sich um uns kümmern. Warum tun wir das nicht?"

„Aus dem Munde von Kindern…", dachte ich mir. Es ist ganz eindeutig, dass dieses junge Mädchen den Ruf der Gospa gehört hatte. Wir suchten auch bald eine stille Ecke auf und fingen an, den Rosenkranz zu beten. „Wie Maria uns doch liebt!", dachte ich mir dabei. „Sie kommt selbst in dieser Kriegstragödie weiterhin als Königin des Friedens nach Medjugorje und berührt unsere Herzen. Sie kommt immer noch zu ihren Kinder, die dort leben, obwohl diese schon bald in einen fürchterlichen Krieg verwickelte sein würden."

Zwei Stunden später, nachdem unser Reiseagent mit den Vertretern der jugoslawischen Luftlinie verhandelt hatte, wurde ein Flugzeug geschickt, um uns nach Split zu bringen. Von dort flogen wir nach Ljubljana in Slowenien, wo wir endlich in ein Lufthansa Flugzeug steigen konnten, das uns nach Frankfurt in Deutschland brachte. Wir blieben dort über Nacht und fanden am nächsten Morgen genügend Sitzplätze, um in die USA zurückzufliegen.

Ich war aber noch nicht beruhigt, bis alle Mädchen wieder bei ihren Familien waren. Die angespannte Situation in Dubrovnik, sowie die Übernachtung in Frankfurt waren für sie noch eine extra Zugabe zu dieser sowieso schon recht ereignisreichen Pilgerreise gewesen. Aber die Erinnerungen an die abendlichen Zusammenkünfte und Gebete auf den Stufen der St. Jakobskirche würden für diese Teenager viel anhaltender sein als die ganze Aufregung der letzen Tage. Sie hatten den Ruf der Gospa vernommen.

Als ich dann in der Nacht noch lange in meinem Bett wach lag, dankte ich der Gospa immer wieder für das große Privileg, Pilgerreisen nach Medjugorje unternehmen zu dürfen – und diese war meine siebzehnte. Aber wie wenig wusste ich damals schon, dass es meine letzte Reise dorthin für eine sehr lange Zeit gewesen sein würde.

Wegen dieser Rede
kam es unter den
Juden erneut zu einer
Spaltung. Viele von
ihnen sagten: „Er ist
von einem Dämon
besessen und redet im
Wahn. Warum hört ihr
Ihm zu?" Andere
sagten: „So redet kein
Besessener. Kann ein
Dämon die Augen von
Blinden öffnen?"

(Johannes 10, 19-21)

Vierter Teil - Sturm

Denn wir haben nicht gegen Menschen aus Fleisch und Blut zu kämpfen, sondern gegen die Fürsten und Gewalten, gegen die Beherrscher dieser finsteren Welt, gegen die bösen Geister des himmlischen Bereichs.

(Epheser 6, 12)

21

Die Krise

Die Muttergottes sprach diese Wort des Friedens und der Sicherheit in ihrer monatlichen Botschaft im Januar 1992: „Liebe Kinder! Heute rufe ich euch zur Erneuerung des Gebetes in euren Familien auf, sodass jede Familie für meinen Sohn Jesus zur Freude werde. Deswegen, liebe Kinder, betet und sucht mehr Zeit für Jesus, dann werdet ihr alles begreifen und anzunehmen können, auch die schwersten Krankheiten und Kreuze. Ich bin bei euch, und ich möchte euch in mein Herz aufnehmen und euch beschützen, aber ihr habt euch noch nicht entschieden. Deshalb, liebe Kinder, verlange ich von euch, dass ihr betet, und dass ihr mir durch das Gebet erlaubt, euch zu helfen. Betet, meine lieben Kinder, damit euch das Gebet zur täglichen Nahrung werde!"

Sie richtete ihre Botschaften an alle ihre Kinder in der ganzen Welt, aber jetzt sprach sie ganz besonders zu den Menschen in den früheren jugoslawischen Republiken, die in diesen furchtbaren Krieg verwickelt waren. Und dieser sollte nun auch schon bald Bosnien-Herzegowina erfassen.

Obwohl die Menschen dieser Gegend unheimliche Ängste ausstanden und in großer Furcht lebten, wirkte allein die Tatsache, dass die Gospa trotz allem menschlichen Versagen weiterhin erschien und bei ihnen blieb, sehr beruhigend auf sie. Gelegentlich gab es leichte Hoffnungsschimmer, als die kriegsführenden Faktionen hin und wieder miteinander verhandelten. Einige dieser Verhandlungen fanden in Medjugorje statt, da es bei allen als ein besonderer Ort des Friedens bekannt war. Es wurden Waffenstillstände unterschrieben, die die Kämpfe und die Zerstörung stoppen sollten; bis Januar 1992 waren 15 solcher Waffenstillstände unterschrieben und gebrochen worden.

Nach außen hin sah das Leben in Medjugorje fast normal aus. Es kamen immer noch Pilgergruppen, aber diese Gruppen waren nur ein kleiner Bruchteil von dem, was sie vor dem Krieg waren. Die Menschen, die trotz dieser Umstände immer noch anreisten, kamen zwar aus denselben Gründen wie vor dem Krieg, hatten aber jetzt noch eine andere Mission: Sie wollten dem Aufruf der Muttergottes folgen und den Kriegsopfern helfen.

In Medjugorje selbst entwickelte sich trotz dieser schlimmen Situation etwas Positives: Viele unerwünschte Menschen, die nur gekommen waren, um aus den Erscheinungen Profit zu schlagen, flohen jetzt vor diesen Gefahren. Der Bau der Restaurants, Hotels und Souvenirstände wurde abrupt unterbrochen. Das Dorf erhielt eine sehr notwendige Reinigung von all dem, was die Atmosphäre der Erscheinungen zu zerstören gedroht hatte. Ohne eigenes Zutun kehrte es wieder zu dem ruhigen, unschuldigen Zustand zurück, der hier vor den Erscheinungen geherrscht hatte.

Obwohl es eine willkommene Änderung war, sollte es jedoch nur die Ruhe vor dem Sturm sein. Im Februar gab die Muttergottes diese Botschaft: "Liebe Kinder! Heute rufe ich euch auf, dass ihr euch Gott durch das Gebet noch mehr nähert. Nur so werde ich euch helfen und euch vor jedem satanischen Angriff beschützen können. Ich bin mit euch und halte bei Gott für euch Fürsprache, damit Er euch beschütze. Doch eure Gebete sind mir dafür notwendig, und auch euer Ja. Ihr verliert euch leicht in materiellen und menschlichen Dingen und vergesst, dass Gott euer höchster Freund ist. Deshalb, meine lieben Kinder, nähert euch Gott, dass Er euch beschütze, und dass Er euch vor allem Bösen bewahre."

Durch ihre jährliche Botschaft an Mirjana am 18. März gab sie diese dringende Warnung: „Ich brauche eure Gebete jetzt in noch größerem Maße! Ich ersuche euch, nehmt jetzt mehr als zuvor euren Rosenkranz in eure Hände. Haltet ihn fest und betet aus ganzem Herzen in diesen schwierigen Zeiten."

In weniger als einem Monat, am 6. April, wurde Bosnien-Herzegowina angegriffen. Die einfallenden bosnischen Serben, die von der jugoslawischen Bundesarmee unterstützt wurden, griffen mit aller Macht an. Die Frauen und Kinder flohen aus der Kriegszone.

Kirchen, Klöster, Schulen, Krankenhäuser und historische Gebäude waren die Hauptangriffsziele. Sie waren die ersten, die ohne Gnade zerstört wurden. Mostar, das nur 17 km von Medjugorje entfernt liegt, wurde ständig bombardiert. Die Kathedrale wurde schwer beschädigt, und die Bischofsresidenz wurde total ausgebombt und ausgebrannt. Auch in Citluk, das nur drei Kilometer von Medjugorje entfernt liegt, fielen die Bomben. Zum ersten Mal seit ihrer Einweihung wurde die St. Jakobskirche geschlossen und verbarrikadiert, sodass darin keine Messe mehr gelesen werden konnte. Die Priester, Nonnen, Dorfbewohner und die wenigen Pilger suchten Schutz im Keller des Pfarrhauses und feierten dort die Gottesdienste.

Aber die „Frau voll der Gnade" erschien immer noch den Sehern. Sie verwendete sich für ihre Kinder und flehte um mehr Gebete und Fasten, um dem Krieg ein Ende zu machen.

Anfang Mai wurden dann auch Bomben auf Medjugorje abgeworfen, aber sie verursachten kaum Schaden. Viele explodierten hoch in der Luft oder fielen in die umliegenden Felder ohne zu explodieren. Zwei russische MIG Jagdbomber waren ausgesandt worden, um das Dorf zu zerstören, ganz besonders aber die St. Jakobskirche. Sie kamen an einem klaren, wolkenlosen Morgen. Als sie sich aber ihrem Ziel näherten, füllte sich plötzlich das ganze Tal mit dichtem Nebel, sodass sie ihre Ziele nicht sehen und ihre Bomben darauf werfen konnten. Einer der Jagdbomber wurde abgeschossen, während der andere auf seinen Flugplatz zurückkehrte. Der überlebende Pilot wurde von abergläubischer Furcht und einem winzigen Glaubensfunken erfasst und desertierte von seiner Einheit, da er wusste, dass er Zeuge eines Wunders gewesen war.

Die Nachricht vom Krieg um Medjugorje herum verbreitete sich in Windeseile in der ganzen Welt. Es entwickelte sich spontan ein weltweites, aus Telefon, Fax und Internet zusammengesetztes Kommunikationsnetz, das ständig die neuesten Informationen verbreitete. Gebetsgruppen beteten mit erhöhter Intensität, um den dringenden Aufforderungen der Muttergottes nachzukommen. Reisegesellschaften machten sich Sorgen über geplante Pilgerreisen, und ehemalige Pilger waren besorgt über das Wohlergehen bosnischer

Familien und Einzelner, mit denen sie sich auf ihren früheren Pilgerreisen befreundet hatten.

* * *

Daheim unternahm ich weiterhin meine Vortragsreisen. Allerdings alle geplanten Pilgerreisen nach Medjugorje waren gestrichen worden. Obwohl ich vorher etwa zwei bis drei Reisen im Jahr dorthin gemacht hatte, konnte ich es jetzt nicht verantworten, in ein Kriegsgebiet zu reisen. Jeder Artikel und Fernsehbericht verursachten mir gemischte Gefühle: Ich würde jetzt so gern bei den Familien sein, die mir so ans Herz gewachsen waren. Vor allen Dingen wollte ich bei den Sehern und Priestern sein. Aber das Einzige, was ich jetzt tun konnte, war, für ein schnelles Kriegsende zu beten und zu fasten.

Die Fragen, die mir bei meinen Vorträgen gestellt wurden, bezogen sich jetzt vor allen Dingen auf den Krieg: Was in dem Dorf geschehe? Ob es angegriffen worden sei? Ob die Seher gesund seien? Aber die Frage, die am meisten gestellt wurde, war: Wie konnte ein Krieg in einem Land ausbrechen, in das der Himmel die Mutter Jesu gesandt hatte, um zur Menschheit zu sprechen? Es war für die Gläubigen schwer, so etwas zu akzeptieren, und die Skeptiker konnten es schon gar nicht annehmen.

Die Antwort war jedoch eindeutig: Man musste sich nur entscheiden, entweder Gott oder Satan zu folgen. Es war der klassische Kampf zwischen Gut und Böse. Die Gospa hatte vom ersten Tag an davor gewarnt und auf die Notwendigkeit einer Versöhnung hingewiesen. Die Entscheidung wird in jeder Botschaft angesprochen; sie „fragt", sie „lädt ein" oder sie „bittet" uns, ihre Botschaften zu leben; niemals „verlangt" oder „befiehlt" sie es.

Ich sprach viel darüber, wie es in den Anfangtagen der Erscheinungen in dem Dorf ausgesehen hatte und erzählte meinen Zuhörern über die ursprüngliche Echtheit des Glaubens. Am besten könnte man es so ausdrücken, sagte ich, dass es ein Ort heiliger Begeisterung gewesen sei. Es sei der Rand des Himmels gewesen. Und dass es mir geradeso ergangen sei, wie vielen anderen, die Pilgerrei-

sen dorthin gemacht hätten, nämlich, dass man immer dort bleiben möchte. Ich sprach auch davon, dass in den darauffolgenden Jahren die Echtheit des Glaubens mehr und mehr abgeflacht sei, und dass die Pilgergruppen durch die Neugierigen und diejenigen, die nur als Touristen dorthin gekommen seien, an Gehalt verloren hätten. Und wie die Reiseagenturen, die nur aufs Geschäftemachen aus waren, Abstecher geplant hätten, um den Reisenden Gelegenheiten zum Einkaufen und zu Besichtigungen anderer Teile des Landes zu geben, und wie sie somit den Charakter einer Pilgerreise verfälscht hätten. Auch sprach ich davon, wie die abendlichen Erscheinungen zur Routine geworden wären, und wie man die Begeisterung der ersten Tag dieses Wunders mit solch ungeheuren Ausmaßen vergessen hätte.

Aber das war ja zu erwarten gewesen, denn wenn alles von den ersten Tagen an bis jetzt zu perfekt verlaufen wäre, dann könnte man die Echtheit der Erscheinungen vielleicht in Zweifel ziehen. Deshalb war die menschliche Schwäche in einem so überwältigenden übernatürlichen Ereignis eigentlich keine allzu große Überraschung. Und doch war es enttäuschend. Viele Pilger, die durch Medjugorje lebensändernde Erfahrungen gemacht hatten, fingen jetzt an, jedem sogenannten Seher und jeder angeblichen Prophezeiung hinterher zu rennen. Sie schienen von einem unersättlichen Hunger angetrieben zu sein, alle möglichen Einzelheiten über übernatürliche Geschehnisse herausfinden zu wollen. Die monatlichen Botschaften, die die Gospa immer noch Marija gab, wurden jetzt mehr aus Neugierde erwartet, als aus dem Verlangen, daraus zu lernen, und sie ins tägliche Leben umzusetzen.

Jedes Jahr brachte größere Geschenke des Himmels. Aber mit jeder Neueröffnung eines Geschäftes, mit jedem neuen Fremdenzimmer und jedem neuen Souvenirstand schien es, als ob Satan dem geistlichen Gefüge Medjugorjes Schlag auf Schlag versetzen würde. Und dann, so sagte ich meinen Zuhörern, sei der schlimmste Schlag gekommen – der Krieg: Ein blutiger, schmerzenreicher, Unheil anrichtender und tötender Krieg. Er war Satans totaler Unfriede.

Die Pilgerreisen waren mehr oder weniger zu einem plötzlichen Stillstand gekommen. Nur die Waghalsigen getrauten sich jetzt noch in dieses vom Krieg verwüstete Gebiet zu reisen. Obwohl in Medjugorje selbst kaum Schaden angerichtet wurde, waren die Häuser und Geschäfte um Medjugorje herum beschädigt oder zerstört worden. Somit war Medjugorje fast ganz von der Welt abgeschnitten. Es schien, als ob Satan gewonnen hätte.

Eine andere Frage, die mir oft gestellt wurde: Ob Medjugorje den Krieg überleben würde? Damit meinten sie nicht nur das Dorf Medjugorje, sondern mehr noch das geistliche „Medjugorje". Und ob es weiterhin eine Welt, die nach wahrer Liebe und wahrem Frieden hungerte, mit geistlicher Speise versorgen könne? Ich sagte ihnen, dass die Antwort einzig und allein davon abhinge, ob die Gläubigen den Botschaften, die von der Muttergottes jetzt schon seit fast elf Jahren gebracht wurden, folgen würden.

Ich wiederholte immer wieder unverblümt, dass wir in einer Zeit lebten, in der wir uns neu verpflichten müssten. So habe es die Muttergottes in ihrer Monatsbotschaft vom 25. März 1992 deutlich ausgedrückt: "Liebe Kinder! Heute - wie nie zuvor! - rufe ich euch auf, dass ihr meine Botschaften lebt, und dass ihr sie in eurem Leben verwirklicht. Ich bin zu euch gekommen, um euch zu helfen, und deshalb rufe ich euch auf, euer Leben zu ändern, denn ihr habt einen beklagenswerten Weg eingeschlagen - den Weg des Verderbens. Als ich zu euch sprach: ‚Kehrt um! Betet! Fastet! Versöhnt euch!", habt ihr diese Botschaften oberflächlich angenommen. Ihr habt angefangen, sie zu leben, aber ihr habt es aufgegeben, weil es zu schwer für euch war. Nein, liebe Kinder! Wenn etwas gut ist, sollt ihr im Guten verharren und nicht denken: ‚Gott sieht mich nicht, hört nicht, hilft nicht!' Und so habt ihr euch wegen eures beklagenswerten Interesses von Gott und von mir entfernt. Ich wollte durch euch eine Oase des Friedens, der Liebe und der Güte schaffen. Gott wollte, dass ihr durch eure Liebe und mit Seiner Hilfe Wunder wirkt und so ein Beispiel gebt. Deshalb sage ich euch folgendes: Der Satan spielt mit euch und euren Seelen, und ich kann euch nicht helfen, denn ihr seid weit weg von meinem Herzen. Deshalb betet, und lebt meine Botschaften! Dann werdet ihr

Wunder der Liebe Gottes in eurem alltäglichen Leben sehen. Danke, dass ihr meinem Ruf gefolgt seid!"

Auch hier wieder, so sagte ich meinen Zuhörern, hätte die Muttergottes die Antwort gehabt. Sie hätte sie in ihrer Botschaft am 25. April 92 gegeben: „Auch heute rufe ich euch zum Gebet auf. Nur durch das Gebet und das Fasten kann der Krieg aufgehalten werden. Deshalb, meine lieben Kinder, betet und bezeugt durch euer Leben, dass ihr mein seid und dass ihr mir gehört; denn Satan möchte in diesen düsteren Tagen so viele Seelen wie möglich verführen. Deshalb rufe ich euch auf, dass ihr euch für Gott entscheidet. Und Er wird euch beschützen und euch zeigen, was ihr tun und welchen Weg ihr gehen sollt. Ich rufe alle auf, die mir ‚ja' gesagt haben, dass sie ihre Weihe an meinen Sohn Jesus und an Sein Herz, und die Weihe an mich erneuern, damit wir euch noch intensiver zum Werkzeug des Friedens in dieser unruhigen Welt machen können. Medjugorje ist ein Zeichen für euch alle und ein Aufruf, dass ihr betet, und dass ihr die Tage der Gnade, die Gott euch gibt, lebt. Deshalb, liebe Kinder, nehmt den Aufruf zum Gebet ernsthaft an. Ich bin mit euch, und euer Leid ist auch meines."

Der Plan der Königin des Friedens war ein Plan des Friedens, ein Plan, der all die Gräuel verhindert hätte, wenn die Menschen nur darauf gehört hätten. Wie es die Seherin Vicka so deutlich ausgedrückt hat: „Die Gospa hat gesagt, dass sie diesen Krieg leicht beenden könnte, wenn wir nur beten und fasten würden."

Woher kommen die
Kriege bei euch,
woher die Streitigkeiten?
Doch nur vom Kampf der
Leidenschaften in eurem
Innern. Ihr begehrt und
erhaltet doch nichts. Ihr
mordet und seid
eifersüchtig und könnt
dennoch nichts erreichen.
Ihr streitet und führt
Krieg. Ihr erhaltet nichts,
weil ihr nicht bittet. Ihr
bittet und empfangt doch
nichts, weil ihr in böser
Absicht bittet, um es in
eurer Leidenschaft zu
verschwenden.

(Jakobus 4, 1-3)

22

Dunkle Früchte des Krieges

Als ich so ruhig in dem engen Gangsitz im Flugzeug saß, fragte ich mich, warum ich gerade jetzt nach Medjugorje zurückkehrte. Der Krieg wütete noch mit unverminderter Macht, und man kann sich die Gräuel kaum vorstellen, die Menschen anderen Menschen zufügten. Heute war der 25. Januar 1993, und da erinnerte ich mich auf einmal, dass es ja der Tag war, an dem die Muttergottes ihre monatliche Botschaft an die Seherin Marija gab.

Dann wusste ich auch auf einmal, warum ich zurückkehrte: Ich wollte mit eigenen Augen die Ausmaße des Krieges sehen. Pater Svetozar Kraljević, ein Franziskanerpater, der als geistlicher Führer der Seher aktiv an den Erscheinungen teilnahm und mein guter Freund war, hatte mich gedrängt, zu kommen. Auf seine ruhige Art, und ohne viel Aufhebens davon zu machen, hatte er mir gesagt, dass ich das Medjugorje des Krieges ja noch gar nicht kenne. Ich hätte nicht persönlich gesehen, wie Satans Angriffe versuchten, das Angesicht Medjugorje zu verändern. Wie könnte ich, so meinte er, weiterhin über dieses Wunder, die Botschaften und die Bekehrungen, die selbst in der Tiefe dieses Übels immer noch geschähen, reden, ohne selbst dorthin gekommen zu sein und es mit eigenen Augen gesehen zu haben?

So kam ich also nach 18-monatiger Abwesenheit wieder in dem Land an, das mir zur zweiten Heimat geworden war. Pater Svetozar holte mich am Flugplatz ab und brachte mich nach Medjugorje. Wir hielten nur einmal kurz an, um einem Priester, der die Hilfsaktion der Gegend koordinierte, eine Geldspende zu überbringen. Es freute mich, dass ich diese Spende dem Priester persönlich geben konnte, weil ich wusste, dass sie somit genau dort angewendet werden würde, wo die Not am größten war. Er erzählte uns, dass es so viele hungrige und obdachslose Familien und Menschen ohne Hoffnung gebe, für die sofortige Hilfe notwendig sei, da die offiziellen Regierungs- und Hilfsorganisationen nur äußerst langsam handelten.

Beim Weiterfahren erzählte mir Pater Svetozar, dass es hier überall ähnliche Hilfsaktionen gäbe. Es ist erwähnenswert, dass Geldspenden, Lebensmittel und Medikamente in großen Mengen von verschiedenen Ländern hierher floss. Die Hauptquellen waren Gebetsgruppen, die durch Medjugorje entstanden waren, aber auch neue Hilfsorganisationen, die von Menschen gegründet wurden, die in Medjugorje als Pilger gewesen waren. Jetzt kamen sie wieder, um als Antwort auf die häufigen Aufforderungen der Muttergottes zur Buße den Kriegsopfern zu helfen. Es waren ganz gewöhnliche Menschen – Hausfrauen, Geschäftsleute und Studenten – die ihr Leben riskierten, um anderen mitten im Kriegsgebiet zu helfen.

Als wir diese gefährlichen Straßen in der, wie es schien, dunkelsten aller Nächte, entlang fuhren, kam mir die Realität dieses Krieges erst so richtig zum Bewusstsein. Wir wurden oft an schwerbewaffneten Checkpoints angehalten; und die vielen Umleitungen, die uns aus dem Kampfgebiet heraushalten sollten, verzögerten unsere Ankunft in Medjugorje bis zum frühen Morgen.

Als wir endlich ankamen, war der Unterschied wie Tag und Nacht. Hier herrschte eine Atmosphäre des Friedens, ein Gefühl der Sicherheit und Geborgenheit, geradeso als wäre ich wieder „daheim". Ich war Pater Svetozar dankbar, dass er mich überredet hatte, zu kommen, damit ich mit eigenen Augen sehen konnte, dass trotz der furchtbaren Kriegsschrecken die Gnade in Medjugorje weiterlebte.

Es gab allerdings auffallende Unterschiede zu früher. Als ich am nächsten Morgen zur englischen Messe in die St. Jakobskirche kam, fand ich diese leer. Als ich mich erkundigte, ob an diesem Morgen eine englische Messe sei, wurde ich zu einem kleinen Raum auf der rechten Seite des Altars geführt, wo früher die Erscheinungen stattgefunden hatten. Dort befanden sich ein paar Pilger, von denen die meisten Italiener und nur sehr wenige Amerikaner waren. Trotz dieses kleinen Raumes und der geringen Anzahl von Pilgern war die Heiligkeit der Messe hier in Medjugorje doch noch die Gleiche. Sie war immer noch so ehrfurchterweckend wie vor dem Krieg, wo Tausende die Kirche und den Platz um die Kirche angefüllt hatten.

Nach der Messe fand ich die monatliche Botschaft vom 25. Januar 1993 am Bulletinbrett der Kirche: "Liebe Kinder! Heute rufe ich euch auf, dass ihr meine Botschaften ernsthaft annehmt und sie lebt. Diese Tage sind Tage, in denen ihr euch für Gott, für den Frieden und für das Gute entscheiden müßt. Jeder Hass und jede Eifersucht sollen aus eurem Leben und euren Gedanken weichen, und nur die Liebe zu Gott und zum Nächsten soll in euch wohnen. So, nur so, werdet ihr die Zeichen der Zeit erkennen können. Ich bin mit euch und führe euch in eine neue Zeit, eine Zeit, die euch Gott als Gnade gibt, um Ihn noch mehr zu erfahren. Danke, dass ihr meinem Ruf gefolgt seid!"

Nachdem ich sie mehrere Male gelesen hatte, wusste ich einen weiteren Grund, warum ich nach Medjugorje zurückgekehrt war: Ich wollte nicht nur die Folgen des Krieges sehen, sondern auch wieder als Pilger hier sein. Ich wollte wieder auf den Križevac und den Podbrdo, wo die Gospa zum ersten Mal erschienen war, hinaufsteigen. Ich wollte wieder für längere Zeit in der Kirche sitzen und beten und in der Gegenwart Gottes sein.

Aber zunächst galt es, an die Arbeit zu gehen. Pater Svetozar wollte mich nach Mostar fahren, damit ich einen Eindruck der dunklen Früchte des Kriegen bekommen könnte. Es musste gleich heute sein, denn in zwei Tagen ging er schon wieder von hier weg, um an weiteren Geldsammlungen für Hilfsaktionen teilzunehmen. Sorgen und Ängste wechselten sich mit Vergeltungsgedanken ab, als wir vorsichtig auf der von Bombenschäden übersäten Straße in die Stadt hineinfuhren.

Der Kriegschauplatz war ähnlich, wie ich es auf Bildern gesehen hatte, nur noch viel schlimmer. Mostar lag in Trümmern; es hatte genauso schlimme Verwüstungen erlebt, wie sie über Sarajewo berichtet worden waren. Es schien, sagte mir Pater Svet, dass, sobald am Wiederaufbau begonnen wurde, der Beschuss der Stadt erneut anfing. Serbische Streitkräfte, die sich in den umliegenden Bergen

eingebunkert hatten, bombardierten stark bevölkerte Stadtteile, Einkaufszentren, Kirchen und Krankenhäuser. Das Bild, als ich in ein Riesenloch in der Seitenwand eines neuen Krankenhausgebäudes starrte, wird für immer in meinem Gedächtnis eingegraben bleiben. Der ehemalige Krankenhausverwalter, ein Serbe, befand sich jetzt in den Bergen und half mit, sein Krankenhaus und seine Klinik zu bombardieren.

Ich hörte auf, Notizen zu machen und konnte nur auf die Zerstörung dessen schauen, was vor Kurzem noch eine blühende Stadt und Touristenattraktion gewesen war. Die Parkanlagen wurden jetzt als Friedhöfe benutzt. Schutthalden türmten sich da auf, wo vorher Wohnhäuser gestanden hatten. Hotels waren jetzt Kommandozentren für die Streitkräfte und Hauptquartiere für die Presse. Das war, wie in allen Kriegen, die furchtbare Frucht, die ohne den wahren Frieden Gottes hervorgebracht wird. Jetzt musste ich an die Einführungsworte der Januarbotschaft denken: „Liebe Kinder, heute rufe ich euch auf, meine Botschaften ernsthaft anzunehmen und zu leben." Das war also das Ergebnis, wenn man die Botschaften nicht ernst nahm, wenn man nicht betete und nicht fastete, und wenn man nicht versuchte, sich zu versöhnen. Der Hass und der Neid eines irregeführten ethnischen Stolzes versperrten den Zugang zur Liebe zu Gott.

Als ich aus Mostar nach Medjugorje zurückgekehrt war, gelang es mir endlich, auf den Podbrdo zu gehen, aber ich musste mich beeilen, denn in einer halben Stunde fuhren wir schon wieder nach Split, von wo ich nach Hause zurückflog. Ich hatte nur Zeit für ein kurzes Gebet, aber es waren sehr intensive Gebetsminuten. Alles, was ich in meinen 17 Aufenthalten in Medjugorje erlebt hatte, schien an mir vorüberzufliegen. Ich war dankbar, dass die Muttergottes mich dazu veranlasst hatte, wieder hierherzukommen, und zwar nicht nur, um das Dunkel des Krieges zu erfahren, sondern noch viel mehr, um diese wertvollen Momente des Gebetes an diesem heiligen Ort, an dem sie zum ersten Mal den Kindern erschienen war, geschenkt zu bekommen. Ich dankte ihr auch für die Mahnung, dass dieser Krieg nur durch Gebet, Fasten und Buße beendet werden könne.

* * *

Einen Monat später, nachdem ich gerade eine Vortragstournee in Italien abgeschlossen hatte, besuchte ich Marija und ihren Verlobten Paolo Lunetti in Monza in Italien, als sie gerade die monatliche Botschaft am 25. Februar 1993 erhielt. Wir fingen wie immer mit dem Rosenkranz an und beteten die ersten vier Gesetze. Marija kniete vor einer kleinen Statue der Muttergottes. Nach einigen Minuten des Gebetes erschien ihr die Muttergottes in großem Frieden und blieb etwa vier Minuten. Ich konnte die unbeschreibliche Liebe so richtig fühlen, als sie uns segnete, bevor sie sich in einem Lichtkreuz wieder entfernte.

Pater Slavko Barbarić, Marijas geistlicher Führer, rief kurz nach sechs Uhr an, um die Botschaft zu empfangen und aufzuschreiben. Sie wird dann gründlich daraufhin untersucht, ob sie auch mit der Heiligen Schrift und der Lehre der Kirche übereinstimmt, bevor sie in mehrere Sprachen übersetzt und weltweit verbreitet wird. Dieses Verfahren war über die Jahre zur Regel geworden. Es war eines von mehreren Malen, wo ich dabei war, als Marija die monatliche Botschaft erhielt. Und jedes Mal bestätigte sie wieder die unglaubliche Gnade, die durch die Erscheinungen auf die ganze Welt ausgegossen wird. Marija sagte anschließend, dass die Gospa diesmal sehr ruhig und voller Frieden erschienen sei.

Hier ist die Botschaft, die Marija damals gegeben wurde: „Heute segne ich euch mit meinem mütterlichen Segen und rufe euch alle zur Umkehr auf. Ich wünsche, dass sich jeder von euch für die Änderung des Lebens entscheidet, und dass jeder von euch mehr in der Kirche tut, nicht durch Worte, nicht durch Gedanken, sondern durch das Beispiel, so dass euer Leben ein freudiges Zeugnis für Jesus werde. Ihr könnt nicht sagen, dass ihr bekehrt seid, denn euer Leben muss zur täglichen Umkehr werden. Damit ihr begreifen könnt, was ihr tun sollt, liebe Kinder, betet, und Gott wird euch geben, was ihr konkret tun und wo ihr euch ändern sollt. Ich bin mit euch und nehme euch alle unter meinen Schutzmantel.“

Einen Monat später gab sie diese Botschaft: "Liebe Kinder! Heute - wie nie zuvor - rufe ich euch auf für den Frieden zu beten, für den Frieden in euren Herzen, für den Frieden in euren Familien und für den Frieden in der ganzen Welt; denn Satan möchte den Krieg, möchte den Unfrieden, möchte all das zerstören, was gut ist. Deshalb, liebe Kinder, betet, betet, betet.“

Es ist bemerkenswert, dass, obwohl der Krieg jetzt auf seinem Höhepunkt war, die guten Früchte dieses Wunders von Medjugorje, weiterhin hervorgebracht wurden. Das Dorf blieb selbst inmitten dieses Infernos ein Ort des Friedens. Nur etwa 18 km entfernt war eine Verteidigungsfront errichtet worden, und der Krieg wütete dort mit aller Macht. Männer aus dem Dorf fuhren für bestimmte Zeitabschnitte dorthin, um an der Verteidigung ihres Landes teilzunehmen und kehrten dann wieder zu ihren Familien und Arbeitstellen ins Dorf zurück. Die Busse, die sie zur Front brachten, hielten immer vor der St. Jakobskirche an, wo die Männer ein Gesetz des Rosenkranzes beteten. Beinahe jeder der Soldaten trug einen Rosenkranz um den Hals. Im Juli fiel der erste Soldat aus Medjugorje.

Die Seher machten in ihrer Aufgabe, die Botschaften zu verbreiten, weiter. Marija war gerade von einer Vortragstournee aus Brasilien zurückgekehrt. Sie hatte sich nie wohl gefühlt, vor einer großen Menge zu sprechen, selbst nicht in Medjugorje, als die Pilger zu ihrem Haus kamen. Jetzt aber war sie nach Brasilien gereist und hatte vor Tausenden Zuhörern gesprochen. In demütigem Gehorsam hatte sie diese persönliche Buße als Antwort auf die Aufforderung der Gospa, für die Botschaften Zeugnis abzulegen, angenommen.

Marija hatte auch ihre geplante Hochzeit mit Paolo im September bekannt gegeben, was bei den Franziskanern in Medjugorje etwas Sorge auslöste. Würde das den Fluss der monatlichen Botschaften unterbrechen? Oder würde sich das Schema der Erscheinungen dadurch ändern, weil sie ja dann in Monza in Italien leben würde? Marija versuchte ihnen zu versichern, dass sie und ihr Mann das Dorf oft besuchen würden, und dass sich, soweit es sie betraf und soviel sie wusste, nichts an den täglichen Erscheinungen ändern würde. Die Sorgen blieben jedoch bestehen. Die anderen beiden Seherinnen, die geheiratet hatten, lebten noch im Dorf. Sie würde die Erste sein, die außerhalb der geistlichen Führung der Franziskaner leben würde.

Ivan bereiste Australien und gab Zeugnis vor Tausenden Zuhörern. Er leistete hervorragende Arbeit. Der einst so scheue junge Mann sprach jetzt mit vollem Selbstvertrauen über Familienwerte und das Gebet und hob immer wieder die Notwendigkeit hervor, dass junge Menschen den Weg zur geistlichen Bekehrung finden müssten.

Selbst Jakov, der immer widerwillig an öffentlichen Veranstaltungen teilgenommen hatte, hielt jetzt Vorträge in Italien. Im April würde auch er heiraten. Seine Braut war ein hübsches italienisches Mädchen, das er in Medjugorje kennen gelernt hatte, als es als Pilgerin dort gewesen war. Sie würden sich im Dorf ansiedeln und wollten später einmal Pilger bei sich aufnehmen.

Vicka war in Medjugorje geblieben und tat weiterhin, was sie über die elf Jahre mit so viel Liebe getan hatte, nämlich den wenigen Pilgern, die jetzt noch nach Medjugorje kamen, als inoffizielle Botschafterin der Erscheinungen zu dienen. Wie oft hatte ich große Menschenmengen um ihr bescheidenes Haus gesehen, die ihre Geschichte hören wollten, und für die sie beten sollte. Bei diesem Besuch in Medjugorje ging ich auch wieder einmal an ihrem Haus vorbei und beobachtete, wie sie eine Ansprache für nur zwei Pilger hielt. Ihre Begeisterung war die Gleiche, als wenn es sich um Hunderte von Pilgern gehandelt hätte.

* * *

Der 25. Juni 1993 war der 12. Jahrestag der Erscheinungen, und, man sollte es nicht glauben, es waren fast 30.000 Pilger gekommen. Darunter befanden sich auch etwa 4.000 Pilger aus den USA und Tausende aus Slowenien, Kroatien und Bosnien-Herzegowina. Es war ein unglaubliches Glaubenszeugnis, dass eine so riesige Anzahl von Menschen in ein gefährliches Kriegsgebiet gereist war; es war eine wunderbare Bezeugung der Liebe und des Glaubens. Dieser riesigen Menge, die trotz des Krieges gekommen war, gab die Gospa diese Jahrestagsbotschaft: "Liebe Kinder! Auch heute freue ich mich über eure Anwesenheit hier. Ich segne euch mit meinem mütterlichen Segen und halte für jeden von euch bei Gott Fürsprache. Ich rufe euch von neuem auf, meine Botschaften zu leben, und sie ins Leben, in die Praxis, umzusetzen. Ich bin mit euch und segne euch alle von Tag zu Tag. Liebe Kinder, das sind besondere Zeiten, und deshalb bin ich mit euch, um euch zu lieben und zu schützen, um eure Herzen vor Satan zu schützen und um euch dem Herzen meines Sohnes Jesus immer näher zu bringen. Danke, dass ihr meinem Ruf gefolgt seid!

Selbst mitten im Krieg kam sie weiterhin, um zu bitten, zu warnen und zu trösten.

Ihr seid zur Freiheit
berufen, Brüder. Nur
nehmt die Freiheit
nicht zum Vorwand
für das Fleisch,
sondern dient
einander in Liebe!
Denn das ganze
Gesetz ist in dem
einen Wort
zusammengefasst: Du
sollst deinen
Nächsten lieben wie
dich selbst! Wenn ihr
einander beißt und
verschlingt, dann gebt
Acht, dass ihr euch
nicht gegenseitig
umbringt.

(Galater 5, 13-15)

23
Märtyrerin

Nicht alle Leute, die nach Medjugorje reisten, kamen als Pilger im wahrsten Sinne des Wortes. Collette Webster z.B. kam nicht mit einer organisierten Pilgergruppe und wusste eigentlich gar nichts über die Erscheinungen der Muttergottes, die sich hier in diesem kleinen Dorf ereigneten. Auch kannte sie nicht die weltweiten Auswirkung, die diese hatten.

Diese junge Frau war nicht gekommen, um Antworten auf schwierige geistliche Fragen oder eine neue Lebensausrichtung zu suchen. Statt dessen war die 27-jährige Amerikanerin aus Michigan im Januar 1993 nach Medjugorje gereist, um in persönlichem Einsatz den Opfern des Krieges in Bosnien-Herzegowina zu helfen. Sie war vor allem dorthin gereist, um den Kindern, den unschuldigen Opfern des Krieges, zu helfen.

Neun Monate später war Collette Webster, die eigentlich keine besonderen Beziehungen zu den Menschen dieser Gegend, noch ihren Problemen, gehabt hatte, in Mostar von einem Heckenschützen getötet worden. Und dies geschah kurz nachdem sie die Wunden eines kroatischen Soldaten behandelt hatte. Sie rettete sein Leben und opferte dafür das ihre. Sie gab das größte aller Geschenke und hat dadurch all das erfüllt, worum die Muttergottes in ihren Erscheinungen in Medjugorje aufruft. Als Gegengabe erhielt Collette des Himmels größte Auszeichnung: Sie wurde eine Märtyrerin.

Ihre Mission begann daheim in den USA in der kleinen Stadt Sunfield, wo sich Collette mit einer Austauschstudentin aus Sarajewo angefreundet hatte. Das junge Mädchen war von ihren Eltern in die USA geschickt worden, um den Kriegsgefahren zu entgehen. Als sie von den Gräueln erzählte, die sich in Bosnien-Herzegowina abspielten, war Collette schockiert. Auf einmal wusste sie, dass sie dorthin reisen müsse. Sie wollte alles in ihren Kräften stehende zu tun, um den Kriegsopfern zu helfen. Ohne lange darüber nachzudenken, fing sie an, Pläne und Vorbereitungen für die Mission ihres Lebens zu machen.

Obwohl sie vorher nie eine gute Organisatorin war, vertiefte sie sich jetzt, ganz entgegen ihrer Art, in das Studium dieser Gegend, seiner Geschichte und der jetzigen Situation. Sie las sorgfältig Zeitungs- und Illustriertenartikel über den Krieg und lernte so viel sie nur konnte. Um sich auf ihre Mission vorzubereiten, belegte sie einen Erste-Hilfe-Kurs, der von der Feuerwehr angeboten wurde.

Kurz danach, im September 1992, sagte Collette ihrem Vater, dass sie alles, was sie besaß, weggeben und nach Bosnien gehen würde, um als Krankenpflegerin den Kriegsopfern zu helfen. Er war nicht allzu überrascht darüber, denn John Websters älteste Tochter war schon immer irgendwie anders gewesen. Sie war berüchtigt für ihre plötzlichen Schnapsideen, was sich dadurch bemerkbar machte, dass sie von Arbeitsstelle zu Arbeitsstelle wechselte und durch ihr verrücktes Fahren unzählige Unfälle verursachte. Ihre Essgewohnheiten waren auch sehr schlecht, und sie war eine Kettenraucherin und litt unter Asthma und Schlaflosigkeit. Sie schien ständig auf Achse zu sein.

Ihre Verhältnisse mit Männern waren auch so ein Holterdiepolter, was sie dazu verführte, mit einem älteren Mann, der schon zwei Mal geschieden war, eine unbesonnene Ehe einzugehen. Wie vorauszusehen, endete diese mit der Scheidung, aber auf freundschaftliche Art; denn nur so konnte Collette ihre Verhältnisse beenden. Sie hatte keine Feinde.

Nachdem sie die Entscheidung getroffen hatte, nach Bosnien-Herzegowina zu gehen, schenkte sie ihr Auto ihrer Schwester, verkaufte all ihr Hab und Gut und überschrieb den Besitz eines alten Hauses, das sie mit der Absicht, es einmal zu renovieren, gekauft hatten, ihrem ehemaligen Mann. Es war nur eines der vielen geplanten Dinge, das sie nie fertig gemacht hatte. Sie übertrug ihm auch ein schlechtgehendes Lebensmittelgeschäft, das sie gemeinsam begonnen hatten. Jedoch hatte der Stress, es zu führen, erheblich zum Zerfall ihrer Ehe beigetragen.

Solche Großzügigkeit unter diesen Umständen mag einem zwar leichtsinnig und übereilt vorkommen, aber es hob einfach eine starke Charaktereigenschaft Collettes hervor. Immer gefühlsvoll und hilfsbereit, hatte sie ein so großes Herz, wie man es sich nur vorstellen kann. Tiere, Menschen, Hilfsaktionen – jedes und alles, was man nur lieben konnte, sie hatte es geliebt.

Als ihr Vater fragte, warum sie gerade diese Sache ausgewählt hätte, und warum gerade dieses Land, erwiderte Collette ohne Zögern: „Alle sitzen herum und reden über die Probleme, und niemand tut etwas. Ich kann einfach nicht mehr zusehen, was dort passiert..." Bevor sie wegging, gab sie ihm noch ein Buchzeichen mit der Inschrift: „Du weißt nichts, bis du es versucht hast."

Nachdem die Familie sich damit abgefunden hatte, verabschiedete sie sich von ihr. Es war Collettes erste Reise außerhalb der USA. Sie reiste im Januar 1993 mit tausend Dollar in bar, einem Koffer voller gespendeter Medikamente und einem großen Matchsack mit Lebensmitteln und Kleidern ab. Innerhalb der ersten Wochen war ein Großteil ihres Geldes gestohlen worden, und ihre Wollsocken und eins ihrer zwei Stiefelpaare hatte sie Flüchtlingen geschenkt. Sie wohnte in einem kleinen Zimmer in Medjugorje, das sie schon bald mit vier anderen Arbeitern des Hilfswerks teilte.

Abgesehen von den schwierigen Verhältnissen, hatte Collette hier, wie noch nie zuvor, die reine Freude des Gebens erfahren. Ein Fremder hatte ihr auf dem Flug nach Zagreb vorgeschlagen, nach Medjugorje zu gehen. Dort, so sagte er ihr, würde sie genug Gelegenheit finden, den Kriegsopfern zu helfen. Der Fremde hatte recht. Innerhalb weniger Tage, nachdem sie in Medjugorje angekommen war, steckte Collette Hals über Kopf in Hilfsaktionen.

Sie entdeckte dort auch das Wunder der Erscheinungen der Heiligen Jungfrau Maria, was in ihr eine schwache Flamme des Glaubens, der lange brach gelegen hatte, wieder neu entfachte. Collette war zwar katholisch erzogen worden und wusste ein klein wenig über ihren Glauben, aber sie hatte den Kontakt mit Gott und Seiner Kirche verloren. Ihre Eltern waren geschieden und wiederverheiratet und gingen beide ihre eigenen Wege. Irgendwie kam sie später dazu, sich einer protestantischen Kirche anzuschließen, wo sie aber nur selten hinging.

In Medjugorje war Collette schon bald mit Hilfeleistungen in nahegelegenen Flüchtlingslagern, Waisenheimen und Krankenhäusern voll ausgelastet. Sie wurde durch das ständige Dröhnen der Geschütze, sowie die blutige Realität, ihre erlernten medizinischen Kenntnisse anzuwenden, völlig abgehärtet. Einmal musste sie sogar bei einer Amputation mithelfen. Aber diese Menschen fanden einen Platz in ihrem Herzen; besonders die Kinder. Es machte ihr nichts aus, ob es Christen oder Mohammedaner waren. Für sie gab es in diesem Elend kein Gut und Böse, keine politische Zugehörigkeit – sie waren einfach alle Opfer dieses Krieges. Es war ihr gleich, zu welcher Seite sie gehörten. Collette musste jedes Kind, das sie sah, an sich drücken. Ohne dass sie sich dessen bewusst war, lebte sie die Botschaften von Medjugorje.

Auffallend verändert, kehrte die junge amerikanische Freiwillige im Juni zu einem kurzen Besuch nach Hause zurück, wo sie nur solange blieb, um ihren 27. Geburtstag zu feiern, und um Spenden für die Hilfsaktion zu bitten. Sie war auch schon einmal leicht verwundet worden, als ihr eine Kugel durch die Haare geflogen war, als sie anderen zur Sicherheit verhalf.

Ihre Familie, erleichtert und dankbar, sie wieder daheim zu haben, bemerkte an ihr auffallende Veränderungen: Die vorher unberechenbare und leichtsinnige Collette besaß jetzt eine ruhige Heiterkeit, die von einem glühenden Eifer für humanitäre Dienste durchdrungen war. Sie sprach davon, an andere Orte, wo sie gebraucht würde, gehen zu wollen, sobald dieser Konflikt einmal zu Ende war. Sie hatten sie noch nie so zielbewusst gesehen – oder so bestrebt, wieder zu ihrer Mission zurückzukehren. Um den Hals trug sie an einem selbstangefertigten Halsband einen Babyschnuller mit zwei Munitionshülsen, die ihr von einem kleinen Flüchtlingsmädchen gegeben worden waren. Es war ein perfektes Symbol des Kampfes, an dem sie jetzt teilnahm.

Die Nachricht von Collettes Einsatz verbreitete sich schnell, und schon bald riefen Zeitungs- und andere Reporter wegen Interviews an. Als sie gefragt wurde, warum sie sich in einem Konflikt einsetze, in dem sie keine persönlichen Interessen habe, erwiderte sie: „Ich weiß beim besten Willen nicht warum. Ich bin eine Irin. Ich habe keine Beziehungen zu diesen Menschen, aber ich war schon immer ein Mensch, der sich für die Unterdrückten eingesetzt hat."

Collette erzählte dann vom Krieg; sie sprach davon, wie Granaten um sie und andere Hilfswerksarbeiter herum explodiert waren. Sie erzählte von Flüchtlingen, die gesehen hatten, wie ihre Verwandten vergewaltigt, gefoltert, aufgehängt und getötet wurden. Dies waren die Opfer von Gräueltaten, wie man sie sich weder vorstellen noch beschreiben kann. „Man weiss, dass diese Dinge passieren," sagte sie in einem Interview, „weil man darüber gelesen hat; und wenn man jemanden trifft, dem es geschehen ist, dann kann man immer noch nicht ganz die Ängste dieses Menschen begreifen, außer man hat es selbst miterlebt."

Dann sprach sie voller Mitgefühl von den kleinen Kindern, die so verschüchtert und vollkommen in Schock in die Flüchtlingslager kamen, dass sie alle angriffen, die sie nicht kannten. „Kinder sind anpassungsfähiger als andere," sagte sie, „aber sie scheinen auch die am längsten anhaltenden Auswirkungen davonzutragen." Es sei ihre größte Freude, fügte sie dann noch hinzu, wenn diese Kleinen einem wieder umarmen können.

Sie konnte es jetzt kaum abwarten, dorthin zurückzukehren. Sie versicherte ihrer Familie, dass sie zu Weihnachten wieder nach Hause käme. Aber Collette sollte nie mehr nach Hause zurückkehren.

Enttäuscht über den Mangel an Hilfsmittel und Geld, unternahm Collette den letzten Schritt in ihrer Mission. Damit sie besser helfen könnte, verpflichtete sie sich Anfang September in der kroatischen Armee als Arzthelferin an der Front. Am Sonntag, dem 26. September, also ungefähr ein Jahr nachdem sie zum ersten Mal ihre Pläne, nach Bosnien zu gehen, ihrem Vater mitgeteilt hatte, begann sie die letzten Minuten ihrer Mission.

Der Tag hatte recht gut angefangen. Collette brachte mit ein paar Kameraden einen frischgebackenen Apfelkuchen zu Soldaten, die in Mostar Dienst taten. Später ging sie mit den anderen in ein ausgebombtes Gebäude in einem Gebiet, wo meistens heftige Kämpfe stattfanden. Dort fand sie einen schwer verwundeten jungen kroatischen Soldaten, der dem Tode nahe war. Als sie seine Wunden verband, warnte man sie, sich gebückt zu halten, weil man Heckenschützen in dem Gebäude auf der anderen Straßenseite wahrgenommen hätte.

Nachdem sie ihre Arbeit erledigt hatte, stand sie ohne an die Warnung zu denken, auf, und ihre Silhouette wurde durch ein Fenster sichtbar. Es war leichtsinnig und impulsiv gehandelt. Ihre Armeeuniform bot ein gutes Ziel, denn sie sah für den unbekannten Heckenschützen wie ein normaler Soldat aus. Plötzlich gab es einen lauten Knall und einen Blitz. Granatsplitter zerrissen ihre Eingeweide. Collette fiel schwerverwundet auf den mit Schutt übersäten Boden. Als sie auf ihre große Wunde schaute, sagte sie ruhig zu ihren Kameraden: „Ich werde das nicht überleben." Später fügte sie noch hinzu: „Sage meiner Schwester, dass ich sie liebe."

Collette starb ein paar Stunden später auf dem Operationstisch des Krankenhauses, wo sie so oft anderen Kriegsverwundeten beigestanden hatte.

Sie hatte ihre Zeit in Medjugorje nicht damit verbracht, auf den Erscheinungsberg oder den Kreuzberg zu steigen. Sie verbrachte nicht jeden Abend bei der heiligen Messe in der St. Jakobskirche; auch war sie nicht oft bei dem Rosenkranzgebet während ihres Aufenthaltes in dem kleinen Dorf. Collette war zu beschäftigt damit, die Botschaften zu leben. Sie zahlte mit dem höchsten Preis, ihrem Leben, und erhielt dafür die höchste Auszeichnung, das Martyrium.

Es gibt keine größere Liebe, als wenn einer sein Leben für seine Freunde hingibt.

(Johannes 15, 13)

24
Was ist denn schon mein Leiden?

Ein Krieg ist die Gegenwart Satans und die Abwesenheit Gottes. Satan kommt immer dorthin, wo die Muttergottes hingeschickt wird, um Gottes Frieden zu bringen. Er kommt, um diesen Frieden zu zerstören. Er ist in dieses Land gekommen, um die Quelle der Gnaden, die aus Medjugorje hervorsprudelt, zu zerstören.

Aber wie immer schafft Gott dort Licht, wo Dunkelheit herrscht. Er bringt guten Samen aus völliger Trostlosigkeit und Hoffnungslosigkeit hervor. Es ist der Samen für die neue Ernte.

Hier ist die bittere Geschichte einer Ordensschwester. Es ist eine grafische Schilderung des schrecklichen Krieges, der Bosnien-Herzegowina verwüstete. Es waren weder ethnische Unterschiede, noch gegensätzliche Religionen, die diesen Abgrund der Dunkelheit verursachten; sie waren nur die Werkzeuge dafür. Es war auch hier wie bei allen Kriegen: Ein Kampf, der aus Machthunger, Habgier und Ehrgeiz geführt wird – nur ein neues Kapitel in der selben endlosen Geschichte der Kriege.

Satan greift immer die von Gott Auserwählten an: Seine Bräute, die Ihm als geweihte Nonnen dienen, und deren einziger Beweggrund der ist, Ihn durch Gebet und Dienst zu lieben. Eine ganz besondere Stimme erhebt sich über alle anderen. Sie kommt von einem Kriegsopfer der Vergewaltigung und der darauf folgenden Frucht der Schande.

Dieses ist ihre Reaktion, die an Hand eines Briefes an die Oberin ihres Klosters illustriert wird. Der Brief ist aus Klarheitsgründen, aber auch um die Identität der Nonne und ihres Ordens zu bewahren, etwas abgeändert worden. Er enthält alles Notwendige, um die ganze Unmenschlichkeit dieses Krieges zu beschreiben. Zur gleichen Zeit deutet er auf eine unwahrscheinliche Handlungsweise hin, die nur aus totaler Hingabe an Gott hervorgebracht werden konnte.

Es ist eine perfekte Antwort auf die Botschaft von Medjugorje.

* * *

Liebe Mutter Oberin!

Ich bin einer der Novizinnen, die von den kriegerischen Serben vergewaltigt wurden. Ich schreibe Ihnen, um Ihnen mitzuteilen, was meinen Schwestern und mir passiert ist.

Gestatten Sie mir, nicht auf die Einzelheiten einzugehen. Es war eine grässliche Erfahrung, die man niemandem mitteilen kann, außer Gott, unter Dessen Willen ich mich bei meiner Weihe gestellt habe, und Dem ich meine Gelübde abgelegt habe. Meine Tragödie ist nicht nur die, als Frau dieser Erniedrigung ausgesetzt worden zu sein, oder dass gegen meine Lebenswahl und meine Berufung auf nicht-wieder-gut-zu-machende Art und Weise verstoßen worden ist, sondern es ist auch die Schwierigkeit, dass tief in meinen Glaubensinneren ein Ereignis eingraviert worden ist, das ganz bestimmt ein Teil des mysteriösen Willen Dessen sein muss, Den ich immer noch als meinen göttlichen Bräutigam anerkenne.

Nur ein paar Tage vorher hatte ich einen Dialog der Karmeliter von Bernanos gelesen, und da ist mir der Gedanke gekommen, Unseren Herrn zu bitten, mich als Märtyrerin sterben zu lassen. Er hat mich beim Wort genommen.

Heute aber bin ich einer unerklärlichen inneren Angst ausgesetzt. Sie haben meinen Lebensplan zerstört, von dem ich geglaubt hatte, dass er ewig sei. Sie haben mir einen anderer vorgezeichnet, den ich noch nicht entwirren konnte. In meinen jungen Jahren hatte ich in mein Tagebuch geschrieben: „Nichts gehört mir. Ich gehöre niemandem, und niemand gehört mir." Und dann geschah es in einer Nacht, an die ich mich nicht mehr erinnern möchte, dass mich jemand genommen, mich mir selber entrissen, und mich sein Eigen gemacht hat.

Als ich wieder zu mir kam, war es Tag. Mein erster Gedanken galt der Todesangst Unseres Herrn am Ölberg. Ein furchtbarer Kampf wütete in mir. Auf der einen Seite fragte ich mich, warum Gott es zugelassen hatte, mich so in Scherben zu zerbrechen und in mir gerade das zu zerstören, was ich als mein Lebensziel betrachtet hatte; auf der anderen Seite aber fragte ich mich, zu welcher neuen Berufung Er mich auf diesem neuen Lebensweg führen würde?

Ich stand ganz erschöpft auf und half einer meiner Schwestern, dann zog ich mich an. Ich hörte die Glocke im Kloster neben unserem läuten. Ich machte das Kreuzzeichen und sagte innerlich die liturgische Hymne: „Zu dieser Stunde, auf Golgatha, zahlt das wahre Osterlamm Christus das Lösegeld für unsere Sünden, um uns zu erlösen."

Was, Mutter Oberin, ist denn schon mein Leiden und die Entehrung, die ich erduldete, im Vergleich zu der des Einen, Dem ich tausend Mal versprochen hatte, mein Leben zu schenken? Ich sagte langsam: „Dein Wille geschehe, ganz besonders jetzt, wo ich keine andere Stütze habe, als die Gewissheit, dass Du, Herr, mir zur Seite stehst."

Ich schreibe Ihnen, Mutter Oberin, nicht, um Sie um Trost zu bitten, sondern um Gott Dank zu sagen, dass Er mir erlaubt hat, das Gleiche wie Millionen meiner Landsmänninnen, die auch in ihrer Ehre gekränkt wurden, zu erfahren, und dass ich diese unerwünschte Mutterschaft annehmen kann. Meine Entehrung wird der der anderen hinzugefügt, und ich kann sie nur als Sühne für die Sünden, die von dem unbekannten Vergewaltiger begangen worden sind, aufopfern. Ich nehme diese Schande, die ich erdulde, als Opfer an und bringe es der göttlichen Barmherzigkeit für den Frieden zwischen den sich befeindenden ethnischen Volksstämmen dar.

Bitte nehmen Sie es mir nicht übel, wenn ich Sie darum bitte, mit mir an dieser „Gnade", die absurd erscheinen mag, teilzunehmen. In den letzten zwei Monaten vergoss ich viele Tränen für meine beiden Brüder, die von denen ermordet wurden, die unsere Stadt terrorisieren. Ich hatte nicht geglaubt, dass ich schlimmere Leiden erfahren oder einen größeren Schmerz erdulden könnte.

Jeden Tag klopfen Hunderte von abgemagerten Menschen, vor Kälte zitternd und mit einem Ausdruck der Verzweiflung auf ihren Gesichtern, an unsere Klosterpforte. Vor ein paar Wochen hatte mir ein 18-jähriges Mädchen gesagt: „Sie wissen ja nicht, was Schande ist."

Ich habe lange über das nachgedacht, was sie mir gesagt hatte. Dann wusste ich auf einmal, dass sie die Schmerzen meines Volkes damit gemeint hatte, und ich schämte mich beinahe, so nahe bei diesen Leiden zu leben. Und jetzt bin ich eine von ihnen geworden; eine der vielen anonymen Frauen meines Volkes, deren Körper in Stücke gerissen und deren Seelen ausgeplündert worden waren. Der Herr hat mich in das Geheimnis dieser Schande, aber auch das der Klosterfrau, die ich ja bin, eindringen lassen. Er hat mir das Privileg zugestanden, die diabolischen Mächte des Bösen zu verstehen.

Jetzt weiss ich, dass meinen aufmunternden Trostworten, die ich vom Grunde meines armen Herzens zu sprechen versuchen werde, Glauben geschenkt werden wird, denn meine Geschichte ist ja jetzt ihre Geschichte. Mein Rücktritt wird, durch den Glauben gestärkt, zwar kein Beispiel, aber doch etwas Hilfe für sie sein, indem er ihnen hilft, ihre moralischen und gefühlsmäßigen Reaktionen zu überwinden. Gott hat mich auserwählt – möge Er mir meine Anmaßung vergeben – diese gedemütigten Menschen der Erlösung und der Freiheit zuzuführen. Sie werden die Echtheit meiner Beweggründe nicht in Zweifel ziehen, denn auch ich, genau wie sie, komme ja vom Rande der Verzweiflung.

Ich erinnere mich, dass, während meines Studiums in Rom, ein slawischer Professor der Literatur mir diesen Vers von Alesej Mislovic vorgelesen hatte: „Du musst nicht sterben, denn Du wurdest dazu auserwählt, auf der Seite des Lichtes zu stehen." In der Nacht, in der ich von den Serben vergewaltigt wurde, wiederholte ich diesen Vers, der, als die Verzweiflung mich zu zerstören drohte, Balsam für meine Seele war. Jetzt ist alles vorbei, und es scheint mir, als ob es ein schlimmer Traum gewesen wäre.

Ja, es ist alles vorbei, Mutter Oberin, und doch fängt alles neu an. Als Sie mich angerufen hatten, um mir Trostworte zuzusprechen, für die ich Ihnen immer dankbar sein werde, haben Sie mir diese Frage gestellt: „Was werden Sie mit dem Leben machen, das mit Gewalt in Ihren Leib gelegt wurde?"

Ich fühlte, wie Ihre Stimmer zitterte, als Sie diese Frage stellten, auf die es keine sofortige Antwort gab. Nicht, weil ich noch nicht über die Wahl, die ich zu treffen hatte, nachgedacht hätte, sondern weil Sie meine Entscheidung nicht beeinflussen wollten. Jetzt habe ich meine Entscheidung getroffen. Wenn ich Mutter werde, wird das Kind mir und niemand anderem gehören. Ich könnte es jemandem übergeben, aber es hat das Recht auf meine mütterliche Liebe, obwohl es weder begehrt noch gewollt worden war.

Wir können keiner Pflanze die Wurzeln entreißen. Das Samenkorn, das in die Erde gefallen ist, muss dort wachsen, wo es der mysteriöse Säer hingeworfen hat. Ich will nichts von meiner Klostergemeinschaft, die mir sowieso schon alles gegeben hat. Ich danke meinen Schwestern für ihre Unterstützung; besonders aber danke

ich dafür, dass sie keine beschämenden Fragen gestellt haben. Ich werde mit meinem Kind weggehen. Ich weiß noch nicht wohin, aber Gott, der so plötzlich meine größte Freude zertrümmert hat, wird mir zeigen, welchen Weg ich zu gehen habe, um Seinen Willen zu erfüllen.

Ich werde arm sein. Ich werde wieder die alten Arbeitsröcke und Schürzen, die von Frauen an Arbeitstagen getragen werden, anziehen. Ich werde wieder mit meiner Mutter das Harz von Kiefernbäumen in den Wäldern sammeln gehen. Ich werde alles in meiner Kraft tun, um die Kette des Hasses, der unsere Länder zerstört, zu zerreißen.

Dem Kind, das ich erwarte, werde ich nur Liebe lehren. Mein Kind, geboren durch Gewalttätigkeit, soll ein Zeugnis dafür werden, dass Verzeihen das Einzige ist, was die Größe eines Menschen ausmacht.

* * *

Es ist gerade in diesem Schicksal, wo ich, inmitten der Zerstörung eines Lebensweges und einer Berufung durch das am meisten verhasste Verbrechen, das einer Frau angetan werden kann, den Kern, den Grund und die Freude der Botschaften, die von der Muttergottes in Medjugorje gebracht werden, gefunden habe.

Es ist ein Samen, der tausendfältige Frucht bringt.

Mein Gott, mein Gott, warum hast du mich verlassen?

(Matthäus 27, 46)

25
Oase des Friedens

Was kann über einen solchen Ort wie Medjugorje gesagt werden, der die zerstörerischen Mächte des Krieges überlebt? Eigentlich nur, dass er in krassem Gegensatz dazu als ein wahres Wunder dasteht – eine wahre Oase des Friedens. Nach beinahe drei Jahren heftigsten Kämpfens hatte Medjugorje noch keine größeren Schäden durch gegnerische Angriffe erlitten. Und jetzt im Januar 1994 tobte der Krieg immer noch in dieser Gegend mit unverminderter Macht – oft nicht mehr als 5 km von Medjugorje entfernt. Aber der Ort der Erscheinungen blieb weiterhin ein ruhiger Ort des Friedens inmitten dieses Sturmes.

Das Leben ging weiter. Mirjana und Ivanka erwarteten im Frühjahr Nachwuchs: Für beide war es das dritte Kind. Marija erwartete ihr erstes Kind im Juli. Für die Anhänger der Erscheinungen in Medjugorje, die wegen der vorhergesagten weltweiten Züchtigungen besorgt waren, bedeutete dieser Familienzuwachs bei dreien der Seherinnen ein positives Zeichen. Zwei von ihnen hatten bereits alle zehn „Geheimnisse" von der Muttergottes erhalten. Sie wussten also, was kommen würde, und doch hatten sie sich entschlossen, Kinder großzuziehen. Mirjana soll später einmal gesagt haben: „Denen mit großen Familien wird es dann besser ergehen."

Als ob sie dieses Zeichen des Vertrauens bestätigen wollte, sagte die Gospa in ihrer Monatsbotschaft im Januar 1994: "Liebe Kinder! Ihr seid alle meine Kinder. Ich liebe euch. Aber, meine lieben Kinder, vergesst nicht, dass ihr ohne Gebet mir nicht nahe sein könnt. In dieser Zeit will Satan in euren Herzen und in euren Familien Unordnung stiften. Meine lieben Kinder, lasst nicht zu, dass er euch und euer Leben lenkt. Ich liebe euch und halte bei Gott für euch Fürsprache. Meine lieben Kinder, betet. Danke, dass ihr meinem Ruf gefolgt seid!"

Die Not wurde immer größer. Strom und Wasser wurden jetzt täglich auf nur wenige Stunden rationiert. Und doch kamen die Gläubigen weiterhin in großer Anzahl zu der täglichen Abendmesse in die St. Jakobskirche. Auch beteten sie fortwährend in Gruppen auf dem Podbrdo und dem Križevac für Frieden und für die Soldaten.

Im Mai antwortet die Muttergottes mit dieser Botschaft: „Ich lade euch alle ein, mehr Vertrauen zu mir zu haben und meine Botschaften tiefer zu leben. Ich bin mit euch und halte bei Gott für euch Fürsprache, aber ich warte auch darauf, dass sich eure Herzen meinen Botschaften öffnen. Freut euch, denn Gott liebt euch und gibt euch täglich die Gelegenheit euch zu bekehren und mehr an Gott als den Schöpfer zu glauben."

Am dreizehnten Jahrestag der Erscheinungen waren die Dorfbewohner überrascht, eine so große Anzahl an Pilgern aus allen Ländern in Medjugorje zu sehen. Die Muttergottes gab diese Botschaft durch Marija, als sich die Gläubigen am 25. Juni im Dorf versammelten: „Liebe Kinder! Heute freue ich mich in meinem Herzen, während ich alle hier Anwesenden anschaue. Ich segne euch und lade euch alle ein, euch zu entscheiden, meine Botschaften, die ich hier gebe, zu leben. Ich möchte euch alle, meine lieben Kinder, zu Jesus führen, denn Er allein ist eure Rettung. Deshalb, meine lieben Kinder, je mehr ihr betet, umso mehr werdet ihr mir und meinem Sohn Jesus gehören. Ich segne euch alle mit meinem mütterlichen Segen und danke euch, dass ihr meinem Ruf gefolgt seid."

Dieser Jahrestag war ganz anders. Es mischten sich viele Flüchtlinge aus den Kriegsgebieten unter die Pilgern. Die meisten waren gekommen, weil sie Verwandte hier hatten. Angebaute Zimmer, die für Pilger bestimmt gewesen waren, dienten ihnen jetzt als Unterkunft. Das war jetzt ihre Oase des Friedens und der Sicherheit, obwohl es ein riesiger Unterschied zu der Sicherheit ihrer eigenen Häuser und Bauernhöfe war, die ihre Familien seit Generationen besessen hatten. Aber es war immer noch besser, als in den schnell aufgerichteten Flüchtlingslagern leben zu müssen, die man überall finden konnte. In diesen Lagern, die unter kritischen Mängeln an Lebensmitteln und Medikamenten litten, wurden Tausende heimatloser Opfer zusammengepfercht.

Obwohl es in Medjugorje noch genug Lebensmittel gab, wurde das Fleisch knapp. Die Schafe und Rinder der Einheimischen wurden einfach aus der Notwendigkeit, die Flüchtlinge ernähren zu können, weggeschlachtet. Aus dieser Not erwuchs die Geschichte eines einzigartigen Wunders, das sich in Medjugorje während dieser Zeit des Mangels ereignete. Es war wieder ein Beweis dafür, dass diese kleine Oase des Friedens ein ganz besonders heiliger Boden war.

Die Geschichte beginnt damit, dass ein Dorfbewohner, Josip mit Namen, in der ersten Zeit der Erscheinungen dadurch geschäftlich recht erfolgreich gewesen war, indem er Pilger beherbergte. Er war einer der ersten, der sein Heim Pilgern in Erwartung materieller Gewinne geöffnet hatte. Er wurde jedoch schon bald dadurch gesegnet, dass er jetzt wesentlich mehr verdiente, als in den vorigen Jahren schwerer Arbeit.

Josip und seine Familie lebten aber weiterhin genauso wie vorher. Seine Familie war jeden Abend bei der Messe, der Erscheinung und dem Gebetsgottesdienst. Er war von der Botschaft der Gospa so stark ergriffen worden, dass er diese so gut wie möglich zu leben versuchte. Nichts hatte sich in den darauffolgenden Jahren geändert, und sein Geschäftserfolg stieg weiterhin an. Josip wusste auch, wo der Geschäftserfolg herkam und lebte entsprechend. Er blieb ein Mann des Gebetes und des Fastens.

Der Erfolg erlaubt ihm, sein Haus weiter zu vergrößern, und mehr Pilger aufzunehmen. Er konnte sich materielle Güter anschaffen, die seine höchsten Erwartungen weit überstiegen. Zu seinen Errungenschaften zählte auch eine große Gefriertruhe, die vor dem Krieg immer mit frischgeschlachtetem Fleisch angefüllt war. Mit dem Zustrom der Flüchtlinge wurde sein Fleischvorrat schnell weniger, und er musste eine seiner Kühe schlachten.

Er packte das Fleisch sorgfältig ein und legte es in die Gefriertruhe. Er hatte vor, damit sparsam umzugehen. Aber seine Nachbarn hatten auch schon bald genauso viele Flüchtlingsgäste wie er, sodass ihnen das Fleisch ausging. So teilte Josip sein Fleisch großzügig mit allen Notbedürftigen, indem er versuchte, die Botschaften der Muttergottes weiterhin so zu leben, wie er es seit ihrer ersten Erscheinung getan hatte.

Jeden Tag nahm Josip etwas Fleisch aus der Truhe für seine Familie, Verwandten und alle Nachbarn, die dessen bedurften. Der Fleischvorrat reichte wesentlich länger, als er unter normalen Umständen gereicht hätte, und Josip war in der Lage, weiterhin täglich Fleisch zu verteilen. Endlich fragte ihn ein Nachbar: „Josip, hast du auch deine andere Kuh schlachten müssen?"

„Nein," antwortete Josip ruhig, „es vermehrt sich ständig! Jedes Mal, wenn ich die Truhe öffne, ist wieder genauso viel Fleisch drin, wie an dem Tag, an dem ich die erste Kuh geschlachtet habe."

Nach einigen Monaten nahm Josip immer noch Fleisch aus der Truhe. Seine Erklärung dafür war einfach und geradeheraus: „Die Gospa hat gesagt, wir sollten Kriege durch Gebete und Fasten beenden, und dass wir dadurch auch die Naturgesetze abändern könnten. ..."

* * *

Obwohl man am Ende dieses Jahres ein starkes Abflauen der Kämpfe wahrnehmen konnte, hielt die Knappheit an Lebensmitteln und Medikamenten weiterhin an. Auch starben noch Soldaten und Zivilisten aus allen ethnischen Gruppen, die an der Auseinandersetzung beteiligt waren, weiterhin durch Kriegshandlungen. Darunter befanden sich auch Männer aus dem Dorf Medjugorje. Die Truppen der Vereinten Nationen, die in der Gegend stationiert waren, waren nicht in der Lage, die immer wieder aufflammenden Feindseligkeiten zu beenden.

Kleine, aber vernichtende Schlachten wüteten nicht nur gegen die sich widersetzenden Scharen einfallender Serben, sondern sie herrschten jetzt auch zwischen den Kroaten und den mit ihnen verbündeten Mohammedanern. Die Kroaten und bosnischen Mohammedaner hatten sich aus Notwendigkeit zum Überleben und zur Selbstverteidigung gegen die Serben zusammengetan. Als sich jetzt Tausende der von den Serben vertriebenen Mohammedaner in Mostar und anderen vorwiegend kroatischen Gebieten niederließen, verübten sie gegenseitig die gleiche ethnische Reinigung, wie sie die Serben durchgeführt hatten. Besonders die Stadt Mostar wurde zum grausamen Schlachtfeld. Aber trotz allem kamen weiterhin Pilger in das Dorf und brachten dringend notwendige Kleider, Lebensmittel und Medikament mit. Medjugorje wurde zum Hauptsammelpunkt für diese Güter. Es übertraf bei weiten die Hilfsleistungen der großen Hilfsorganisationen. Viele der Pilger – ganz besonders junge Leute aus Ländern wie den USA, Italien, England, Deutschland und Österreich – reisten tapfer in die Kriegsgebiete, um die lebensnotwendigen Vorräte den Flüchtlingen zu bringen. Sie hatten keine Angst, denn die Gospa hatte ihnen durch ihre Botschaften zugesichert, sie in ihren Hilfsaktionen für die unglücklichen Kriegsopfer zu beschützen. Keiner der Pilger, die während der Kriegjahre nach Medjugorje gekommen waren, hat durch den Krieg irgend eine Verletzung erlitten oder ist getötet worden.[11]

Zu Weihnachten, als eine große Pilgergruppe in dem Dorf war, gab die Muttergottes diese Weihnachtsbotschaft: „Liebe Kinder! Heute freue ich mich mit euch und bete mit euch um Frieden: Frieden in euren Herzen, Frieden in euren Familien, Frieden in euren Begehren, und Frieden in der ganzen Welt. Möge der König des Friedens euch heute segnen und euch Frieden schenken. Ich segne euch und trage euch alle in meinem Herzen." Es war eine Botschaft, die nur die Gläubigen voll begreifen konnten.

Nicht ihr habt mich erwählt, sondern ich habe euch erwählt und dazu bestimmt, dass ihr euch aufmacht und Frucht bringt und dass eure Frucht bleibt. Dann wird euch der Vater alles geben, um was ihr Ihn in meinem Namen bittet. Dies trage ich euch auf: Liebt einander!

(Johannes 15, 16-17)

Fünfter Teil - Die Ernte

Als Er auf dem Ölberg saß, wandten sich die Jünger, die mit ihm allein waren, an ihn und fragten: „Sag uns, wann wird das geschehen, und was ist das Zeichen für Deine Ankunft und das Ende der Welt?"

Jesus antwortete: „... ein Volk wird sich gegen das andere erheben ... und an vielen Orten wird es Hungersnöte und Erdbeben geben. Doch das alles ist erst der Anfang der Wehen. Dann wird man euch in große Not bringen und euch töten und ihr werdet von allen Völkern um meines Namens willen gehasst. Dann werden viele zu Fall kommen und einander hassen und verraten. Viele falsche Propheten werden auftreten und sie werden viele irreführen. Und weil die Missachtung von Gottes Gesetz überhand nimmt, wird die Liebe bei vielen erkalten."

(Matthäus 24, 3-12)

„Denn es wird eine so große Not kommen, wie es noch nie eine gegeben hat, seit die Welt besteht, und wie es auch keine mehr geben wird. Und wenn jene Zeit nicht verkürzt würde, dann würde kein Mensch gerettet; doch um der Auserwählten willen wird jene Zeit verkürzt werden."

(Matthäus 24, 21-22)

26

Die Antwort

„Danke, dass ihr meinem Ruf gefolgt seid.“

Das sind die Worte, mit denen die Muttergottes jede monatliche Botschaft beschließt. Es könnte keine bessere Antwort auf diese Worte geben, als die der früheren und jetzigen Medjugorjepilger, die durch ihre unglaublichen humanitären Hilfsaktionen den Kriegsopfern helfen.

Warum sollten eigentlich gewöhnliche Menschen ihr tägliches Leben unterbrechen und Hilfsmittel für Menschen, die sie gar nicht kennen, in eine äußerst gefährliche Kriegszone bringen? Regierungsbehörden hatten sie vor den Gefahren gewarnt; Freunde und Verwandte hatten sie gebeten, nicht dorthin zu gehen. Eine Stimme aber war stärker als all diese Warnungen. Es war die Stimme der Mutter Jesu, die ihre Kinder dazu aufrief, anderen in ihrer großen Not zu helfen.

Ihr Aufruf wurde durch ihre monatlichen Botschaften während der Zeit der intensiven Kämpfe besonders klar. Selbst im Februar 1995, als die Kämpfe langsam zu Ende gingen, erneuerte sie ihre Bitte: „Heute lade ich euch ein, Missionare meiner Botschaften zu werden, welche ich hier durch diesen Ort, der mir lieb ist, gebe. Gott hat mir erlaubt, so lange mit euch zu bleiben. Deshalb, meine lieben Kinder, lade ich euch ein, mit Liebe die Botschaften zu leben, die ich euch gebe und dass ihr sie der ganzen Welt überbringt, sodass der Fluß der Liebe in das Volk voll Hass und Unfrieden fließt. Meine lieben Kinder, ich lade euch ein, dass ihr Friede werdet, wo Unfriede ist, und Licht, wo Finsternis ist, sodass jedes Herz das Licht und den Weg des Heils annimmt.“

Die tapferen, gehorsamen Seelen, die in das Inferno des Konfliktes reisten, versuchten diese Botschaften in die Tat umzusetzen. Sie waren die Zeichen des Friedens, wo kein Friede herrschte; sie waren das Licht, wo es kein Licht gab. Ohne die direkte Hilfe dieser Menschen, die durch die Erscheinungen der Gospa in Medjugorje angeleitet wurden, wäre Bosnien ein verödetes Land der lebenden Toten geworden. Hunderttausende unschuldiger Opfer wären durch Vernachlässigung gestorben; und unzählige andere wären obdachlos geworden.

Die Antwort auf ihren Aufruf war, und ist auch immer noch, ein bedingungsloser Akt der Liebe, eine direkte Erwiderung auf den Aufruf zur Liebe, den die Gospa in ihrer Botschaft am 25. April 1995 zum Ausdruck gebracht hat: „Heute lade ich euch zur Liebe ein. Meine lieben Kinder, ohne Liebe könnt ihr weder mit Gott noch mit den Brüdern leben. Deshalb lade ich euch alle ein, eure Herzen der Liebe Gottes zu öffnen, die übergroß und offen für jeden von euch ist. Gott hat mich aus Liebe zum Menschen unter euch geschickt, euch den Weg des Heiles, den Weg der Liebe zu zeigen. Wenn ihr nicht zuerst Gott liebt, werdet ihr weder den Nächsten noch den, den ihr hasst, lieben können. Deshalb, meine lieben Kinder, betet und durch das Gebet werdet ihr die Liebe entdecken."

Es fing alles mit einer „Kofferbrigade" an. Pilger, die nach Medjugorje kamen, wurden von ihren Reiseleitern ermutigt, etwas für die Kriegsopfer mitzubringen. Medikamente und Kleidung wurden am meisten mitgebracht. Mit jeder Pilgergruppe kamen zusätzliche Gepäckstücke, und wenn man diese einzelnen Stücke zusammenzählte, dann ergaben sie einen recht großen Berg an notwendigen Hilfsmitteln.

Später besuchten viele Pilgergruppen die in der Nähe gelegenen Flüchtlingslager, wo die Pilger ihre besonderen Geschenke der Liebe persönlich abliefern konnten. Ganze Flüchtlingsfamilien wurden „adoptiert" von Familien, von denen jemand als Pilger hierher gekommen war. Somit brachten regelmäßige finanzielle Unterstützungen dieser Familien eine gewisse Stabilität in das Leben mittelloser Flüchtlinge. Dadurch wurden ihnen Zeit und Mittel zur Verfügung gestellt, ein etwas normaleres Leben führen zu können.

Aus diesen anfänglichen sporadischen Hilfsaktionen wurden schon bald besser organisierte Maßnahmen von einzelnen Pilgern in die Wege geleitet. In vielen Ländern wurden Gruppen gegründet, die ihre ganze Energie darauf aufwandten, Geld und andere Vorräte zu sammeln, die sie dann in großen Überseecontainern per Luftpost oder Schiff nach Bosnien und Kroatien sandten. Ein gutes Beispiel dafür ist die Caritas von Birmingham in Alabama, eine 1986 von Laien gegründete Organisation, die nur dem Zweck diente, die Botschaften von Medjugorje zu verbreiten. Diese Organisation verschickte zwei- bis dreimal die Woche Container voller Hilfsmittel. Die Caritas hatte auch mehrere Millionen Dollar in Hilfsfonds gesammelt, die von Leuten aus den ganzen USA gespendet worden waren. Und ihr Werk geht heute immer noch weiter.

In meiner Heimatstadt Myrtle Beach in South Carolina vereinigten Bob Derr, der stellvertretende Hauptmann der Feuerwehr, und Dr. Bill Greene, ein Urologe, ihre Talente und Begeisterung mit noch einigen anderen und erwarben sechs gebrauchte Ambulanzen, die sie neu einrichteten und an Orte in Bosnien-Herzegowina und Kroatien schickten, wo sie am dringendsten gebraucht wurden. Ihr Projekt wurde durch ein paar Worte von Pater Svetozar, der unsere Gegend besuchte, und der über den Krieg und die dringende Notwendigkeit dieser Region sprach, in die Wege geleitet. Als er gefragt wurde, was man tun könne, um zu helfen, sagte er, dass Ambulanzen am dringendsten gebraucht würden.

Innerhalb der nächsten paar Monate hatte Bob das Land nach Ambulanzen durchkämmt und brachte auch mehrere ausgediente Fahrzeuge zusammen. Beide Männer fuhren dann weite Strecken, um sie nach Myrtle Beach zu bringen. Sie fanden auch einen Automechaniker, mit dem sie zusammen die Ambulanzen zum Verschicken nach Europa fertig machten. Aber sie waren damit noch nicht zufrieden; sie packten noch alle sechs Fahrzeuge bis oben hin mit Sanitätsvorräten voll, die Dr. Greene von pharmazeutischen Firmen besorgt hatte.

Aber die Antwort auf den Aufruf der Muttergottes kam nicht nur aus den USA, sondern auch aus vielen anderen Ländern. So organisierte z.B. Bernard Ellis, ein konvertierter Jude, in England ein Hilfsnetzwerk, das große Mengen an Hilfsmitteln in Lastwagenzügen in diese Gegend schickte. Auch die Lastwagen waren in der Hilfeleistung mit einbegriffen, damit sie dort für ähnliche Zwecke verwendet werden konnten. Bernard hatte seine Organisation, den Medjugorje Appell, so aufgebaut, dass solche Lastwagenzüge zwei bis dreimal im Monat von England nach Bosnien abgingen. Zwei dieser Lastwagen wurden von Frauen gefahren, von denen der Seher Ivan von Medjugorje einen begleitete. Beim anderen befand sich die junge Amerikanerin Collette Webster, die später als Märtyrerin in Mostar gestorben ist.

Ähnliche Aktivitäten wurden auch in Frankreich, Italien, Deutschland, Österreich und Polen unternommen. Selbst in weiter entlegenen Länder wie Australien, Neuseeland und den Ländern des Fernen Ostens folgte man diesem Ruf. Auch der kleine Inselstaat Bermudas erwiderte ihn mit vielen Hilfscontainern.

Es gibt noch Hunderte anderer solcher Geschichten. Jeff Reeds Geschichte ist typisch dafür. Jeff, ein freiberuflicher Pilot aus Dallas, Texas, war zum ersten Mal von Medjugorje berührt worden, als er einer Mutter von zwölf Kindern zuhörte, wie diese Zeugnis davon ablegte, dass die Erscheinungen Einheit und Bekehrung in ihre Familie gebracht hätten. In Jeff, einem Episkopalchristen, der aber nichts für die Religion übrig hatte, wurden die Flammen der Bekehrung durch die Geschichte dieser Mutter entfacht. Er fing auch gleich damit an, Bücher und Videos sowie alles andere, was er über Medjugorje finden konnte, zu verschlingen. Als Protestant hatte Jeff noch nie von der Rolle der Muttergottes als Fürsprecherin gehört; auch wusste er nichts über Marienerscheinungen. Jetzt konnte er aber nicht genug davon bekommen.

Nachdem Jeff an einer Medjugorjekonferenz in Wichita, Kansas, teilgenommen und dort Pater Svetozar, der jetzt ein regelmäßiger Sprecher auf Medjugorjekonferenzen war, zugehört hatte, wollte er unbedingt nach Medjugorje gehen. Da er wusste, dass es der Hauptgrund Pater Svets bei diesen Konferenzen war, Geldspenden zu erheben, reiste Jeff nach Konice in Pater Svets Pfarrei weiter, um ihn zu fragen, was er persönlich zu den Hilfeleistungen, besonders für die Gegend um Konice, beitragen könne. Er war enttäuscht, als ihm der gute Priester nur sagte, er solle beten, alles in Gottes Hände legen und keine große Kampagne aus seinen Bemühungen machen.

Aber sein Wunsch zu helfen, verließ ihn nicht. Er hatte keine Ahnung, wo er anfangen sollte, oder wie er Geld für die notdürftige katholische Kirche in den Kriegsgebieten sammeln könne, vor allen Dingen, weil er ja selbst nicht katholisch war. Jeff suchte bei vier Leuten, die gute Freunde und Geschäftskollegen waren, Rat. Einer von ihnen schlug vor, er solle sich mit mir in Verbindung setzen, da er wusste, dass ich Pater Svet und die Situation in jener Gegend gut kannte.

Als ich zum ersten Mal von Jeff angesprochen wurde, hielt ich gerade in der berühmten Basilika der Unbefleckten Empfängnis in Washington, D.C., Vorträge über Medjugorje. Er war in der Hoffnung, mich dort zu finden, zu dieser Konferenz gereist, ohne vorher mit mir Kontakt aufgenommen zu haben. Irgendwie trafen wir uns auch, aber nur für kurze fünf Minuten. Der junge Pilot überflutete mich mit seiner Geschichte und fragte mich, was er machen solle. Zu seiner Bestürzung sagte ich ihm beinahe das Gleiche, was Pater Svet ihm schon gesagt hatte: Er müsse beten, und wenn es sein soll... .

Jeff war am Boden zerstört – und jetzt auch noch verwirrt dazu. Sein Begehren, der Kirche und den Kriegsopfern in Konice zu helfen, brannte immer noch stark in ihm, aber meine Worte gaben ihm nicht die Antwort, die er erwartet hatte. Total enttäuscht ging Jeff trotzdem in eine der vielen kleinen Kapellen unter der Basilika, um zu beten, gerade wie ich es ihm gesagt hatte. Er hatte noch nie so andächtig in seinem Leben gebetet. Er bat die Muttergottes immer wieder, ihm zu gestatten, an den Hilfeleistungen aktiv teilnehmen zu dürfen. Auch wenn es bedeutete, den Fußboden zu kehren oder Gräben zu graben – alles sei ihm recht, solange sie ihm nur erlaubte, für ihren Sohn zu arbeiten. Plötzlich erhielt er eine klare Botschaft von der Muttergottes: „Ich habe es ja schon."

Sieben Tage später war Jeff wie aus den Wolken gefallen, als er auf einmal von einem der vier Leute, die er um Rat gefragt hatte, einen Scheck in der Post erhielt. Der Scheck war über $50.000. Es lag auch eine Notiz dabei, die lautete: „Wenn Medjugorje dich verändern kann, dann kann es einen jeden verändern." Die Notiz besagte auch noch, dass das Geld dazu bestimmt sei, ihm zu helfen, mit seinen Hilfeleistungen zu beginnen.

Was Jeff anbetraf, war das der Anfang und das Ende – so dachte er wenigstens damals. Er reiste auch schon bald danach ab und brachte das meiste Geld zu Pater Svet in Konice. Er zahlte dies aus einem besonderen Fondkonto, das er durch die episkopalische Kirche eingerichtet hatte, und das er den Saint-David-Fond nannte. Aber wie wenig wusste er zu jener Zeit schon, was Gott noch alles mit diesem besonderen Fond vorhatte.

Als sich der Krieg in Kroatien und später Bosnien weiter verschärfte, nahm Jeff das restliche Geld des Saint-David-Fonds und fing an, andere Hilfsaktionen zu organisieren. Der Fond wurde später in eine unabhängige, gemeinnützige Organisation, die St. Davids Relief Foundation (St.-Davids-Hilfsstiftung), umgewandelt. Bis heute sind über $8,5 Millionen an Hilfsgeldern aufgebracht und nach Bosnien und Kroatien gesandt worden. Die Stiftung arbeitet nur mit einer kleinen Belegschaft und versendet weiterhin etwa alle zwei Wochen einen Container voller Hilfsmittel.

Als die Erscheinungen sich in den Sommer 2001 erstreckten, machte Jeff mit seiner Arbeit auch weiter. So lange ihn die Leute mit Geld unterstützen, wird er weitermachen. Wenn sie einmal aufhören werden, dann will er es als ein Zeichen dafür annehmen, dass Gott andere Pläne mit ihm hat.

Die Antwort geht im 21. Jahrhundert weiter.

Er sagte: „Mit dem Reich Gottes ist es so, wie wenn ein Mann Samen auf seinen Acker sät; dann schläft er und steht wieder auf, es wird Nacht und wird Tag, der Samen keimt und wächst und der Mann weiß nicht, wie. Die Erde bringt von selbst ihre Frucht, zuerst den Halm, dann die Ähre, dann das volle Korn in der Ähre. Sobald aber die Frucht reif ist, legt er die Sichel an; denn die Zeit der Ernte ist da."

(Markus 4, 26-29)

27

Aus der Dunkelheit ans Licht

Die Menschen folgten weiterhin dem Aufruf der Muttergottes. Die Nächstenliebe war besonders dort deutlich zu erkennen, wo Ärzte, Zahnärzte, Krankenschwestern, sowie viele mit anderen Berufen in die Kriegsgebiete gekommen waren, um ihre Zeit, Talente und Ausrüstungen für die Heimatlosen und Kranken zur Verfügung zu stellen. Es herrschte ein starker Unternehmungsgeist, um alle Opfer zu erreichen – ein ruhiger aber gleichmäßiger Unternehmungsgeist, der versuchte, in Medjugorje und dem ganzen Kriegsgebiet den wahren Frieden wiederherzustellen, der vor dem Krieg hier so deutlich spürbar war.

Ein Jahr zuvor hatte die Gospa ihre tiefe Sorge in einer mahnenden Botschaft an Mirjana während ihrer jährlichen Erscheinung am 18. März 1995 ausgedrückt. Es war ein erneuter Aufruf zur Tat: „Liebe Kinder! Als Mutter unterrichte ich euch jetzt schon seit vielen Jahren im Glauben und in der Liebe zu Gott. Ihr habt es dem Vater nicht gedankt, noch habt ihr Ihm die Ehre erwiesen. Ihr seid leer geworden, und euer Herz ist hart und ohne Liebe gegenüber dem Lied eurer Mitmenschen. Ich lehre euch die Liebe und zeige euch, dass euch der Vater. Ihr aber liebt Ihn nicht. Er hat Seinen Sohn für euer Heil geopfert, meine Kinder. Solange ihr nicht liebt, werdet ihr die Liebe eures Vaters nicht erkennen. Ihr werdet Ihn nicht erkennen, denn Er ist die Liebe. Liebt, und habt keine Angst, meine Kinder, denn die Liebe kennt keine Angst. Wenn eure Herzen offen sind für den Vater und voll der Liebe zu Ihm, warum dann die Fruch vor dem, was kommen wird? Diejenigen, die nicht lieben, haben Angst, denn sie erwarten die Strafe, weil sie wissen, wie leer und hart sie sind. Ich, liebe Kinder, führe euch zur Liebe, zu eurem Vater. Ich führe euch zum ewigen Leben. Mein

Sohn ist das ewige Leben. Nehmt Ihn an, und ihr habt die Liebe angenommen."

Diese Erscheinung dauerte zehn Minuten. Das Gesicht der Gospa war ernst, aber es strahlte vor Liebe und Entschlossenheit. Mirjana weinte Freudentränen. Die Botschaft war klar und eindeutig: Es muss mehr getan werden, um die Leiden der Kriegsopfer zu lindern.

Ein Jahr später wurde die gleiche Mahnung in der Jahresbotschaft der Muttergottes an Mirjana zum Ausdruck gebracht: „Liebe Kinder! Ich wünsche, dass ihr über diese Botschaft, die ich euch heute durch meine Magd gebe, lange nachdenkt. Meine Kinder, groß ist die Liebe Gottes! Schließt nicht eure Augen, schließt nicht eure Ohren, wenn ich wiederhole: Groß ist Seine Liebe! Erhört meinen Aufruf und mein Flehen, das ich an euch wende. Weiht eure Herzen und bereitet darin ein Heim für den Herrn. Möge Er immer darin wohnen. Meine Augen und mein Herz werden immer hier sein, auch wenn ich nicht mehr erscheine. Handelt in allem so, wie ich euch bitte, und wie ich euch zum Herrn führe. Verwerft nicht den Namen Gottes, damit ihr nicht verworfen werdet. Nehmt meine Botschaften an, damit auch ihr angenommen werdet. Entscheidet euch, meine Kinder, denn jetzt ist die Zeit der Entscheidung. Habt ein gerechtes und unschuldiges Herz, damit ich euch zu eurem Vater führen kann, denn nur durch Seine große Liebe kann ich hier sein."

* * *

Wenn man sich im Dorf Medjugorje umsah, konnte man deutlich die Beweise dafür erkennen, dass die Menschen hingehört hatten. Sie folgten dem Ruf der Gospa. Auf der anderen Seite des Medjugorjetals konnte man jetzt eine kleine Ansammlung neu-errichteter Vielzimmer-Häuser und eine schöne neue Schule sehen. Es ist ein von Pater Slavko Barbarić gegründetes und von Franziskanerinnen geleitetes Waisenheim. Die Zimmer des Heims sind warm und modern und strahlen eine heimische Atmosphäre aus.

Die Waisen sind Kinder, deren Eltern im Krieg getötet worden waren.

Das Waisenheim war ohne viel Tamtam eröffnet worden. Es hatte auch keine internationalen Hilfsaktionen gegeben, um die Kosten für den Bau aufzubringen; auch hatte es keine besondere Beihilfe der Regierung oder internationaler Hilfsorganisationen gegeben. Es war einfach ein anderes, dringendst notwendiges Projekt, das von den Franziskanern, den Dorfbewohnern und Pilgern durchgeführt wurde. Und heute wird es, von vielen Pilgern und Einheimischen unterstützt, weitergeführt. Es bringt Licht in das Leben und die Zukunft dieser Kinder. Vorher hatte es nur Dunkelheit gegeben.

* * *

Gerade unterhalb des Podbrdo, nahe bei Marijas und Paolos Wohnung, befindet sich ein von einer hohen Steinmauer umgebener Gebäudekomplex. Ursprünglich war es ein Drogenrehabilitationszentrum, aber heute dient es wesentlich mehr Zwecken. Es ist für die „Armen im Geiste". Es ist für Alkoholiker, Verstoßene, Verzweifelte, deren Leben durch den ständigen Kampf zwischen Gut und Böse zerstört worden waren. Heute ist dieses Zentrum als „Schule des Lebens" bekannt.

Schwester Elvira, eine italienische Nonne, die bereits 27 solcher Zentren in acht Ländern gegründet hat, eröffnete dieses Zentrum im Juni 1991. Diese kleine aber dynamische Ordensfrau war sich gleich in den ersten Jahren, nachdem sie nach Medjugorje gekommen war, darüber klar geworden, dass ein solches Zentrum die richtige Erwiderung auf den Aufruf der Muttergottes sei. Heute steht es als sichtbarer Beweis dafür, dass das Medjugorje-Phänomen ein echter Aufruf des Himmels zur Bekehrung von Sündern ist. Hunderte Drogensüchtiger haben in diesem Zentrum seit seiner Eröffnung bereits Hilfe gefunden.

Im Anfang war nur der Traum Schwester Elviras; dann kam der Kauf des mit Felsbrocken übersäten Grundstücks. Das Zentrum fing mit einem großen Zelt in der Mitte des Grundstücks an. Es gab weder Wasser noch Strom auf dem Grundstück. Die ursprünglichen Bewohner fingen an, zu graben und zu bauen, indem sie die Steine aus dem Grund als Bausteine für die Wände und den Boden benutzten. Heute machen die jetzigen Bewohner diese Arbeit weiter. Es ist eine sehr schwere Arbeit.

Jeder Tag fängt mit Gebet und heiliger Messe an; dann gibt es ein einfaches Frühstück; darauf folgt ein langer Tag schwerer körperlicher Arbeit, ganz gleich, wie das Wetter ist. Das ist die einzig wirksame Behandlung. Es gibt hier keine Ärzte, keine Psychiater, keine Krankenpfleger. Es gibt keine Medikamente oder Entziehungsmittel für Alkoholiker. Es gibt keine Unterhaltung, wie Fernsehen, Radio, keine Zigaretten oder Alkohol. Es gibt hier nichts als Gebet, Liebe und harte Arbeit.

Die Heilungsrate für Drogensüchtige ist erstaunlich hoch: 90%! Die geistliche Bekehrungsrate ist sogar noch höher. Die jungen Männer, die ins Programm aufgenommen werden, müssen sich verpflichten, wenigstens drei Jahre dort zu bleiben. Sie werden auch gebeten, noch zwei weitere Jahre zu bleiben, um anderen, die neu ins Programm aufgenommen werden, zu helfen. Sie sind jedoch frei, jederzeit zu gehen. Wenn sie aber bleiben, dann müssen sie den Regeln aufs i-Tüpfelchen folgen. Es gibt keinen Beitrag. Alles wird durch freiwillige Spenden getragen.

Heute ist das Zentrum ein sich immer weiter ausdehnender Komplex. Die Bewohner fertigen verschiedene Handarbeiten an, die an Besucher verkauft werden. Beinahe alle Pilgergruppen, die nach Medjugorje kommen, statten dem Zentrum einen Besuch ab. Schwester Elvira hat noch mehr zu ihrer Arbeit hinzugefügt, indem sie ein kleines Haus für Frauen, die schwer unter dem Druck einer materialistischen und unmoralischen Welt leiden, eröffnete.

* * *

Seit kurzem bin in an einer besonderen Hilfsaktion in Medjugorje beteiligt. Der Zweck dieser Aktion ist es, Häuser für wohnungslose Kriegsflüchtlinge zu erstellen. Es ist wieder ein anderes Beispiel dafür, wie man den Aufruf der Muttergottes in die Tat umsetzen kann.

Die Gründung dieses Hilfswerks ereignete sich auf ganz einfache Weise. Zvonko Coja und seine Familie benötigten dringendst eine Wohnung. Sie waren durch mohammedanische Bosnier aus ihrer Wohnung im Rahmen der ethnischen Reinigung vertrieben worden. Sie hatten in Konice gelebt, das ganz nahe bei Sarajewo liegt. Die Frau seines Bruders war erschossen worden, und ein Schwager war von mohammedanischen Kämpfern gefangen und dann gefoltert worden, indem sie ihm Ohren und Nase abgeschnitten und die Augen ausgestochen hatten. Zvonko war daraufhin mit seiner Frau und drei kleinen Kindern nach Medjugorje geflohen. Unter Beihilfe Pater Svets, in dessen Pfarrei er in Konice gelebt hatte, wurde ihm eine vorübergehende Bleibe gegeben.

Zvonkos Familie lebte jetzt in einem kleinen Schuppen neben Ante Music, der vor 15 Jahren nach einer überwältigenden Bekehrung von Split in Kroatien nach Medjugorje gezogen war. Als Ante die verzweifelte Lage seiner neuen Nachbarn sah, wollte er ihnen helfen. Er begann, Pläne zu schmieden, um Gelder für ein Haus für Zvonkos Familie zusammenzubekommen.

Ante hatte schon seit Jahren als englisch-sprechender Fremdenführer in Medjugorje gearbeitet. Durch diese Arbeit hatte er auch seine irische Frau Paula, die Tochter der bekannten irischen Autorin und Journalistin Heather Pearson, kennen gelernt. Heather hatte ein Buch über Medjugorje geschrieben und führte irische Pilger hierher. Als Heather zu Besuch kam und von der Not der neuen Nachbarn hörte, wollte auch sie helfen. Zusammen planten sie eine besondere Veranstaltung in Irland, durch die sie hofften, die Gelder für den Bau eines Hauses für Zvonko und seine Familie zusammenzubekommen.

Im Jahr 1998 machte Patricia Keane eine Wallfahrt nach Medjugorje, wo sie auch eine tiefgehende Bekehrung erlebte. Nachdem sie wieder nach Hause zurückgekehrt war, traf sie Heather, die in der gleichen Stadt wohnte. Von dieser erfuhr sie, dass sie der Flüchtlingsfamilie, die neben ihrer Tochter wohnte, helfen wollte. Daraufhin entschied sie sich, auch mitzumachen. In kürzester Zeit übernahm Patricia die Führung und weitete die Aktion auf andere notdürftige Familien aus. Von diesem bescheidenen Anfang entstand das Hilfswerk „Rebuild for Bosnia" („Wiederaufbau Bosniens"), das offiziell anfangs 1999 gegründet wurde.

Später in diesem Jahr habe ich Patricia Keane in Medjugorje getroffen. Sie erklärte mir den Zweck des Hilfswerks und fügt hinzu, dass sie jetzt daraufhin arbeiteten, so viele Häuser wie möglich auch für andere Flüchtlinge zu bauen. Sie fragte mich, ob ich helfen könne, und ob ich bereit sei, der Obmann des Hilfswerks zu werden? Normalerweise hätte ich mit der Begründung abgelehnt, mein eigenes Hilfswerk zu haben. Aber auch hier verspürte ich wieder diesen inneren Drang, der mir nahe legte, mich an dieser Sache zu beteiligen. Ich stimmte also zu und fing gleich damit an, Pläne für Geldsammlungen für dieses Projekt zu machen.

Patricia, die mit Ante in Medjugorje eng zusammenarbeitete, hatte auch schon bald eine Baufirma engagiert, die in etwa 40 Tagen und zu einem Preis von 15.000 irischen Pfunden (etwa $ 20.000) ein Fertighaus aufrichten konnte. Zvonko und seine Familie waren die ersten, die ein Fertighaus bekamen. Im Spätsommer 2001 waren bereits 30 solcher Häuser entweder fertiggestellt und bewohnt oder noch im Bau begriffen. Das Hilfswerk, das jetzt zur Lebensaufgabe für Patricia geworden war, wuchs ständig, und hatte es sich zum Ziel gesetzt, ein ganzes Dorf für Flüchtlinge zu errichten. Es war ironisch, dass die Baufirma, die diese Fertighäuser aufbaute, eine mohammedanische Firma war, also von der gleichen ethnischen Volksgruppe, die Zvonko und andere katholische Familien aus Konice vertrieben hatten. Dadurch wurde ein Heilungsprozess zwischen den Bauleuten und den dankbaren Flüchtlingen in die Wege geleitet. Bei diesem Projekt gibt es keine Voreingenommenheit, was die ethnische Abstammung anbetrifft. Das Hilfswerk baut Häuser für kroatische Katholiken, serbische Orthodoxe und bosnische Mohammedaner. Die einzige Voraussetzung ist, dass es Opfer dieses furchtbaren Krieges sein müssen.

Nachdem ich in unserem „Medjugorje Newsletter" („Medjugorje Rundbrief") über „Rebuild for Bosnia" geschrieben und auch in meinen Vorträgen davon gesprochen hatte, fingen die Gelder an, einzulaufen. Ich entschied mich, noch einen Schritt weiter zu gehen. Als ich im November 2000 eine Pilgergruppe nach Medjugorje begleitete, hatte ich vorher jedem der Pilger einen Brief mit der Bitte geschickt, notwendige Toilettenartikel und Kleider als Spenden mitzubringen. Die Gruppe brachte riesige Koffer voller solcher Sachen mit, die wir dann an dankbare Familien, die immer noch unter ärmlichen Verhältnissen lebten, verteilten. Dann war aber auch noch mein Ziel gewesen, von dieser Pilgergruppe so viel Geld zu sammeln, um wenigstens ein Haus als ständige Erinnerung an diese besondere Wallfahrt bauen zu können.

Nachdem ich in meiner Eröffnungsrede über dieses Hilfswerk gesprochen hatte, kam an nächsten Tag ein Ehepaar zu mir. „Wir möchten gern ein Haus spenden", sagte der Mann. „Aber wir möchten, dass unsere Namen nicht bekannt gegeben werden."

Ich war nicht sicher, ob ich richtig gehört hatte. „Ihr meint, ihr möchtet eine Spende für ein Haus geben?", fragte ich.

„Nein," sagte er, „wir möchten ein ganzes Haus spenden!"

Ich war sprachlos und äußerst gerührt. Ich konnte ihnen nicht genug danken. Später erzählte ich der ganzen Gruppe in meiner Abendansprache von dieser großzügigen Spende, ohne natürlich ihre Namen zu nennen. Daraufhin kamen noch zwei andere Ehepaare und verpflichteten sich, dass jedes auch das Geld für ein ganzes Haus aufbringen wolle. Es ist wirklich erstaunlich, dass, je mehr man betet und auf Gott vertraut, Er auch umso mehr gibt.

Einige Tage später kam das erste Ehepaar, das versprochen hatte, ein ganzes Haus zu spenden, wieder zu mir mit der Zusicherung, für jedes Haus, das die Gruppe spendete, ein weiteres Haus zu spenden! Das Resultat war, dass diese Gruppe zumindest vier Häuser für die Flüchtlinge hinterließ; und es besteht die Möglichkeit für zwei weitere Häuser aus den immer noch einlaufenden Spenden der Pilger.

Ich kehrte von dieser meiner 33. Wallfahrt nach Medjugorje geistlich gestärkt und mit neuem Mut, die Botschaften Unserer Lieben Frau zu leben, nach Hause zurück.

Dann wird der König denen auf der rechten Seite sagen: „Kommt her, die ihr von meinem Vater gesegnet seid, nehmt das Reich in Besitz, das seit der Erschaffung der Welt für euch bestimmt ist. Denn ich war hungrig und ihr habt mir zu essen gegeben; ich war durstig und ihr habt mir zu trinken gegeben; ich war fremd und obdachlos und ihr habt mich aufgenommen; ich war nackt und ihr habt mir Kleidung gegeben; ich war krank und ihr habt mich besucht; ich war im Gefängnis und ihr seid zu mir gekommen."

(Matthäus 25, 34-36)

28

Die Erfüllung

Eine weitere größere Änderung brachte die Erscheinungen einen Schritt näher an ihre endgültige Erfüllung. Diese Änderung ereignete sich im September 1998, als Jakov, der sich mit Mirjana auf einer Vortragstournee durch die USA befand, seine letzte tägliche Erscheinung erhielt, während der er auch das zehnte „Geheimnis" anvertraut bekam.

Die Muttergottes kam am 12. September in Miami, Florida, zu ihm, als er gerade mit seiner Familie dort Urlaub machte und Vorträge über Medjugorje hielt. Mit einem zarten Lächeln sagte sie zu ihm: „Liebes Kind, ich bin deine Mutter und liebe dich bedingungslos. Von heute an werde ich dir nicht mehr jeden Tag erscheinen, sondern nur noch zu Weihnachten, dem Geburtstag meines Sohnes. Sei nicht traurig, denn als Mutter werde ich immer mit dir sein, und, wie jede wahre Mutter, werde ich dich nie verlassen. Und du folge weiterhin dem Weg meines Sohnes, dem Weg des Friedens und der Liebe und versuche dem Auftrag, den ich dir anvertraut habe, standhaft zu bleiben. Sei das Beispiel eines Mannes, der Gott und Gottes Liebe erfahren hat. Lass die Menschen in Dir immer ein Beispiel dafür sehen, wie Gott in den Menschen und durch sie wirkt. Ich segne dich mit meinem mütterlichen Segen und danke dir, dass du meinem Ruf gefolgt bist."

Danach musste Jakov eine lange Zeit weinen. Er hatte schon fast den ganzen vorherigen Tag geweint, als ihm die Muttergottes gesagt hatte, dass am nächsten Tag ihre letzte tägliche Erscheinung sein werde. Der sonst immer so gut aufgelegte Jakov war jetzt ganz schwermütig, als er weiterhin in Südflorida herumreiste und seine Vorträge hielt. Ein paar Tage später reiste er dann in das völlig verarmte Haiti, wo mehr als 70.000 Menschen kamen, um die Botschaft von Medjugorje zu hören. Ein ruhigerer und reiferer Jakov begann eine neue Etappe in seinem Dienst, ein Vorbild dafür zu sein, wie Gott an Menschen und durch sie handelt.

Nachdem Jakov seine letzte tägliche Erscheinung erhalten hatte, waren es jetzt nur noch drei der ursprünglichen sechs Seher, die tägliche Erscheinungen hatten. Die Gospa erschien aber den drei anderen immer noch wenigsten einmal im Jahr. Alle außer Vicka waren jetzt verheiratet. Ivan hatte die Amerikanerin Laureen Murphy im Oktober 1994 geheiratet, und sie hatten bereits drei Kinder. Das Thema „Familie" wurde stark hervorgehoben, und die Gnade der täglichen Erscheinungen wurde weiterhin ausgegossen.

* * *

An einem milden Nachmittag anfangs November 1998 versammelten sich mehr als 700 Pilger in der neuen riesigen Halle, die etwa 200 Meter hinter der St. Jakobskirche in Medjugorje gebaut worden war. Sie waren gekommen, weil ich zu einer vorwiegend englisch-sprechenden Gruppe reden sollte. Aber die Nachricht davon hatte sich schnell verbreitet, und so waren auch viele andere Gruppen gekommen. Die Anwesenheit so vieler Pilger war wieder ein sichtbarer Beweis dafür, dass die guten Früchte der täglichen Erscheinungen der Muttergottes selbst nach 17 Jahren weiterhin hervorgebracht wurden.

Ich hatte eine Gruppe mit 220 Pilgern von überall in den USA hierhergebracht. Als ich zu sprechen anfing, überkam mich ein Gefühl der Demut; und Ehrfurcht erfüllte mein Herz. Bei jedem Vortrag kam es mir vor, als sei es der Erste; und selbst nach 14 Jahren, in denen ich die Welt bereist und Vorträge über die Botschaften von Medjugorje gegeben habe, wurden mir diese nie zur Routine oder langweilig.

In unserer Gruppe befand sich eine Familie mit der erstaunlichen Anzahl von 18 Mitgliedern. Ich bat sie, aufzustehen. Die verwitwete Mutter hatte ihre Kinder mit ihren Ehepartnern und deren Kinder als Familieneinheit nach Medjugorje gebracht. Dafür hatte sie, wie sie es nannte, „ihre Erbschaft" aufgebraucht. Sie war überzeugt davon, dass sie ihnen nichts Besseres für die Zukunft hätte mitgeben können. Sie dienten als ein deutliches und kraftvolles Symbol für das Thema „Familie", das so stark durch die Botschaften der Muttergottes zum Ausdruck gebracht wird.

Ein junger lutherischer Pastor und seine Frau waren ebenfalls bei der Gruppe. Ich bat auch sie, aufzustehen. Sie versinnbildlichten den ökumenischen Charakter der Botschaften der Muttergottes, die ständig ihr großes Verlangen kundtut, alle ihre Kinder zu ihrem Sohn zu bringen.

Dann fragte ich, wie viele der Anwesenden zum ersten Mal in Medjugorje seien. Es war unglaublich, aber fast alle Hände flogen hoch. Es ging ein unterdrücktes Murmeln durch die Menge. „Seid ihr euch dessen bewusst", fragte ich nach einer kleine Weile, „dass die Muttergottes jetzt schon 17 Jahre, vier Monate und ein paar Tage darauf gewartet hat, bis ihr nach Medjugorje kommt? Seid ihr euch aber auch dessen bewusst, dass die Wunder, Zeichen und Erlebnisse der ersten Tage der Erscheinungen auch heute noch genauso reichlich vorhanden sind, wie sie es für die Pilger in all diesen Jahren seit Beginn der Erscheinungen waren?"

Das Murmeln steigerte sich zu einem lauten Applaus. Die Sache war für diese Pilger eindeutig: Medjugorje war heute noch genau das, was es in den Anfängen gewesen war.

* * *

Mit dem Ende des Krieges war ein unsicherer Frieden eingetreten. Aber die Zeichen des „Sturmes" waren noch überall erkennbar. Unsere Gruppe fuhr mit Bussen nach Mostar, um in der neuen Kapelle des Franziskanerklosters eine heilige Messe mitzufeiern. Dieser Abstecher gab uns einen guten Einblick in die dunklen Früchte des Krieges. Wir fuhren an der Kathedrale vorbei, deren Dach immer noch durch die Bombardierung, die 1992 in der Höhe des Krieges über die Stadt ergangen war, eingestürzt war. Die Bischofsresidenz, die ähnliche Schäden erlitten hatte, war wieder hergestellt worden und war auch wieder bewohnt.

Unsere Busse fuhren an Friedhöfen vorbei, die weit über ihre ursprünglichen Grenzen erweitert worden waren, und in denen man Hunderte neuer Grabsteine sehen konnte. Tausende mit Kugeln durchlöcherte Gebäude, die neben zusammengefallenen Ruinen standen, dienten als ständige Erinnerung daran, dass Hilfe noch dringendst notwendig war. Sie wird es noch für viele Jahre sein.

Als ein leichter Nieselregen anfing, wurde unsere Stimmung noch gedämpfter. Die Busse parkten in einem behelfsmäßigen Parkplatz in der Nähe des Kirchengebäudes, das sich noch im Bau befand und ziemlich weit von der Kapelle entfernt lag. Wir marschierten leise zum Kloster. Es erinnerte mich daran, als ich während des Krieges mit Pater Svet hier war, und wir uns vor Heckenschützen in Acht nehmen mussten.

Als ich die Kapelle erreichte, war sie bereits überfüllt. Ich war etwas verärgert und machte meinen Gefühlen durch Worte Luft: Warum wir in diese kleinen Kapelle und nicht in dem viel größeren Gottesdienstraum unter der Hauptkirche, der momentan von der Pfarrgemeinde benutzt wurde, gingen? Eine unserer Reiseleiterinnen, Slavenka, eine hübsche Kroatin mit grellrotem Haar, versicherte mir mit einem freundlichen Lächeln: „Haben sie keine Angst, wir passen alle rein. Es wird nicht anders sein, als wenn man beim Abendgottesdienst in der St. Jakobskirche eingepfercht wäre."

Sie hatte recht. Obwohl kein Platz war, sich zu bewegen, passten wir doch alle rein. Und so machte mein anfänglicher Ärger wieder dem inneren Frieden Platz. Es war, als ob man hier so richtig den Frieden dieses ganz besonderen Ortes, der aus dem Dunkel des Krieges erstanden war, spüren könnte. Wegen der Stelle, an der die Kapelle stand, war das für mich die andächtigste und friedlichste Zeit unserer ganzen Wallfahrt. Wir waren aber noch von den Überresten des Unfriedens umgeben, der hier so lange vorgeherrscht hatte.

Nach der heiligen Messe sprach ich noch ganz kurz zu den Pilgern und sagte ihnen, dass sie hier den Mangel an Liebe eindeutig sehen könnten. Es sei ein sichtbarer Beweis für die furchtbaren Früchte Satans, der überall dort gegenwärtig sei, wohin die Heilige

Jungfrau Maria gesandt würde. Ich erinnerte sie auch daran, dass der Kampf nicht nur auf dem Schlachtfeld des Krieges stattfinde. Der Kampf finde vielmehr in uns allen statt. Es sei ein Kampf zwischen Gut und Böse. Das sei auch der Grund dafür, warum die Erscheinungen in Medjugorje heute noch fortgeführt würden. Diese Wallfahrt, sowie alle anderen, sei eine Mahnung, dass der Kampf solange weitergeführt würde, bis jede einzelne Seele die Gelegenheit gehabt hätte, sich für oder gegen Gottes Gnadengaben zu entscheiden

* * *

Das Dorf Medjugorje sah jetzt ganz anders aus als bei meiner ersten Wallfahrt im Mai 1986. Es waren ästhetische und praktische Verbesserungen in und um die Kirche gemacht worden. So war auch die große Halle sowie andere Versammlungs- und Gottesdienstgebäude gebaut worden. Aber im Großen und Ganzen haben sich die Dorfbewohner nicht viel verändert, und auch die Art Pilger, die aus aller Welt kamen, war noch dieselbe. Zu den Abendgottesdiensten, die mit dem Rosenkranzgebet begannen und mit der Feier der heiligen Messe fortgeführt wurden, war die Kirche immer noch zum Bersten voll, sodass viele Pilger außen daran teilnehmen mussten.

Leider hatte auch hier, wie zu erwarten war, das Kommerzielle überhand genommen. Das mit der Erbsünde belastete Menschliche wird immer ein Teil irgendeines übernatürlichen geistlichen Ereignisses als Erinnerung an den überall gegenwärtigen Sturm sein. Ohne dieses könnte man die Echtheit dieser Phänomene leicht in Zweifel ziehen. Die Entscheidung für Gut oder Böse muss jeder für sich selbst treffen, und die Gelegenheit, sich für das eine oder andere zu entscheiden, ist für alle gegeben.

Die Muttergottes hatte die Menschen während Mirjanas jährlicher Erscheinung im März 1997 daran erinnert, dass wir alle die Wahl haben, welchen Weg einzuschlagen: „Liebe Kinder! Als Mutter bitte ich euch, nicht auf dem Weg zu bleiben, den ihr eingeschlagen habt. Auf diesem Weg werdet ihr nur Härte und Leere des Herzens erleben, nicht aber den Frieden, nach dem ihr euch alle sehnt. Den wahren Frieden wird nur derjenige haben, der in seinem Nächsten meinen Sohn erkennt und liebt. In wessen Herzen nur mein Sohn regiert, der weiß, was Freude und Geborgenheit bedeutet."

Sie fügte diesem eine weitere starke Mahnung in ihrer Botschaft zum sechzehnten Jahrestag am 25. Juni 1997 hinzu: „Heute bin ich auf besondere Weise bei euch und bringe euch meinen mütterlichen Segen des Friedens. Ich bete für euch und halte Fürsprache bei Gott für euch, damit ihr versteht, dass jeder von euch ein Träger des Friedens sei. Den Frieden könnt ihr nicht haben, wenn euer Herz nicht im Frieden mit Gott ist. Deshalb, meine lieben Kinder, betet, betet, betet, denn das Gebet ist das Fundament eures Friedens. Öffnet eure Herzen und schenkt Gott Zeit, damit Er euer Freund wird. Wenn man eine echte Freundschaft mit Gott schafft, kann sie kein Sturm zerstören."

Der Sturm wird aber immer ein Teil der Geschichte von Medjugorje bleiben. Obwohl der Krieg zu Ende war, und der Kampf um Seelen weitergeführt wurde, wütete der Kampf der Gegner gegen die Anerkennung der Erscheinungen weiterhin. Er hatte angefangen, als der Bischof von Mostar, Pavao Žanić, der seit 1991 in Pension ist, die Erscheinungen nach ursprünglich eifriger Verteidigung später gänzlich ablehnte. Sein Nachfolger, Bischof Ratko Perić, ist ein noch größerer Gegner. Der Grund dafür ist der gleiche: Der Generationen alte Kampf innerhalb der Diözese um Kontrolle zwischen den Franziskanern und den Weltpriestern. Nach 17 Jahren nachgewiesener guter Früchte war dies noch der einzige Grund für diese Ablehnung.

Eine interessante Anmerkung wurde von einem der Franziskaner erzählt. Der pensionierte Bischof Žanić war vor kurzem von einem Priester, der den Erscheinungen positiv gegenüber stand, gefragt worden: „Herr Bischof, wie denken sie nach all den Jahren und Tausenden von Bekehrungen über Medjugorje?"

Bischof Žanić soll nach einer kurzen Pause gesagt haben: „Ich habe in letzter Zeit viel darüber nachgedacht... "

Aber selbst nach diesem kleinen Hoffnungsschimmer von einem so starken Gegner muss man sich die Fragen stellen: Sind die Gegner der Erscheinungen denn eigentlich blind? Können sie nicht hören oder verstehen? Wären sechs ungebildete Kinder – mittlerweile junge Erwachsene, meist verheiratet und mit Kindern – in der Lage, eine solche Heuchelei, eine himmlische Erscheinung seit über 20 Jahren zu sehen, aufrechtzuerhalten? Könnte eine solche erfundene Geschichte, hinter der die Franziskanern steckten sollen, wie es die zwei Bischöfe zu glauben vorgeben, Millionen Bekehrungen zu Jesus Christus in der ganzen Welt hervorgebracht haben?

Keine der vielen Marienerscheinungen in der ganzen Welt hat jemals einen solchen Einfluss auf die Welt ausgeübt, wie Medjugorje. Wie könnte ein Akt des Teufels, wie andere Opponenten Medjugorje bezeichnen, zu der Erneuerung ganzer Diözesen geführt, die Gründung Tausender Gebetsgruppen veranlasst, die Versöhnung unzähliger Familien herbeigeführt, sowie viele Priester- und Ordensberufungen hervorgebracht haben?

Die Antwort darauf kann man in der Heiligen Schrift finden: „...weil sie sehen und doch nicht sehen, weil sie hören und doch nicht hören und nichts verstehen. An ihnen erfüllt sich die Weissagung Jesajas: „Hören sollt ihr, hören, aber nicht verstehen; sehen sollt ihr, sehen, aber nicht erkennen." Denn das Herz dieses Volkes ist hart geworden..." (Matthäus 13, 12-15)

Und für die, die der guten Früchte wegen glauben: „...Ihr aber seid selig, denn eure Augen sehen und eure Ohren hören. Amen, ich sage euch: Viele Propheten und Gerechte haben sich danach gesehnt zu sehen, was ihr seht, und haben es nicht gesehen, und zu hören, was ihr hört, und haben es nicht gehört." (Matthäus 13, 16-17)

Was sagt die Kirche momentan über Medjugorje? Im August 1996 veröffentlichte Dr. Joaquim Navarro-Valls, ein Sprecher des Vatikans, die folgende Erklärung als Antwort auf Anklagen, dass die Gläubigen, die nach Medjugorje gehen, ungehorsam seien: „Man kann, bis es als falsch erwiesen ist, den Leuten nicht vorschreiben, nicht dorthin zu gehen. Da es aber nicht bewiesen ist, können alle, die wollen, dorthin gehen."

Diese Erklärung gilt auch heute noch, sodass die Menschen weiterhin nach Medjugorje pilgern können. Im Jahre 2001 wuchsen die Pilgergruppen an Größe und Anzahl. Zum 20. Jahrestag am 25. Juni 2001 waren die meisten Pilger, die je in Medjugorje waren, gekommen: Eine unvorstellbare Anzahl von über 100.000, die jeden letzten Fleck in Medjugorje anfüllten. Auch zum Jugendfestival, das einen Monat später stattfand, waren wieder viele Menschen gekommen: Etwa 10.000 Jugendliche und weit über 20.000 Pilger.

Die Untersuchung der Erscheinungen obliegt weiterhin den Bischöfen von Bosnien-Herzegowina, obwohl sich auf diesem Gebiet schon seit langem nichts mehr tut. Eine Verfügung über ihre Echtheit wird nicht erstellt werden, bis diese beendet und die Untersuchungen abgeschlossen sind. Wegen seiner guten Früchte wird Medjugorje jedoch bereits allgemein als ein außergewöhnlicher Platz des Gebets und der Anbetung anerkannt, und die St. Jakobskirche trägt den Titel „Heiligtum der Königin des Friedens".

Selbst Papst Johannes Paul II. hat schon oft inoffiziell sehr positiv über Medjugorje gesprochen. Der pensionierte amerikanische Bischof Sylvester Treinen hat auf einer Medjugorjekonferenz einer Zuhörerschaft von über 70.000 erzählt, der Heilige Vater habe, als er ihm gesagt habe, dass er gerade von Medjugorje komme, geantwortet: „Oh ja, es ist gut, wenn Pilger nach Medjugorje gehen und Buße tun. Es ist gut!"

Der Sturm hört nur dann auf, wenn wir mit offenen Herzen auf die Worte der Muttergottes vom Oktober 1999 hören: „Liebe Kinder! Vergesst nicht: Dies ist Zeit der Gnade, daher betet, betet, betet! Danke, dass ihr meinem Ruf gefolgt seid."

Somit bestätigt sie bis zum heutigen Tag den Hauptgrund ihres Kommens: Das Gebet! Die guten Früchte der Ernte werden weiterhin eingebracht.

Darum rate ich euch
jetzt:Lasst von diesen
Männern ab und gebt sie frei;
denn wenn dieses Vorhaben oder
dieses Werk von Menschen
stammt, wird es zerstört
werden; stammt es aber von
Gott, so könnt ihr sie nicht
vernichten; sonst werdet ihr
noch als Kämpfer gegen Gott
dastehen.

(Apostelgeschichte 5, 38-39)

29
Die endgültige Ernte

Bis jetzt habe ich noch sehr wenig über die „Geheimnisse", die den Sehern gegeben werden, gesagt. Der Grund dafür ist sehr einfach: Die Muttergottes sagt uns, wir sollten uns auf die Liebe, den Frieden und die Gnaden der Escheinungen konzentrieren und uns keine allzu großen Sorgen wegen der „Geheimnisse" machen; wir sollten uns nur im Klaren darüber sein, dass es sie gibt. In einer frühen Botschaft als Antwort auf Fragen über die „Geheimnisse", sagte sie: „Legt sie in euren Geist und in euer Herz, dann aber betet für die Bekehrung der Welt."

Mit Fatima war es ähnlich: Als verlautbart wurde, dass der dritte Teil des „Geheimnisses" nicht bekannt gegeben würde, wollten alle wissen, worum es sich dabei handelte. Dann aber, kurz nachdem der dritte Teil nach jahrzehntelangen Spekulationen und Gesuchen, es bekannt zu geben, veröffentlich worden war, verflog plötzlich das Interesse daran. Alle waren enttäuscht, dass nicht mehr in dem „Geheimnis" enthalten war. Und doch war es sehr bedeutend, wie wir in der Abhandlung darüber in Kapitel 8 gesehen haben.

Der Standpunkt der Muttergottes ist der: Wenn wir die Botschaften leben, dann brauchen wir keinen Grund zur Neugierde oder zur Angst vor der Zukunft zu haben. In der Zeit der endgültigen Ernte, in der wir jetzt leben, sollten wir uns mehr auf unsere eigene Bekehrung zu den Wegen Gottes konzentrieren. Der Grund ihres langen Bleibens ist der, allen Menschen die Gelegenheit zu geben, den wahren Frieden und das echte Glück zu finden. Was wäre, wenn wir den Inhalt aller „Geheimnisse" wüssten? Was würden wir tun? Würden wir nicht in der Hoffnung beten und fasten, dass unsere Familien und Freunde bekehrt würden?

In Medjugorje werden uns Zeichen und Wunder gegeben, um uns zu helfen, dieses Eingreifen Gottes zu verstehen und anzunehmen. Die Muttergottes hatte uns in der ersten Zeit sehr viele Zeichen gegeben, und diese Zeichen werden auch heute noch fortgesetzt. Das Sonnenwunder geschieht auch heute noch in Medjugorje, und viele Leute, die von dem Medjugorje-Phänomen berührt wurden, sehen auf wunderbare Weise dieses Zeichen zu besonderen Anlässen auch in ihrer eigenen Umgebung.

Die meisten Pilger wachsen jedoch über diese Wunder hinaus. Es sind diejenigen, die Gott dafür danken, die dann aber versuchen, die Botschaften in ihrem täglichen Leben zu verwirklichen. Sie sehen diese Zeichen und Wunder, sie erkennen sie als solche an, leben dann aber ihr geistliches Leben im Sinn der Botschaften. Dieses sind die Seelen, die bei der endgültigen Ernte dabei sein werden.

Es werden in der ganzen Welt aber auch andere wunderbare Zeichen gegeben. Vor einigen Jahren, als ich gerade in El Paso, Texas, Vorträge hielt, hörte ich von einem solchen Zeichen. Am zweiten Tag meines Aufenthaltes, als ich etwas Freizeit hatte, machten einige Leute der Gruppe, die meine Reise geplant hatte, einen Abstecher mit mir nach Juarez in Mexiko.

Als wir über die Grenze fuhren, veränderte sich die Landschaft kaum. Man konnte aber so langsam die bittere Armut Mexikos sehen: Die armseligen verfallenen Hütten und Wohnungen und die total verfallenen Straßen und Wege. Wir fuhren in ein solches Viertel, wo wir ein Ehepaar besuchen wollten, die in solcher Armut lebten, die aber durch ein Wunder der Hoffnung gesegnet worden war. Diese Leute waren ein Beispiel für die niederste Stufe des heutigen Familienlebens; sie hatten lange unverheiratet und in völliger Armut und Depression zusammengelebt. Der Mann war ein Alkoholiker, der sich durch das Kreuz der Armut oft in wütenden Zornesausbrüchen Luft machte. Während dieser Ausbrüche schlug er dann oft die Frau auf eine furchtbare Art und Weise. Die Frau war zwar im Glauben erzogen worden, war aber in diese Situation durch ihren lauwarmen Glauben hineingezogen worden.

In ihrer Verzweiflung, diesem Elend des täglichen Lebens zu entfliehen, hatte sie auf einem Flohmarkt ein großes Bild des Heiligsten Herzen Jesu gekauft. Es war ramponiert und voller Flecken. Sie hatte es gekauft, angespornt von schwachen Erinnerungen an ihren Kindheitsglauben. Vielleicht, so dachte sie, wenn sie es mit nach Hause nimmt und zu Jesus betet, würde sich ihr Mann ändern.

Sie stellte das Bild auf einen kleinen Tisch in ihrem Schlafzimmer und fing an, davor zu beten. Plötzlich bemerkte sie, wie Blut vom Bild herunterrann; es lief langsam aus dem Heiligsten Herzen Jesu, das in dem Bild so lebendig dargestellt war. Es war echtes Blut, und es rann ständig. Erschrocken rief die Frau den Mann ins Schlafzimmer, damit er das Wunder sehe. Beide fielen sofort auf die Knie und rieben sich, überwältigt von dem, was sie da sahen, die Augen. Unter Tränen und in ihrer Verwunderung fingen sie an, ernsthaft zu beten.

Daraufhin, als sich das wunderbare Bluten weiterhin ereignete, hörte der Mann auf, zu trinken und seine Frau zu schlagen. Sie gingen auch zur Kirche, zur Beichte und heirateten kurz darauf.

Die Kunde von dem Wunder verbreitete sich schnell in dem Armenviertel. Leute kamen schon bald von überallher in dieses verfallene Viertel, um das wunderbare Zeichen des blutenden Herzen Jesu zu sehen. Priester kamen, der Diözesanbischof kam, und Wissenschaftler kamen. Niemand hatte eine Erklärung dafür, warum das Bild blutete. Das Blut wurde analysiert, und es wurde festgestellt, dass es sich um menschliches Blut handelte. Das Herz in dem Bild blutete stärker an Donnerstagen und an kirchlichen Feiertagen. Tausende sind schon dorthin gekommen und kommen immer noch bis zum heutigen Tag.

Wir fuhren auch zu diesem Ort des wunderbaren Zeichens, um das Wunder selbst sehen. Nachdem wir der Frau, die einen kleinen Schrein mit dem Bild errichtet hatte, vorgestellt worden waren, knieten wir uns vor dem Bild nieder und fingen an, den Rosenkranz zu beten. Ich spürte in meinem Herzen, dass es sich hier um ein echtes Zeichen handelte. Als wir beteten, spürte ich, wie mir die Muttergottes innerlich auftrug, eine Medaille aus Medjugorje, die sie während einer Erscheinung gesegnet hatte, vor dem blutenden Bild zurückzulassen.

Als wir mit dem Gebet fertig waren, gab ich der Frau eine Medaille und sagte ihr, ich wolle auch eine zu dem Bild legen. Sie war glücklich darüber und sagte mir durch einen Übersetzer, dass sie einen kleinen Altar im Haus habe, und dass es besser wäre, wenn ich die Medaille dorthin legen würde. Wir gingen also ins Haus, wo die Frau einen kleinen Altar aufgerichtet hatte, der mit einem roten Samttuch bedeckt war, und auf dem ein Kreuz lag. Ich legte die Medaille neben das Kreuz und sagte ein kurzes Gebet.

Als wir uns zum Gehen anschickten, nahm eine Frau aus unserer Gruppe die Medaille und legte sie näher zum Kreuz. Plötzlich entfuhr ihr ein lauter Schrei, und sie rief uns hastig zu, schnell zurückzukommen. Die Medaille von Medjugorje, die ich kurz zuvor zum Kreuz gelegt hatte, blutete jetzt auch!

Warum sollte Gott ein solches Zeichen eines blutenden Bildes und einer blutenden Medaille geben? Höchstwahrscheinlich deswegen, weil es selbst nach 20 Jahren von Wundern in Medjugorje und vielen anderen Zeichen in der ganzen Welt, wie dieses Bild und diese Medaille, immer noch viele Menschen gibt, die noch nicht akzeptieren, dass es einen Gott gibt, und dass Er uns so sehr liebt, dass Er uns solche Zeichen und Wunder schenkt. Es gibt immer noch Millionen von Menschen in der ganzen Welt, die nichts von dem Frieden, der Gnade und der Liebe wissen, die aus dem Wunder Medjugorje fließen.

Bei den Botschaften der Gospa von Medjugorje handelt es sich nicht um Bestrafung, sondern um Liebe und Barmherzigkeit. Sie erscheint nicht für nur eine Person oder eine Religion, sondern sie kommt für alle getrennten Brüder, ganz gleich, ob es sich um Christen, Juden oder Mohammedaner handelt. Sie kommt für alle, die an Gott glauben. Sie kommt, um uns als eine Familie in Gott zu vereinen.

Die „Geheimnisse" betreffen nicht nur die Züchtigung. Wir sehen bereits Züchtigungen überall um uns herum: Wir haben Abtreibungen und Drogen, und wir bleiben auf viele Weisen gespalten, ganz besonders aber auf dem geistlichen Gebiet. Wir haben die

Spaltung der Kinder Gottes. Wir sind aus dem gleichen Grund gespalten, aus dem viele Nationen zerstückelt wurden: Wir haben Gott und Seine Moralgesetze verlassen und haben sie mit eigennützigem Zivilrecht ersetzt. Wir häufen Schaden über Schaden auf uns, indem wir alles daran setzen, eigennützig nur das Beste und Meiste für uns selbst zu erreichen. Wir wollen die meisten materiellen Güter und die größte Macht und Autorität nur für uns selbst.

Wenn wir ehrlich sind, können wir nicht mehr mit Recht sagen: „Wir vertrauen auf Gott." Sondern wir müssen jetzt sagen: „Wir vertrauen auf das Zivilrecht." Es ist das Zivilrecht, das wir zur weltlichen Heiligkeit erhoben haben, und durch das wir Gott und Seine Gebote aus unserem Leben ausgeschaltet haben. Es ist das Zivilrecht, durch das wir gerechtfertigt werden, heuchlerisch unschuldige Kinder im Mutterleib zu töten; durch das wir genügend Hintertürchen zum Betrug im Geschäftsleben finden; und durch das der Einzelne falsches Zeugnis ablegen kann. Durch das Zivilrecht werden wir angespornt, im Namen des Fortschrittes das Eigentum anderer zu begehren. Ja, durch das Zivilrecht können wir jedes Gebot Gottes brechen!

Wir sind gespalten, weil wir die wahren Gebote abgelehnt haben. Vor weniger als 70 Jahren hatten die großen protestantischen Kirchen die Empfängnisverhütung als legitim hingenommen, indem sie sie dadurch rechtfertigten, dass wir nur unsere gottgegebene Intelligenz dazu benutzten, die Familiengröße in Grenzen zu halten. Im Jahre 1973 wurde diese Hinnahme auf katastrophale Weise über jedes Maß und Ziel hinausgehoben, als das Recht zur Abtreibung in das Zivilrecht der USA aufgenommen wurde. Somit ist die Empfängnisverhütung in eine neue, viel tödlichere Phase getreten. Nach 30 Jahren waren allein in den USA über 50 Millionen Abtreibungen vorgenommen worden – und alle unter dem Schutz des Zivilrechtes. Wenn wir zu dieser äußerst konservativen Nummer noch die Anzahl der Abtreibungen in diesem Zeitabschnitt für den Rest der Welt hinzufügen, so kommen wir auf eine Schwindel erregende Anzahl! Und erst jetzt fangen wir an, diese fürchterliche Tatsache so richtig zu begreifen.

Wir scheinen aber immer noch nicht zu verstehen, wie die Spaltungen in der Familie Gottes entstanden sind. Wir verstehen noch immer nicht das Schisma, das die Kirche vor fast eintausend Jahren in Ost und West, in Römisch Katholisch und Orthodox, gespalten hat. Wir verstehen immer noch nicht den häretischen Exodus von Millionen von Gläubigen vor über 480 Jahren, wodurch der Protestantismus durch die sogenannte Reformation der korrupten Kirchenhierarchie geboren worden war.

Es waren keine unvereinbaren Unterschiede in der Theologie oder eine zu große geographische Trennung, die diese Spaltungen hervorgerufen haben; auch war es nicht ein einzelner Mann oder ein einziger Beweggrund. Die Spaltungen – damals und heute – sind das Werk Satans. Das ist ganz schlicht und einfach zu erkennen. Er gebraucht die Schwäche der Menschen, um zu entzweien und zu siegen. Er benutzt dazu unseren Stolz, unsere Habsucht und unsere Begierden. Und sein Kampf geht weiter, die Geschöpfe, die im Ebenbild Gottes erschaffen sind, zu spalten, damit sie nicht die Liebe Gottes erkennen können.

Die Muttergottes hat uns durch ihre Botschaften in Medjugorje die Formel dafür gegeben, bei der endgültigen Ernte der Seelen dabei sein zu können. Sie wird nicht auf unbegrenzte Zeit zu uns kommen. Jetzt erleben wir die schmerzhaften Gesetze des Rosenkranzes. Wir empfinden die Todesangst Christi, und wir erleiden mit Ihm die Geißelung; wir tragen Seine Dornenkrone und fallen unter dem Gewicht unserer Kreuze. Wir nähern uns der Kreuzigung. Wir können es in unseren Kirchen sehen, in unserem täglichen Leben, in unseren Familien und in unseren Nationen. Wir sind doch nicht blind.

Das ist die Zeit, in der wir uns endgültig für Gott oder Satan entscheiden müssen. Deswegen schenkt uns Gott eine solche überwältigende Gnade, dass Er es der Mutter Jesu für eine so lange Zeit gestattet, zu uns zu kommen. Es ist die Zeit, die den Dingen, die kommen müssen, vorangeht. Wir werden durch die Botschaften der Muttergottes dazu aufgefordert, mit Jesus unsere Hände ans Kreuz zu legen.

Und diese Zeit ist jetzt! Schon bald wird nur noch ein Seher in Medjugorje die täglichen Erscheinungen der Gospa empfangen; und dann wird es keiner mehr sein. Nachdem die letzte Erscheinung wird stattgefunden haben, wird es nur eine kurze Zeit sein, bevor die Ereignisse der „Geheimnisse" eintreten werden. Für die Gläubigen wird es eine Zeit der Freude sein – und nicht der Besorgnis und Angst. Es wird die Erfüllung dessen sein, was die Muttergottes in den ersten Tagen der Erscheinungen in Medjugorje gesagt hatte: „Wenn ich dem letzten Seher in Medjugorje zum letzten Mal erschienen bin, dann werde ich nicht länger irgendwo in der Welt erscheinen, denn dann wird es nicht mehr notwendig sein."

Für diejenigen, die sich entschieden haben, die Gnaden der Erscheinungen nicht anzunehmen, wird es dann zu spät sein.

Wann wird die Muttergottes zum letzten Mal in Medjugorje erscheinen? Ist diese Zeit nach über zwanzig Jahren täglicher Erscheinungen jetzt schon nahe? Die Antwort liegt allein bei Gott. Aber so viel kann man sagen: Die Heilige Jungfrau Maria hatte Luzia versprochen, dass sie, die letzte Seherin von Fatima, noch die Erfüllung des „Geheimnisses" von Fatima erleben würde; und Luzia ist jetzt hoch in den achtziger Jahren. Sie hatte einmal ausgesagt, dass die Erscheinungen von Medjugorje die Erfüllung des Fatimageheimnisses seien.

Und schließlich hatte die Muttergottes, als ob die Dauer und Häufigkeit ihrer Erscheinungen in Medjugorje noch nicht genug gewesen wären, durch eine wichtige Botschaft an Don Gobbi, den Gründer der Marianischen Priesterbewegung, das deutlichste Zeichen für die Dringlichkeit der Zeit gegeben. Diese kräftige Botschaft wurde ihm an einem anderen berühmten Erscheinungsort gegeben, nämlich in Lourdes in Frankreich im September 1988.

Hier sind die wichtigsten Teile dieser Botschaft, die genau mit den Botschaften von Medjugorje übereinstimmen; sie bekunden aber auch, dass diese besondere marianische Periode tatsächlich mit La Salette begonnen hatte: „An diesem Tag bitte ich euch, die Zeit, die uns noch vom Ende dieses Jahrhunderts trennt, mir zu weihen. Es ist noch eine Periode von etwa zehn Jahren. Es sind dies zehn sehr wichtige Jahre Es sind zehn entscheidende Jahre. Ich bitte euch, sie mit mir zu verbringen, denn ihr tretet jetzt in die letzte Periode des Zweiten Advents ein, die zum Triumph meines unbefleckten Herzens und der glorreichen Ankunft meines Sohnes Jesus führt." Die Madonna spricht hier von einer Periode, die vor über 13 Jahren anfing! Somit sind wir also bereits in der letzten Epoche des Zweiten Advents. Sie fährt dann fort: „In dieser Periode von zehn Jahren wird die Fülle der Zeit, die ich euch, angefangen mit La Salette bis zu den jüngsten und jetzigen Erscheinungen, vorausgesagt habe, vollendet werden. ... In dieser Periode von zehn Jahren wird die Reinigung, durch die ihr jetzt schon seit Jahren geht, ihren Höhepunkt erreichen, und dadurch werden die Leiden für alle umso größer werden. ... In dieser Periode von zehn Jahren wird die Zeit der großen Drangsal, die euch bereits in der Heiligen Schrift für die Zeit vor der Wiederkunft Christi vorausgesagt worden ist, vollendet werden. In dieser Periode von zehn Jahren wird sich das Mysterium des Gräuels, das durch den immer größer werdenden Abfall vom Glauben in die Wege geleitet wurde, kundtun. ..."

Und dann kam dieses: „In dieser Periode von zehn Jahren werden alle „Geheimnisse", die ich einigen meiner Kinder geoffenbart habe, erfüllt werden und alle Ereignisse, die euch von mir vorausgesagt wurden, werden sich ereignen... "

Mehr als 13 Jahre sind seit dieser Botschaft vergangen, und dennoch gehen in Medjugorje die täglichen Erscheinungen weiter. Was hat das zu bedeuten? Sind die Botschaften, die von der MPB kommen, falsch, irreführend, verkehrt? Wenn diese zielgerechte Botschaft wahr ist, warum haben sich die „Geheimnisse" von Medjugorje noch nicht ereignet? So kann man von den Kritikern von Medjugorje und der MPB hören. Aber wenn man genauer hinschaut, kann man möglicherweise eine Antwort darauf finden. Die Muttergottes bezieht sich auf „Geheimnisse", die einigen, nicht aber unbedingt allen ihrer Kinder, die sie als Seher auserwählt hat, geoffenbart worden waren. Und wie wir bereits in einem früheren Kapitel gesehen haben, sind alle Prophezeiungen davon abhängig, wie sich die Menschen dem Anruf Gottes stellen. Sie können hinausgeschoben, beschleunigt oder ganz aufgehoben werden, so wie z.B. das siebte „Geheimnis" von Medjugorje aufgehoben worden ist.

Das dauerhafte Zeichen in Medjugorje – und ich glaube auch an anderen Erscheinungsorten – wird sich schon bald manifestieren. Dann wird die Welt die volle Wahrheit der Wunder Gottes nicht nur in Medjugorje sondern auch in der ganzen Heilsgeschichte erkennen. Viele werden dann, vielleicht zum ersten Mal, sagen: „Mein Gott, Du bist tatsächlich Gott!"

Nach den Zeichen und der Erfüllung der „Geheimnisse" von Medjugorje wird die Welt neu, frisch und rein sein. Und wir werden in Frieden leben.

Dann sah ich eine weiße Wolke. Auf der Wolke thronte einer, der wie ein Menschensohn aussah. Er trug einen goldenen Kranz auf dem Haupt und eine scharfe Sichel in der Hand. Und ein anderer Engel kam aus dem Tempel und rief dem, der auf der Wolke saß, mit lauter Stimme zu: „Schick deine Sichel aus und ernte! Denn die Zeit zu ernten ist gekommen: Die Frucht der Erde ist reif geworden." Und der, der auf der Wolke saß, schleuderte seine Sichel über die Erde und die Erde wurde abgeerntet.

(Offenbarung 14, 14-16)

30
Und es geht im 21. Jahrhundert weiter

Als die täglichen Erscheinungen im zweiten Jahr des neuen Jahrhunderts weitergingen, bestärkte die Gospa den Grund ihres Kommens durch diese klare Botschaft an Marija vom 25. Februar 2000: "Liebe Kinder! Erwacht aus dem Schlaf des Unglaubens und der Sünde, denn dies ist eine Zeit der Gnade, die euch Gott gibt. Nützt diese Zeit und bittet Gott um die Gnade der Heilung eures Herzens, damit ihr Gott und die Menschen mit dem Herzen seht. Betet auf besondere Weise für jene, welche die Liebe Gottes noch nicht erkannt haben und gebt Zeugnis mit eurem Leben, damit auch sie Gott und Seine unermessliche Liebe erkennen. - Danke, dass ihr meinem Ruf gefolgt seid."

Durch solche übernatürliche Mitteilungen hat Gott schon seit über 20 Jahren Seine außerordentlichen Gnaden auf die Welt ausgegossen. Das Gebet war immer noch das Zentralthema, als die Erscheinungen im 21. Jahrhundert weiter stattfanden.

Marija, Ivan und Vicka haben immer noch tägliche Erscheinungen der Gospa, während Ivanka ihre jährliche Erscheinung am 25. Juni und Jakov seine am 25. Dezember bekommen; Mirjana erhält, zusätzlich zu ihrer jährlichen Erscheinung am 18. März, weiterhin Erscheinungen am 2. eines jeden Monate.

Alle Seher, sowie Marijana, die weiterhin innere Eingebungen erhält, sind mittlerweile verheiratet; und alle, außer Vicka, haben auch schon Kinder. Jelena ist die Einzige, die noch nicht verheiratet ist. Die Anhänger von Medjugorje waren überrascht, als sie die Nachricht erfuhren, dass Vicka am 26. Januar 2002 heiraten würde.

Ivan reist noch viel in der Welt herum, um über die Erscheinungen und seine Tätigkeiten im Dienste der Gospa zu sprechen. Marija, Ivanka und Mirjana reisen auch, um Zeugnis des Geschehens zu geben, aber nur, wenn es ihre Familienpflichten erlauben. Das Dorf hat sich weiterhin modernisiert. Es gibt jetzt viele Pensionen für Pilger in Medjugorje, und die Pilger kommen in großen Scharen. Die Ernte wird weiterhin eingebracht!

Vor einigen Jahren gab es nur wenige Cafés und außer den vielen Souvenirständen auch sehr wenige Geschäfte; heute aber gibt es viele Cafés und Restaurants, sowie mehrere Lebensmittel- und Buchgeschäfte. Hotels und Souvenirstände kann man auch überall finden. In Medjugorje gibt es heute alles zu kaufen. Die Welt hat hier jetzt voll Fuß gefasst.

Und dennoch hat auch das Sakrale des Ortes stark zugenommen; ja, es ist jetzt viel stärker als die weltlichen Elemente. Dies wird durch die vielen Pilger aus aller Welt bekundet. Pilgergruppen kommen in großen Mengen auch aus Deutschland, Österreich, der Schweiz, Korea, Süd Afrika, sowie vielen anderen Ländern. Schätzungsweise sind bereits mehr als 30 Millionen Pilger nach Medjugorje, in dieses Dorf der Erscheinungen, gekommen.

Die Gospa fleht uns in der folgenden einmaligen Botschaft vom 25. August 2001 an, auf dem Weg der Heiligkeit weiterzugehen: "Liebe Kinder! Heute rufe ich euch alle auf, euch für die Heiligkeit zu entscheiden. Meine lieben Kinder, die Heiligkeit soll immer in euren Gedanken, in jeder Situation, in der Arbeit und im Gespräch an erster Stelle sein. So werdet ihr sie auch in die Praxis umsetzen; nach und nach, Schritt für Schritt werden das Gebet und die Entscheidung zur Heiligkeit in eure Familien einziehen. Seid wahrhaftig mit euch selbst und bindet euch nicht an materielle Dinge, sondern an Gott. Vergesst nicht, meine lieben Kinder, dass euer Leben wie eine Blume vergänglich ist. Danke, dass ihr meinem Ruf gefolgt seid."

Leider geht aber auch die Opposition gegen die Erscheinungen in Medjugorje und deren Ablehnung als ein wahres Geschenk der Gnade weiter – besonders vom Diözesanbischof in Mostar, Ratko Perić. Der angehende Zwist zwischen dem Bischof und den Franziskanern hat sich mittlerweile zu einer ständig wachsenden Konfrontation entwickelt. Als ob er seinen Vorgänger nachahmen wollte, hatte Bischof Perić auch die Firmung in Medjugorje im Juli 2000 zum Anlass genommen, um die Erscheinungen öffentlich zu verdammen. Er leugnete ihre Echtheit und mahnte die Ordensleute sowie die Laien, sie nicht zu unterstützen oder an ihnen teilzunehmen. Der verstorbene Bischof Žanić hatte genau das Gleiche während der Firmung im Juli 1986 getan.

Um die Dinge aber noch zu verschlimmern, hatte der Bischof in diesem Jahr Pater Slavko Barbarić des Rechtes zum Beichtehören enthoben. Wie mir Pater Slavko während einem Treffen im August 2000 persönlich mitgeteilt hatte, wäre das ohne jegliche Begründung geschehen; es wäre nicht aus einem bestimmten Grund oder als eine Bestrafung für ein begangenes Unrecht geschehen. Es ging auch das Gerücht um, dass der Bischof die Versetzung Pater Slavkos nach einem weit entlegenen Ort angeordnet hätte. Diese Anordnung hätte am 26. November dieses Jahres stattfinden sollen. Pater Slavko war der inoffizielle Leiter vieler Initiativen, die durch die Erscheinungen in die Wege geleitet worden waren. Wenn er ihn von Medjugorje entferne, so hoffte der Bischof, könne er vielleicht das Interesse der Pilger und Einheimischen an den Erscheinungen vermindern.

Auch hier griff der Himmel wieder auf ganz wunderbare Weise ein: Unbeschreiblicher Schock erfüllte die Herzen von Millionen Medjugorjeanhängern, als sich die Nachricht vom plötzlichen und unerwarteten Tod Pater Slavkos am 24. November innerhalb weniger Stunden in der ganzen Welt verbreitete. Dies geschah nur zwei Tage vor der beabsichtigten Demütigung und Ausweisung aus diesem Ort. Pater Slavko starb um 15:30 Uhr an einem Herzinfarkt.

Der 54-jährige Priester hatte gerade, wie es seit dem Krieg in der Pfarrei Brauch geworden war, etwa 70 Pfarrangehörige zum Kreuzweg auf den Berg Križevac hinaufgeleitet. Es regnete, als die Gruppe auf den Berg stieg. Als sie aber auf dem Gipfel angekommen war, fing die Sonne an zu scheinen und ein wunderbarer Regenbogen war in der Ferne hinter der St. Jakobskirche zu sehen. Pater Slavko beendete die Gebete, gab den Segen und schloss mit diesen seinen letzten irdischen Worten: „Möge die Gospa in der

Stunde unseres Todes für uns beten." Plötzlich beim Abstieg zwischen der 13. und 14. Station setzte er sich nieder, streckte sich ruhig aus und war innerhalb eines Augenblickes tot.

Es war ein Tag der Tränen und unkontrollierbaren Traurigkeit für mich, als ich von dem Verlust dieses guten Freundes erfuhr. Pater Slavko, ein geborener Führer, war zum Herz und zur Seele Medjugorjes geworden. Aber ebenso überraschend war es, als die Seherin Marija am nächsten Tag, also am 25. November, diese Mitteilung in ihrer monatlichen Botschaft von der Gospa erhielt: „Ich freue mich mit euch, und möchte euch sagen, dass euer Bruder Slavko in den Himmel geboren wurde und für euch Fürsprache hält." Meine Trauer, sowie die Trauer aller Medjugorjeanhänger, verwandelte sich sofort in unbegrenzte Freude.

Es war ironisch, dass Pater Slavko im Frühjahr 1982 vom Bischof Žanić zum ersten Mal nach Medjugorje geschickt worden war, um ihm zu helfen, die Erscheinungen als falsch nachzuweisen. Der hochgebildete Pater Dr. Slavko soll zum Bischof zurückgekehrt sein und ihm schlicht gesagt haben, dass er glaube, dass die Muttergottes wahrhaftig dort erscheine. Von dieser Zeit an hatte er der Pfarrgemeinde treu gedient. Fast jeden Morgen konnte man ihn vor 6:00 Uhr auf dem Križevac im Gebet finden. Bevor er dann wieder hinunterstieg, sammelte er in großen Tüten den Müll ein, den die Pilger dort gelassen hatten. Dies war eine selbstauferlegte Buße. Er hatte unzählige Exerzitien geleitet und Tausende Vorträge in verschiedenen Sprachen in Medjugorje und vielen Teilen der Welt gehalten.

Es besteht wenig Zweifel in den Herzen derer, die diesen beliebten Priester persönlich oder durch seine Schriften, Projekte oder Vorträge kennen gelernt hatten, dass die Art und Weise seines Todes einen bestimmten Zweck gehabt hat. Geradeso wie er während seinem angestrengten aktiven Leben als geistlicher Führer von Medjugorje vielen als Inspiration gedient hatte, so wird er jetzt als Vorbild dafür dienen, welche Belohnung diejenigen, die die Botschaften wirklich in ihrem Leben verwirklichen, erwartet.

Meine Beziehung zu Pater Slavko begann während meiner zweiten Wallfahrt nach Medjugorje im Juni 1986. Es war ein junges, in

Schwierigkeiten geratenes Mädchen von Australien gewesen, das mich mit ihm bekannt gemacht hatte. Ihr Name ist Tanya, und sie war als Drogensüchtige in der Hoffnung auf Heilung und Bekehrung von ihrer Familie nach Medjugorje gebracht und in seine Obhut gestellt worden. Nachdem ich Tanya kennen gelernt hatte, wollte er wissen, wer dieser amerikanische Journalist war, der sich mit seiner Pflegebefohlenen angefreundet hatte. Nach einem langem Interview, in dem ich ihm auch von meiner Bekehrung durch Medjugorje erzählt hatte, akzeptierte er mich als Freund Tanyas. Einige Tage später bat sie Pater Slavko, mich in den Erscheinungsraum einzuladen. Es war der 26. Juni, also der Tag nach dem 5. Jahrestag der Erscheinungen – und es war auch mein Geburtstag. Diese Einladung sollte ein Geburtstagsgeschenk von Tanya für mich sein. Es sollte aber auch der Anfang einer langen Freundschaft mit Pater Slavko sein.

Tanya lebt immer noch in Australien und war nach einem langen, 15-jährigen Kampf schließlich von ihrer Drogensucht geheilt worden. Pater Slavko hatte Tanya nie aufgegeben. Er war immer mit ihr in Verbindung geblieben. Im November 2001 kam sie dann mit ihrer 11-jährigen Tochter Chantelle auf einer Wallfahrt mit mir und meiner Gruppe nach Medjugorje. Tanya wollte ursprünglich nur ein paar Tage in Medjugorje bleiben und dann Verwandte in der Gegend besuchen, doch blieb sie die ganzen zwei Wochen unseres Aufenthaltes und verließ Medjugorje mit einer großen Liebe für Jesus und einem erneuerten Selbstbewusstsein. Ich habe das Gefühl, dass sie jetzt durch die Fürsprache ihres himmlischen Priesterfreundes ihr Leben meistern wird!

Pater Slavkos Rolle als Hüter des Erscheinungsraumes war seine schwierigste Aufgabe gewesen. Von der Zeit an, wo es ein kleiner Raum im Pfarrhaus war, der auch als sein Schlafzimmer diente, bis zu der Zeit auf der Empore in der Kirche, war er täglich dafür verantwortlich, die Entscheidungen zu treffen, wer für die Erscheinungen mit in den Raum hinein dürfe. Es war eine qualvolle Aufgabe, die ihm jedes Mal große Schmerzen bereitete. Er musste die Anliegen so vieler Pilger, die Ansprüche von Priestern, Nonnen und anderen Klerikern mit den Forderungen von Journalisten, Wissenschaftlern und denjenigen mit besonderen Bedürfnissen, wie

Tanyas, vorsichtig gegeneinander abwägen und dann die Entscheidung treffen, wer es am notwendigsten hätte, bei den Erscheinungen dabei zu sein. Und doch schaffte er es immer wieder durch sein Einfühlungsvermögen und seine Zähigkeit – vor allen Dingen aber durch seine große Demut.

Ich erinnere mich, als ich einmal zu Pater Slavko in der Kirche zur Beichte ging. Mit Ehrfurcht und heiliger Scheu trat ich in den Beichtstuhl. Ich beeilte mich mit den Formalitäten diesen Sakramentes fertig zu werden. Er gab mir die Absolution, und ich war froh, dass es vorüber war und schickte mich an, wieder zu gehen, denn draußen warteten noch viele Menschen. Er aber fragte mich schnell, wie es mir ginge und fing an, über andere Dinge zu reden. Zwanzig Minuten später verließ ich den Beichtstuhl und fühlte mich an Seele und Geist gereinigt und erfrischt. Es war eben so seine Art. Manchmal konnte er scharf und stoisch sein, ein andermal aber war er ein Mensch, der einfach ein wenig aus seinem Alltagsleben erzählen wollte.

Seine Schärfe kam immer dann zum Durchbruch, wenn Pilger ihn in ihrem Überschwang zu sehr lobten oder ihn fotografieren wollten. Er verabscheute solche Aufmerksamkeit. Beim Jugendtreffen im August 2000 wartete ich an einem Nachmittag bei der Kirche auf ihn, wo er mich hinbestellt hatte. Als er sich zu mir durcharbeitete, wurde er plötzlich von einer Italienerin mit überschwänglichem Lob überschüttet. Sie sprach ein schnelles Italienisch, fasste ihn beim Arm und deutete an, dass sie ihn fotografieren wollte. Er riss sich schnell los und überschüttete sie mit einem zornigen Schwall seines eigenen Italienisch. Er sagte der Frau, sie solle aufhören, ihn als Filmstar zu behandeln – oder so was Ähnliches. Das ist ein anderer Grund, warum er so beliebt war – er war einfach ganz menschlich.

Ich war gerade zwei Wochen vor Pater Slavkos vorzeitigem Tod in Medjugorje gewesen. Am letzten Abend unserer Wallfahrt spazierte ich noch ein wenig hinter Kirche allein herum und erfreute mich am Frieden der kroatischen Messe, die durch Lautsprecher nach außen übertragen wurde. Pater Slavko war gerade verreist gewesen, und ich hatte ihn seit unserer Ankunft noch nicht gesehen.

Als ich Schritte hörte, drehte ich mich um und sah, wie er gerade zur Sakristei ging. Ohne ein Wort zu sagen, kam er auf mich zu, umarmte mich und fragte, wie es mir gehe, indem er mich leicht auf die Wange tätschelte. Ich umarmte ihn auch und sagte, dass es mir gut gehe. „Gut", sagte er, „ich bete für dich und deine Familie." Dann verschwand er schnell in der Sakristei, um beim Kommunionausteilen zu helfen.

Pater Slavko Barbarić war ein Mann weniger Worte, aber jedes Wort hatte Bedeutung. Ich werde immer an diese letzten Worte an mich, sowie an seine letzen Worte auf dem Berg Križevac, denken. Sie waren an alle Medjugorjeanhänger gerichtet. Seine letzte irdische Tat war sein priesterlicher Segen und seine Bitte an Unsere Liebe Frau, in der Stunde unseres Todes für uns zu beten.

Diese einfache aber bedeutungsvolle Tat Pater Slavko Barbarić war nicht nur ein starkes Zeugnis seines Wirkens in Medjugorje sondern auch ein Vorbild für alle Anhänger.

Es wird dadurch auch deutlich, dass die Botschaften, die zu Beginn der Erscheinungen gegeben worden waren, jetzt weiterhin im 21. Jahrhundert fortgeführt werden, also in einer Epoche, die sie am meisten zu brauchen scheint.

Bedenkt die gegenwärtige Zeit: Die Stunde ist gekommen, aufzustehen vom Schlaf. Denn jetzt ist das Heil uns näher als zu der Zeit, da wir gläubig wurden. Die Nacht ist vorgerückt, der Tag ist nahe. Darum lasst uns ablegen die Werke der Finsternis und anlegen die Waffen des Lichts.

(Römer 13, 11-12)

31

Der 11. September 2001

Dies ist ein Datum von ungeheuerer Wichtigkeit, ein Datum, das für Medjugorjeanhänger eine große Bedeutung hat. Der 11. September 2001 ist das berüchtigte Datum der furchtbaren Terroranschläge auf das World Trade Center in New York City und den Pentagon in Washington. Viele Leute fragten sich, ob das der Anfang der Apokalypse, also des Endkampfes zwischen Gut und Böse, sei. Der Angriff war nicht nur ein Angriff gegen die USA allein, sondern auch gegen alle Menschen der demokratischen Welt.

Vier Zivilflugzeuge, die unschuldige Menschen an Bord hatten, waren von Gruppen selbstmörderischer religiöser Extremisten als Waffen unglaublicher Massenzerstörung und wahnsinnigen Massenmordes gebraucht worden. Gemäß der Täter sei dies im Namen des wahren Islam ausgeführt worden. Der Verursacher und Anführer der Angriffe ist angeblich ein mächtiger islamischer Fundamentalist, der international bekannte Terrorist Osama Bin Laden. Er führt seine Unternehmen von einem geheimen Ort in Afghanistan unter Mithilfe der regierenden Faktion des Landes, den Taliban, aus.

Zwei der Flugzeuge waren bewusst in die beiden World Trade Center Gebäude geflogen worden. Kurze Zeit später wurde ein anderes Flugzeug in das Pentagongebäude geflogen, während ein viertes Flugzeug in der Nähe von Pittsburgh in Pennsylvanien in einem Feld abstürzte. Es wird angenommen, dass dieses vierte Flugzeug eigentlich ein anderes Regierungsgebäude als Ziel gehabt hätte. Die Menschen der ganzen Nation stoppten an diesem Morgen mehr oder weniger alle Tätigkeiten und hörten und sahen mit sprachlosem Entsetzen zu, als sich die Nachrichten von den Angriffen in Windeseile verbreitete. Um 10:00 Uhr morgens New-Yorker-Zeit wusste bereits die ganze Welt, dass diese Nation der Freiheit und Demokratie schwer verwundet worden war.

273

Das doppeltürmige Wahrzeichen von New York, in dem sich Büros der Weltwirtschaft und Handelsgesellschaften für mehr als 50.000 Beschäftigte befanden, und der Pentagon, diese Festung des amerikanischen Verteidigungsapparates, in dem 23.000 Militär- und Regierungsangestellte arbeiteten, waren bewusst als symbolische Ziele für den ersten Angriff einer ausländischen Macht gegen die USA seit dem Bürgerkrieg ausgewählt worden. Dieses Geschehen sollte die Nation für immer verändern. Angst, Panik und Trauer ergriffen die Herzen der Menschen, die noch nie einen solchen Hass und ein solches Übel im eigenen Land miterlebt hatten.

Die Bedeutung dieser Katastrophe in Bezug auf die Erscheinungen in Medjugorje kann nicht auf einfache Weise erklärt werden; auch wird es von den meisten Menschen nicht unbedingt als solches gesehen werden. Und doch kann man die Reaktion der Menschen auf dieses nationale Trauma ganz entschieden auf den Aufruf der Muttergottes in Medjugorje zurückführen. Die Reaktion drückte sich in Gebet und Mitgefühl aus. Es war eine kollektive Reaktion. Der Patriotismus wurde auf ein neues Niveau erhoben, wie man ihn nie zuvor gekannt hatte. Die Gebete wurden demütig und freiwillig aufgeopfert; sie entstanden nicht aus Angst und Panik. Die allgemeine Reaktion wurde durch ein echtes Mitgefühl und einen Stolz auf die neuen Helden des Landes angefacht: die professionellen Katastrophenhilfsorganisationen, die Feuerwehrleute, die Polizisten und das Notfallkrankenpersonal, sowie viele, viele andere, wie z.B. solche, die einfach dort zu Hilfe eilten, wo sie am meisten gebraucht wurde.

Auf einmal hörte man nichts mehr von der Gesetzeswidrigkeit, wenn man in Schulen und Regierungsgebäuden betete. Sport- und andere Veranstaltungen wurden wegen der Tragödie ungefähr eine Woche lang abgesagt, und als sie dann wieder anfingen, wurden sie zum Schauplatz eines neuen Nationalgefühls. Man konnte jetzt auf einmal Gebete in jeder öffentlichen Veranstaltung hören, an denen alle teilzunehmen schienen. Den Menschen in den USA schlossen sich Millionen andere aus aller Welt an, denn diese Angriffe wurden nicht nur als Affront gegen Amerika, sondern gegen die Freiheit schlechthin angesehen.

In Medjugorje traf sich Ivans Gebetsgruppe am Abend des Angriffs auf dem Gipfel des Podbrdo an der Stelle, wo die Muttergottes zum ersten Mal erschienen war. Nach langem Gebet aller Anwesenden erschien sie Ivan, der anschließend sagte, dass er sie noch niemals hätte so traurig gesehen. Wie einige der Anwesenden später erzählten, hätte Ivan gesagt, dass diese Traurigkeit der Muttergottes das Auffallendste bei dieser Erscheinung gewesen wäre. Er sagte, dass Unsere Liebe Frau, außer an Karfreitagen, niemals traurig erscheine. Er fügte noch hinzu, dass es wegen der Tragödie in Amerika gewesen wäre, in der viele ihrer Kinder ums Leben gekommen waren. Die Muttergottes soll dann, wie immer, alle Anwesenden gesegnet und mit ausgestreckten Armen für alle gebetet haben. Sie hatte diese Botschaft gegeben: „MIR! MIR! MIR! Betet für den Frieden! Betet zusammen mit eurer Mutter für den Frieden! Danke, dass ihr meinem Ruf gefolgt seid."

Viele Medjugorjeanhänger fragten mich, ob der Angriff auf die Vereinigten Staaten mit einem der „Geheimnisse" von Medjugorje zusammenhinge. Ich erinnerte sie daran, dass sich keines der „Geheimnisse" ereignen werde, solange die Muttergottes noch einem der Seher in Medjugorje erscheine. Es sei vielmehr ein schmerzhafter Weckruf gewesen, um der ganzen Welt die Notwendigkeit, zu den Moralgesetzen und den Geboten Gottes zurückzukehren, ins Bewusstsein zu rufen. Mit anderen Worten, man solle Gott wieder an die erste Stelle im täglichen Leben stellen.

Um das zu bestätigen, gab die Gospa die folgende Botschaft am 25. September 2001, also nur zwei Wochen nach dem Angriff: "Liebe Kinder! Auch heute rufe ich euch zum Gebet auf; besonders heute, da Satan den Krieg und den Hass will. Ich rufe euch von Neuem auf, meine lieben Kinder: Betet und fastet, damit Gott euch den Frieden gibt! Seid Zeugen des Friedens für jedes Herz und seid Träger des Friedens in dieser unruhigen Welt. Ich bin mit euch und halte Fürsprache vor Gott für jeden von euch. Ihr aber, habt keine Angst, denn wer betet, hat keine Angst vor dem Bösen und keinen Hass im Herzen! Danke, dass ihr meinem Ruf gefolgt seid."

Was diesem Ereignis noch einen besonders dramatischen Effekt hinzugefügt hatte, war eine Sendung der weltweiten Radiostation „Radio Maria", deren Mission die Anliegen der Muttergottes sind. In dieser Sendung wurde davon gesprochen, dass die Heilige Jungfrau Maria Schwester Luzia, der letzten Überlebenden der Fatimaseher, am 6. Oktober 2001 erschienen sei und ihr gesagt haben soll, dass der Weltfrieden gefährdet sei, und dass die Menschen einen ganz besonderen Rosenkranz für den Frieden beten sollten.

Am darauffolgenden Tag begannen die Vereinigten Staaten in Koalition mit vielen anderen Staaten Bombenangriffe auf afghanische Militäreinrichtungen und Trainingslager der Terroristen. Innerhalb der nächsten zwei Wochen wurde es klar, dass die radikale islamische Regierung innerhalb kurzer Zeit fallen würde, was dann auch geschah. Überall herrschte Sorge, was weiterhin geschehen würde. Würde die Suche nach Terroristen einen weltweiten Krieg – den dritten Weltkrieg – zwischen den islamischen Staaten und der von den USA angeführten Koalition auslösen?

Die Antwort darauf schien „nein" zu sein. Die Muttergottes hatte zu Beginn der Erscheinungen in Medjugorje angedeutet, dass es keinen dritten Weltkrieg geben würde. Der ewige Kampf zwischen Gut und Böse war jedoch wieder auf ein höheres und äußerst gefährliches Niveau erhoben worden.

Inmitten all dieser Ereignisse hatte ich mich wieder für eine Reise nach Medjugorje vorbereitet, wo ich am 9. Oktober ankam. Es waren Tausende dort. Man konnte jetzt auch wieder Amerikaner, deren Anwesenheit in den letzten Jahren in Medjugorje abgenommen hatte, in größerer Anzahl dort finden. Diejenigen, die gekommen waren, hatten keine Angst vor der Zukunft. Und es waren noch Tausende anderer aus der ganzen Welt dort. Zu den Abendgottesdiensten füllten die Pilger jeden möglichen Stehplatz in und um die Kirche. Auch alle anderen Veranstaltungen waren äußerst gut besucht. Das Gebet war überall vorherrschend, und es bezog sich im Großen und Ganzen auf die Weltkrise.

Ich kehrte beruhigt und überzeugt davon nach Hause zurück, dass mit dieser Erwiderung der Menschen das Gute am Ende doch siegreich sein würde. Dann aber wirkte die Realität der Krisensituation wieder ernüchternd auf mich ein. Im Endeffekt gab es für mich zwei dominierende Gedanken: Auf der einen Seite ist es wichtig, dass ganz besonders Amerika den Aufruf zur Rückkehr zu Gott hören und befolgen muss; auf der anderen Seite aber haben wir die Gewissheit, dass Gott, in Seiner Barmherzigkeit immer wieder Sein Licht in die tiefste Dunkelheit hineinleuchten lässt.

Am Morgen der Angriffe hoben prominente Zeitungen im ganzen Land in ihren Schlagzeilen die Forderungen von Wissenschaftlern nach ausgedehnter Stammzellen-Forschung hervor. Auch das Recht zur Abtreibung machte wieder Schlagzeilen; man verlangte größeren Schutz und großzügigere und bequemere Gesetze für Abtreibungen. Man kann hier deutlich erkennen, dass man sich in Amerika, dem Land der größten Möglichkeiten und Freiheiten in der Geschichte der Menschheit, mehr auf Zivilrechte als auf geistliche Bedürfnisse konzentriert.

Und doch war das Licht, das in die Dunkelheit scheint, dieses besondere Licht der Gnade und Barmherzigkeit Gottes, auf vielen anderen Gebieten sichtbar. Ein ganz besonderes Licht – die Gnade – war auch bei den Terroranschlägen am 11. September erkennbar. Wenn man bedenkt, dass unter normalen Umständen zur Zeit des Angriffs an diesem Tag etwa 74.000 Menschen in den Gebäuden des World Trade Centers, des Pentagon und der vier Flugzeuge den Terroristenattacken hätten ausgesetzt sein können, so muss man staunen, dass bis zum Januar 2002 weniger als 4.000 Menschen entweder als tot oder vermisst erklärt worden waren. Natürlich ist jeder einzelne Tod eines solchen Gräuels zu viel, aber man muss dennoch bedenken, wie viel schlimmer es hätte sein können.

Sechs Monate nach dem Horror des 11. September sind sich die Menschen der Vereinigten Staaten wieder etwas näher gekommen. Es ist ein gedemütigtes Land, in dem wieder gebetet und Gott gedankt wird. Es ist ein Land, in dem man feststellen kann, dass es wieder zu Gott zurückkehren will. Auch hier hat Satan verloren.

Sei uns gnädig,
Herr, sei uns gnädig! Denn übersatt sind wir vom Hohn der Spötter, übersatt ist unsre Seele von ihrem Spott, von der Verachtung der Stolzen.

(Psalmen 123, 3-4)

Epilog

Die Göttliche Barmherzigkeit

Nach über 20 Jahren wunderbarer Erscheinungen und enthüllender Botschaften nähert sich die endgültige Ernte ihrer Erfüllung. Wie uns die Muttergottes immer wieder versichert, wird die Menschheit, nachdem die Ernte eingebracht worden ist, wieder so leben und Gott anbeten wie im Paradies. Dieses Thema hallt in allen ihren Erscheinungen auf der ganzen Erde wider – und es wird ganz besonders in den Botschaften von La Salette, Fatima und der Marianischen Priesterbewegung deutlich zum Ausdruck gebracht.

Gemäß der Heiligen Jungfrau Maria wird der letzte Teil der Ernte durch die Erfüllung der zehn „Geheimnisse" eingebracht, die jedoch erst dann eintreten wird, wenn die Gospa zum letzten Mal in Medjugorje erschienen sein wird. Wenn diese „Geheimnisse" in Erfüllung gehen, dann wird ein großer Teil in das Mosaik der Gnade eingesetzt werden, ein Teil, der die Ganzheit des Phänomens und der Offenbarung der bedingungslosen Liebe Gottes widerspiegeln wird. Es besteht heute das Gefühl, dass wir der Erfüllung dieser Zeit sehr nahe gekommen sind; und sie kann sich schon in den nächsten paar Jahren ereignen. Das ist wenigstens mein eigenes Gefühl.

Ich glaube, dass der letzte Teil des Mosaiks eines der ersten drei „Geheimnisse" von Medjugorje sein wird, das, wie die Muttergottes geoffenbart hat, eine Warnung an die Welt sein wird, um zu beweisen, dass die Erscheinungen von Medjugorje wirklich von Gott kommen. Wie Mirjana, der das erste „Geheimnis" in einer Vision gezeigt worden war, gesagt hat, wird dieses eine große Umwälzung in einer bestimmten Region der Welt sein. Und wie es in einem früheren Kapitel dieses Buches beschrieben worden ist, wird das dritte „Geheimnis" das permanente Zeichen sein, das an der Stelle der ersten Erscheinung sichtbar werden wird. Somit könnte also das zweite „Geheimnis" möglicherweise dieser Teil des Mosaiks sein, da wir ja die ungefähre Natur des ersten und dritten „Geheimnisses" kennen.

Das gesamte Medjugorjephänomen ist ein Geschenk der Gnade. Der letzte Mosaikteil wird jedoch als endgültige Göttliche Barmherzigkeit vom Heiligen Geist ausgegossen werden. Dadurch wird das Mosaik fertiggestellt sein. Jede lebende Seele wird die Gelegenheit bekommen, die Gnade des Friedens und des Glückes durch einen lebendigen Glauben an die Göttliche Barmherzigkeit zu empfangen.

Die Göttliche Barmherzigkeit wird auf eine ganz besondere Weise ausgegossen werden. Durch all die Jahrhunderte aufgezeichneter Marienerscheinungen, innerer Eingebungen, sowie anderer übernatürlicher geistlicher Phänomene, gab es immer ein gewisses prophetisches Thema, das man als „innere Erleuchtung der Seele" bezeichnen könnte, die alle Lebenden zu einer ganz bestimmten Zeit erfahren werden. Manchmal wird es auch als „Erleuchtung des Gewissens" bezeichnet. Durch diese Erleuchtung, die zu einem Zeitpunkt eintreten wird, den nur Gott kennt, wird ein jeder Mensch seine Seele genauso sehen können, wie Gott sie sieht.

Jede jemals begangene Sünde wird dann dem Einzelnen bewusst werden, ganz gleich wie schwer oder wie lässlich sie gewesen ist; aber auch jede gute Tat, ganz gleich wie groß oder wie klein, wird auch erkannt werden. Wenn diese unvorstellbare Gnade auf die Menschheit ausgegossen werden wird, dann wird die Erde und alles auf ihr für diese Zeitspanne buchstäblich stehen bleiben.

Was nach dieser Erleuchtung geschieht, dass hängt ganz von der Entscheidung eines jeden Einzelnen ab. Diejenigen, die daraufhin Gott annehmen, werden große Dinge erfahren, während diejenigen, die Ihn dann immer noch ablehnen, werden die Schmerzen der Wahrheit erfahren. Für einige wird der Schock, sich so zu sehen, wie Gott sie sieht, zu überwältigend sein, und sie werden sterben. Diese Erleuchtung wird allen Menschen, ganz gleich welcher Religion, offenbaren, dass Gott wirklich existiert. Danach wird es unmöglich sein, diese Tatsache weiterhin zu leugnen. Und doch wird jeder Einzelne weiterhin die Freiheit haben, Gott anzunehmen oder abzulehnen. Es ist zwar unvorstellbar, aber es wird dann immer noch solche geben, die Ihn ablehnen.

Man könnte hier viele Beispiele früherer oder heutiger Prophezeiungen über diese Erleuchtung anführen, aber wir brauchen ja nicht weiter zu schauen, als zu der inneren Eingebung, die Don Gobbi gegeben worden ist, und die ein Spiegelbild der Botschaften der Muttergottes in Medjugorje ist. Diese mächtige Botschaft über die Erleuchtung wurde Don Gobbi von der Madonna sehr passend am Pfingstsonntag, dem 4. Juni 1995, gegeben: „Zungen von Feuer werden auf euch alle herabkommen, meine armen Kinder, die ihr so von Satan und allen bösen Geistern, die in diesen Jahren ihren größten Triumph erlebt haben, bestrickt und verführt worden seid. Und deshalb werdet ihr von diesem göttlichen Licht erleuchtet werden, sodass ihr euer Selbst im Spiegel der Wahrheit und der Heiligkeit Gottes erkennen könnt. Es wird ein Gericht im Kleinen sein, das die Tür eurer Herzen öffnen wird, damit ihr das große Geschenk der Göttlichen Barmherzigkeit empfangen könnt."

Im Mai 1996 wurde Don Gobbi wieder eine Botschaft über die Göttliche Barmherzigkeit mit ähnlichem Inhalt gegeben: „Wunderbare und geistliche Zungen von Feuer werden die Herzen und Seelen aller reinigen, die sich dann im Lichte Gottes sehen, und die von dem scharfen Schwert der Göttlichen Wahrheit durchdrungen werden."

Somit wird also allen, sozusagen in der elften Stunde, nochmals die Gelegenheit gegeben werden, dem Ruf der Königin des Friedens von Medjugorje zu folgen. Es sollte bis jetzt eindeutig klar sein, dass es sich bei den Botschaften von Medjugorje nicht um Strafe, sondern um Liebe handelt. Eine heilige, göttliche Liebe. Die Botschaften sind eigentlich nur Bekräftigungen der Heiligen Schrift. Es muss aber auch festgestellt werden, dass es sich bei der endgültigen Ernte nicht um eine Verdammnis, sondern um ein Ausgießen der bedingungslosen Liebe Gottes, der Göttlichen Barmherzigkeit, handelt.

Gott sendet jetzt schon seit vielen Jahren die Mutter Jesu zu allen Menschen, ganz gleich ob sie Christen, Juden, Mohammedaner,

Hindus sind – ja sie kommt selbst für solche, die sich Atheisten oder Ungläubige nennen. Und wie immer, versucht sie uns auf ihre zarte mütterliche Art zu führen. In dem neuen Jahrtausend, in dem wir jetzt leben, ist die Botschaft von Medjugorje mehr oder weniger die gleiche, wie sie es am 25. Juni 1981 gewesen war.

Mögen wir alle an der endgültigen Ernte der Seelen teilhaben; und möge die Ernte einen großen Überfluss hervorbringen!

Dann sah ich einen neuen Himmel und eine neue Erde; denn der erste Himmel und die erste Erde sind vergangen, auch das Meer ist nicht mehr. Ich sah die heilige Stadt, das neue Jerusalem, von Gott her aus dem Himmel herabkommen; sie war bereit wie eine Braut, die sich für ihren Mann geschmückt hat.

Da hörte ich eine laute Stimme vom Thron her rufen: „Seht, die Wohnung Gottes unter den Menschen! Er wird in ihrer Mitte wohnen, und sie werden Sein Volk sein; und Er, Gott, wird bei ihnen sein. Er wird alle Tränen von ihren Augen abwischen. Der Tod wird nicht mehr sein, keine Trauer, keine Klage, keine Mühsal. Denn was früher war, ist vergangen." Er, der auf dem Thron saß, sprach: „Seht, ich mache alles neu." Und Er sagte: „Schreib es auf, denn diese Worte sind zuverlässig und wahr."

(Offenbarung 21, 1-4)

Inhalt

Erläuterungen

1   Das kroatische Wort für „Unsere Liebe Frau", was ein liebender Ausdruck für die Muttergottes ist.

2   Es ist nicht verwunderlich, dass die Muttergottes den Sehern in Medjugorje als Kroatin erscheint, da die Ortschaft überwiegend kroatisch ist. In der Geschichte erschien sie jeweils als eine Frau oder junges Mädchen der Nationalität, in der die Erscheinungen stattgefunden haben. Damit will sie ihre Rolle als geistliche Mutter aller Menschen hervorheben.

3   Die Muttergottes wird in Kapitel 12,1 der Offenbarung als eine Frau mit einer Krone von zwölf Sternen beschrieben.

4   Weltpriester gehören zu keinem Orden, wie z.B. die Franziskaner oder Jesuiten. Die meisten Priester der katholischen Kirche sind Weltpriester.

5   Ich habe dieses Phänomen persönlich während meiner ersten Pilgerfahrt nach Medjugorje im Mai 1986 erlebt. Es verschwand, gerade als wir unseren Bus zur Abreise nach Dubrovnik bestiegen. Etwa 10 Minuten später, als wir gerade wegfuhren, erschien es wieder und drehte sich um seine eigene Achse.

6   Diese Richtlinien sind ausschließlich die Auslegung des Autors, die auf Aussagen der Seher basiert ist.

7   Die hervorgehobene Betonung wurde vom Autor hinzugefügt. Vergleiche auch den Text des dritten Teiles des Fatimageheimnisses im vorherigen Kapitel.

8   In Fatima hatte die Muttergottes auch um besondere Opfer am ersten Samstag des Monats gebeten, zu der auch die 15 Geheimnisse des Rosenkranzes, die Feier der heiligen Messe und die Beichte gehören.

9   Das heißt, als Erscheinung.

10   Eine überraschende Offenbarung der Muttergottes und eine Bestätigung dafür, dass ihr Aufruf zum Gebet und Fasten unwahrscheinliche Früchte bringt.

11   Collette Webster, die von einem Heckenschützen in Mostar getötet wurde, war nicht als Pilgerin nach Medjugorje gekommen, sonder als Freiwillige, um den Kriegsopfern zu helfen.